アメリカにおける学校ソーシャルワークの成立過程

中 典子

刊行にあたって

宍戸　健夫
（元佛教大学教授・教育学博士）

　このたび、中典子さんが博士論文に手を加えて『アメリカにおける学校ソーシャルワークの成立過程』を刊行することになりました。佛教大学大学院で津崎哲雄教授が退職されることになり、その後を受けて、多少とも指導の任にあたった者として、たいへん嬉しいかぎりです。
　学校ソーシャルワークについて、日本では残念ですが、あまり知られていません。研究者も多くはありません。それに対して、アメリカでは20世紀のはじめから、各学校に配置されるようになり、今日までその業績をあげてきております。
　中典子さんは、アメリカにおける学校ソーシャルワークの歴史的研究を早くからはじめられ、その生成期から第2次世界大戦後の現代にいたるまでの成立過程を明らかにしました。このような体系的な研究は、日本でははじめての試みといってよいのではないでしょうか。
　日本にいてはなかなか困難な状況のなかで、資料をたんねんに集め、また、アメリカにおける学校ソーシャルワークに関する研究をくまなく探索し、比較検討しながら、成立過程の道すじを描くことに挑戦、みごとに成功させることができました。
　日本の学校では、学校カウンセラーの配置が除々に進んできており喜ばしいことですが、一歩進んで学校ソーシャルワーカーの配置が必要になる日が来るのではないか、と私は思っています。そのためには、先進的なア

メリカの学校ソーシャルワークに学ばなければならないでしょう。
　また、そればかりではなく、今日、「福祉」と「教育」とが別々に論じられたり、研究されたりすることではなく、その統一的な把握の上で、その実践を考察し、発展させていこうとする認識が、幼児保育だけでなく、各分野に広がっています。アメリカの学校ソーシャルワークの運動と理論は、そのためにも学ぶものが大きいのではないでしょうか。
　『アメリカにおける学校ソーシャルワークの成立過程』の刊行が「福祉」や「教育」の分野の研究に新しい示唆を投げかけ、大きく広がっていくことを願っています。

2007年10月

本稿執筆にあたって

　わが国において、学校ソーシャルワークが市民権をもちはじめ、各地で導入がなされている。教育委員会が学校ソーシャルワーカーを雇いはじめ、その数が徐々に増加している。
　しかし、本分野に関する認識は、いまだ十分とはいえず、それが発展していくにはその役割と機能をさらに社会に周知させていく必要がある。わが国に学校ソーシャルワークを定着させていくには、この取り組みが早くから導入されているアメリカの状況を明確にする必要がある。
　これまで、筆者はわが国における福祉的視点からの教育分野へのアプローチ、すなわち学校ソーシャルワークアプローチについて検討してきた。この取り組みは、徐々に市民権を得てきており、今後、この分野が幅広く普及していく可能性を感じた。このことは、筆者がスクールカウンセラーの指導を受けながら、ボランティアではあるが学校ソーシャルワーク活動をさせていただいたことからも強く感じられる。わが国におけるこれらの地道な取り組みが実を結びつつある。これは、約100年という歴史的積み重ねがあるアメリカ学校ソーシャルワーク史を研究することで、さらにわが国の今後の学校ソーシャルワークの発展をもたらすということを意味する。学校ソーシャルワークとはいかなるものかを歴史的に紐解いていく必要がある。
　近年において、学校ソーシャルワークはわが国の新聞やテレビなどでも取り上げられるようになってきたが、その役割と機能をさらに社会に理解してもらうために、特に学校関係者に理解してもらうためには、この分野の歴史的展開を明らかにし、どのように発展してきたかを知ることの必要

性を感じさせられた。

　このような理由からアメリカの学校ソーシャルワークがどのようにして誕生し、形成されていったのかということを、社会背景を交えて改めて考えていくこととした。アメリカにおける学校ソーシャルワーク論の動向を検討して具体的な取り組みを見い出すために本書ではアメリカにおけるその取り組みの生成発展について述べている。

　本書は、筆者が2002年3月に佛教大学大学院社会学研究科博士課程社会学・社会福祉学専攻を修了するために提出した学位論文「アメリカにおけるスクールソーシャルワークの形成－施策策定と機能の変遷について－」をもとに加筆・修正を行ったものである。

　2002年3月という時期に学位を授与しながら自らの力量不足も伴い、出版するまでに5年の歳月を費やすこととなった。この間、佛教大学大学院時代にご指導を賜った宍戸健夫先生（現：大阪健康福祉短期大学）に多大なご助言をいただくこととなった。私一人の力では到底実現できなかった取り組みである。この場をお借りして感謝の意を表したい。

　また、執筆にあたり、数多くの文献を参照・引用している。可能な限り、文献の忠実な引用を心がけたが、一部変更、また、省略した箇所がある。外国の文献に関しては、翻訳書をできる限りさがして記載することを心がけたが、筆者が知る以外にも出版されているかもしれない。思わぬ誤記がある可能性も考えられるので、ご指導をいただけると幸いである。

　さらに、西尾祐吾先生（現：プール学院大学）、村上尚三郎先生（現：藍野大学）、津崎哲雄先生（現：京都府立大学）、宍戸健夫先生（上掲）、（故）中村永司先生、岡村正幸先生（現：佛教大学）、高旗正人先生（現：中国学園大学）、平松芳樹先生（現：中国学園大学）をはじめとする諸先生方にご指導をいただいた。英語翻訳については、アカデミーヒガシダ学院の東田源文先生に多大なご指導を賜った。この他にも、多くの先生方から未熟な筆者に適切なるご指導を賜り、本書を完成させることができた。深く感謝

する次第である。

　出版にあたり、㈱みらいの代表取締役、酒向省志氏、企画編集課、村中洋紀氏に多大なご配慮を賜ったことに心からお礼を申しあげたい。

2007年7月吉日

　　　　　　　　　　　　　　　　　　　　　　　　　　　中　典子

【目　次】

刊行にあたって

本稿執筆にあたって

序章 …………………………………………… 15

　第1節　研究の目的と方法　／ 15
　第2節　本書の構成　／ 19
　注記　／ 25

第Ⅰ部　学校ソーシャルワークの誕生（生成期）

第1章　学校ソーシャルワーク誕生の経緯 ……… 29

　第1節　義務教育対策の不備　／ 29
　第2節　教育受給権を保障されない子どもへの対策の具体例　／ 33
　第3節　義務教育法の効果　／ 46
　第4節　セツルメントハウスの貢献　／ 53
　小結　／ 58
　注記　／ 60

第2章　学校ソーシャルワークの萌芽 …………… 63

　第1節　移民の増加　／ 63
　第2節　訪問教師活動のはじまり　／ 72

第3節　訪問教師の役割　／82
小結　／86
注記　／87

第Ⅱ部　学校ソーシャルワークの普及（発展期）

第3章　教育委員会による財政的裏づけ……91

第1節　第1次世界大戦の影響　／91
第2節　訪問教師活動に対する施策策定　／95
第3節　訪問教師の役割　／106
小結　／112
注記　／113

第4章　全国的規模への拡大……115

第1節　精神衛生運動の影響　／115
第2節　コモンウェルス基金の取り組み　／121
第3節　訪問教師の役割　／128
小結　／150
注記　／151

第5章　目標の変換……154

第1節　発展の停滞　／154
第2節　施策の改正　／164
第3節　訪問教師の役割　／177
小結　／183
注記　／184

第Ⅲ部　第2次世界大戦後の学校ソーシャルワーク（模索期）

第6章　訪問教師から学校ソーシャルワーカーへ …189

　第1節　第2次世界大戦の影響　／189
　第2節　全米学校ソーシャルワーカー協会　／195
　第3節　学校ソーシャルワーカーの役割　／202
　小結　／206
　注記　／207

第7章　ソーシャルワーク専門職の統合 …………209

　第1節　社会の繁栄　／209
　第2節　ソーシャルワーク論の動向　／213
　第3節　全米ソーシャルワーカー協会の確立　／219
　第4節　学校ソーシャルワーカーの役割と支援の方法　／226
　小結　／243
　注記　／244

第Ⅳ部　近年の学校ソーシャルワーク（再編期）

第8章　生態学的システム思考の視座の導入 ……249

　第1節　近年における社会状況　／249
　第2節　障害児教育法（P.L.94-142）の施行　／250
　第3節　学校ソーシャルワーク論の動向　／256
　第4節　学校ソーシャルワーカーの役割　／268

小結　／273
　　　注記　／274

第9章　教育予算の削減 ……………………276

　　　第1節　1987年の大恐慌の影響　／276
　　　第2節　不況後の雇用状況　／278
　　　第3節　学校ソーシャルワーカーの役割　／280
　　　小結　／288
　　　注記　／290

第10章　1990年代における特質 ……………291

　　　第1節　1990年代の社会状況　／291
　　　第2節　雇用状況　／292
　　　第3節　学校ソーシャルワーカーの役割　／295
　　　小結　／306
　　　注記　／307

結論 ……………………………………………308

　　　第1節　アメリカにおいて学校ソーシャルワークが導入された理由
　　　　　　　／308
　　　第2節　学校ソーシャルワーカーの活動内容　／310
　　　第3節　学校ソーシャルワークの特色　／313
　　　第4節　これからの学校ソーシャルワークの課題　／316

参考文献および雑誌　／323
巻末資料　／331
索　引　／336

図表の一覧

(表序-2-1) 時期区分　／24
(表1-3-1) 読み書きできない住民の割合　／47
(表1-3-2) 1910年におけるアメリカ生まれおよび外国生まれの読み書きできない10歳以上の住人の割合　／49
(表1-3-3) 5歳から8歳までの出席率および読み書きできない子どもの割合　／50
(表1-4-1) セツルメント資源に相当する学校資源　／57
(表2-1-1) 移民人口の数（1820～1920年）　／64
(表2-1-2) 主な移民の出身国（1820～1920年）　／65
(表2-1-3) 読み書きのできない人の割合（1889～1910年）　／65
(表2-2-1) 訪問教師活動のはじまりの特徴　／82
(表3-3-1) 訪問教師による処遇件数（1913～1914年）　／107
(表4-2-1) 3か年のデモンストレーションが行われた30の地域　／123
(表4-2-2) 教育委員会によって雇われている11の地域　／124
(表4-2-3) 1929年に新たに相談所が設立された場所　／125
(表4-3-1) 訪問教師と就学奨励指導員の違い　／149
(表7-3-1) NASW設立の過程　／221
(表7-3-2) 非教育部門専門職の州認可数および必要数　／224
(表7-4-1) 学校ソーシャルワーカーが請け負う主な仕事　／232
(表8-2-1) 学校における子どもと青少年に関連づけられる法令　／253
(表8-3-1) 学校・地域社会・児童生徒関係モデル　／262
(表9-3-1) 学校ソーシャルワーカーに必要な知識と職務　／281
(表10-2-1) 学校ソーシャルワーカー雇用数　／293

(表10-2-2) 各州で用いられている名称 ／294
(表10-3-1) 全米学校ソーシャルワーカーの実職務と希望職務 ／296
(表結-3-1) 学校ソーシャルワークの機能の変遷 ／316

序　章

第1節　研究の目的と方法

「学校は……、生活と結び付き、そこで子どもが生活を指導されることによって学ぶところの子どもの住みかとなる。……学校が社会の子ども一人ひとりをこのような小社会の一員たりうるところにまで導き、訓練し、奉仕の精神をしみこませ、有効な自己指導の諸手段を供するときに、われわれは、価値高い、美しい、そして調和のとれた大社会に対する最高・最善の保障を得るであろう[1]。」

　これは、デューイの著書『学校と社会』に記されている内容である。教育の充実をめざすためには生活支援を切り離すことができないということである。ここから、子どもたちの生活の安定こそが教育目標達成につながることがわかる。

　しかし、近年のわが国では子どもの問題が複雑化・深刻化している。これにより、スクールカウンセリングの必要性が叫ばれるようになり、2001年度から制度化されて公立小・中学校へ導入されることとなった。カウンセリングとは、人の心理面に焦点をあてて支援をするときに用いられる技術である。スクールカウンセリングも当然、子どもの心理面に焦点をあてて支援するときに用いられるものである。これは学校における子どもの問題は子ども自身に問題があるととらえて支援する技法である。

子どもは、環境、特に家庭環境の影響を受けやすい。目に見える子どもが抱えている問題は単なる兆候にすぎない。背景に何らかの原因があるということを考えずして問題解決をもたらすことは不可能である。ここから、学校において子どもの生活関連問題にかかわる場合、カウンセリングだけで解決をもたらすことは限界があると言わざるを得ない。

　一方、アメリカでは20世紀初頭から学校にソーシャルワーカーが配置され、子どもの生活環境に焦点をあてた支援がなされている。この100年以上の歴史的積み重ねがあるアメリカの学校ソーシャルワーク論を研究することでわが国の今後の学校ソーシャルワーク発展の足がかりになると考える。

　そこで、本書では子どもの生活面に焦点をあてて支援する技術である学校ソーシャルワーク（論）の動向について文献に基づいて検討していくことにする。

　ジベルマン（Gibelman,M.）は、学校ソーシャルワーカーとは「学生（児童生徒）・家族・教師・教育管理者等が無断欠席、抑鬱、退学、攻撃的な乱暴な行為、反抗および身体的または感情的問題から引き起こされる結果などのような児童生徒に影響を及ぼす問題の領域を扱うことを援助することを要求される専門家」であると述べている[2]。ここから、学校ソーシャルワークとは子どもの学習権を保障することができるようにするために、主として本人に関係する学校・家庭・地域などの取り組みを連絡調整する専門技術であると定義することができる。

　これは最近の学校ソーシャルワークについての定義であるが、アメリカにおいてこの学校ソーシャルワーク（school social work）がはじまったのは1906年のことである。このサービスは、学校へ行かないまたは行くことができない子どもたちの教育権を保障できないことに対して憂慮したセツルメントハウスのセツラーがはじめたものである。これがはじめて財政的に裏付けられた場所はニューヨーク州のロチェスターであり、時期は

1913年である。この活動がはじまった当初、学校ソーシャルワーカーは、一般的には訪問教師（visiting teacher）という名称で呼ばれており、彼らは主として「子どもおよびその家族と学校・地域の諸資源との調整をもたらす、学校と地域の諸資源を連携する」役割を果たしていた。まさに門田が述べるように、アメリカの20世紀は学校ソーシャルワークの萌芽から発展の時代であったといえる[3]。

　これまでの学校ソーシャルワーク論の歴史について述べられている主なものを検討すると、コスティン（Costin,L.B.）による論考[4]、アレン・ミヤーズ（Allen-Meares,P.）らによる文献[5]がある。コスティンは、1906年から1968年までの動向について、「学校ソーシャルワークがはじまった1906年から1940年まで」、「臨床的なケースワークの技法を用いての支援に傾斜していった1940年から1968年まで」（全米ソーシャルワーカー協会編集　山下英三郎編訳『スクールソーシャルワークとは何か－その理論と実践』現代書館　1998年）の2つに区分して述べている。

　またアレン・ミヤーズらは、1906年から最近までの動向について10年ごとに区切り、それぞれの時代ごとに学校ソーシャルワークがどのような社会の影響を受け、彼らがどのような役割をしてきたのかを検討している。

　全米ソーシャルワーカー協会編集　山下英三郎編訳『スクールソーシャルワークとは何か－その理論と実践』のなかには、コスティン以外にもその歴史について言及した内容が数多く見受けられる[6]。

　学校ソーシャルワーク分野発展の契機となった因子は、根本的には「貧困」であり、そしてそれに関連するさまざまな問題要素である。コスティンによると、学校ソーシャルワーク誕生の主な経緯は「義務教育法が施行されたこと、子どもたちの個性について、すなわち状況を改善するために反応する能力について新たに理解されたこと、子どもの現在および将来に教育がかかわりをもつということに結び付けて考えられる子どもたちと青少年の生活において学校と教育が戦略的立場にあると認識されたこと」と

述べている[7]。アレン・ミヤーズらは、「義務教育法が施行されたこと、個人差が理解されるようになったこと、教育が戦略的立場にあるということが認識されるようになったこと、教育分野が子どもの生活に関心を寄せるようになったこと」であると考えている[8]。

　子どもたちの教育受給権を保障するために、1900年以降において学校ソーシャルワーク分野は徐々に広がっていく。この時期における学校ソーシャルワークは、通常、訪問教師活動（visiting teacher work）と呼ばれており、前述のように「子どもおよびその家族と学校・地域の諸資源との調整を促す、学校と地域の諸資源と連携する」役割をしていたが、他の近接領域の専門職との違いはどのようなところにあるのかについて模索され続けてきた。とりわけ、訪問教師と似通った仕事をする就学奨励指導員（attendance officer）と訪問教師とは、どのような違いがあるのかについて検討が重ねられてきた。このことは、就学奨励指導員が存在しながら訪問教師を必要とした理由について検討することが必要であることを意味している。

　これらの専門家によるサービスは、ともに学校に行かないまたは行くことができない子どもに対応するためにもたらされた援助技術である。わが国では、就学奨励指導員はソーシャルワークの技法を取り入れているので学校ソーシャルワーカーということもできると一般的に紹介されているが、それでは学校ソーシャルワーカーの前身である訪問教師と就学奨励指導員の役割が同じであるという誤解が生じる。少なくともこの活動がはじまった当初の訪問教師と就学奨励指導員の役割については別のものと考える必要がある。当時の社会状況は、学校ソーシャルワークの前身ともいうべき訪問教師にどのような影響を及ぼしたのか、ということについても検討していかなければならない。そして、訪問教師が学校ソーシャルワーカーと呼ばれるようになったこと、1969年に発表されたコスティンの研究と1977年に発表されたアレン・ミヤーズの研究の結果とが違うこと、および

近年においても学校ソーシャルワーカーの役割が州によって異なっているという現状があるため、その役割について検討していく必要がある。これは20世紀における学校ソーシャルワークの独自性について検討し直す必要があることを意味する。

二者は、学校ソーシャルワークという分野がどのようにして広まり、また学校ソーシャルワーカーがどのような役割を果たしてきたのかを検討している。二者それぞれの研究においては学校ソーシャルワークの動向について記されている。

学校ソーシャルワークという分野はアメリカの一部の地域が独自にはじめたものである。学校ソーシャルワークは、最初は訪問教師と呼ばれていた。ここでは子どもおよび家族と学校・地域の諸資源との調整、学校と地域の諸資源の連携をする取り組みが主であった。この役割が捨てられていき、次に、臨床的ケースワークに重点をおいて活動がなされるようになる1940年代前半までの取り組みへと変遷した。そして戦後、それがどのように発展していったのか、という一連の流れ(すなわち社会背景およびソーシャルワークや教育と関連づけて検討すること)について知ることで学校ソーシャルワークという分野を理解する必要がある。「福祉は教育の母胎であり、教育は福祉の結晶である[9]。」という小川の言葉にもあるように、教育と福祉の接点に関する歴史を紐解くことで、学校ソーシャルワークがいかに学校現場において有用であったかを明らかにすることができよう。

第2節　本書の構成

コスティンとアレン・ミヤーズらの研究に基づいて学校ソーシャルワークの発展に多大な影響を及ぼした重要な出来事を検討したところ4つあることがわかった。

まず第1に子どもの教育問題、第2に教育委員会による学校ソーシャル

ワークに対する財政的裏づけ、第3に第2次世界大戦、そして第4に生態学的システム思考の視座である。学校ソーシャルワークの歴史をさぐるとこの4つの出来事がその発展に影響している。このような出来事と関連づけて学校ソーシャルワークの発展を述べるのでなければ、その役割と機能の変遷について明らかにすることは不可能である。このことから、学校ソーシャルワークに多大な影響を及ぼした出来事、すなわち、義務教育法や戦争などを機に時期区分をして下記にあらわすようなⅣ部構成で本書を執筆していくこととした。

第Ⅰ部　学校ソーシャルワークの誕生（生成期）
－1850年代から1913年まで－

各州で義務教育法が制定されはじめた時期から訪問教師が導入されだした時期まで。

第Ⅱ部　学校ソーシャルワークの普及（発展期）
－1913年から第2次世界大戦が終わる1945年まで－

訪問教師に対するはじめての財政的裏づけがロチェスターでなされた時期から訪問教師という名称が学校ソーシャルワーカーという名称で一般的に呼ばれるようになる時期まで、すなわち子どもおよびその家族と学校・地域の諸資源との調整、学校と地域の諸資源との連携をする役割から個々人の内面に焦点をあてたケースワークに重点をおいて支援することを求めるようになる時期まで。

第Ⅲ部　第2次世界大戦後の学校ソーシャルワーク（模索期）
－1945年から1970年代前半まで－

全米訪問教師協会が法人組織化された時期以降、臨床的ケースワークに限定して支援を行うことを重視された時期以降から子どもおよびその家族

と学校・地域の諸資源の調整、学校と地域の諸資源の連携によって子どもを適応に導くことを重視されはじめるようになった時期まで。

第Ⅳ部　近年の学校ソーシャルワーク（再編期）
－ 1970 年代以降から －

　ソーシャルワーク論の影響を受けて、学校ソーシャルワーク分野にも一般システム理論やエコロジカルな展望が取り入れられ、新たな支援モデルが考案されだした時期以降。

　第Ⅰ部においては、まず、第1章「学校ソーシャルワーク誕生の経緯」、そして第2章「学校ソーシャルワークの萌芽」について述べている。
　第1章においては、義務教育法の効果についての先行研究における見解を考察し、学校ソーシャルワークがほぼ同時期にはじまった3都市における義務教育法の成立と、当時の子どもたちの労働状況について触れている。ここでは、子どもへの生活支援対策の不十分さから彼らの教育受給権が保障できなかったことがわかった。これにより、学校ソーシャルワークがはじまったことを明らかにした。
　第2章においては、学校ソーシャルワークがはじまった場所、活動内容、この活動に関連する団体について述べている。検討の結果、セツルメントの貢献により、学校ソーシャルワークが発展したことがわかった。

　第Ⅱ部においては、第3章「教育委員会による財政的裏付け」、第4章「全国的規模への拡大」、第5章「目標の変換」の3つに区分して述べている。
　第3章においては、主としてはじめて教育委員会が学校ソーシャルワークに関する財政的裏づけを行ったロチェスターにおける取り組みについて述べている。この時期においては、教育分野がはじめて福祉分野に歩み

寄ったことがわかる。

第4章においては、1921年にコモンウェルス基金主催のもとで行われた3か年にわたるデモンストレーションについて述べ、それによって学校ソーシャルワークが多くの地域において導入されるようになったことを指摘している。

第5章においては、1929年の世界大恐慌が学校ソーシャルワークの目標をどのように変えていったのか、その後におけるニューディール政策の影響により、学校ソーシャルワーカーがどのような役割を果たすようになっていったのかを検討している。ここから、学校ソーシャルワーカーがカウンセリングに類似した技法を取り入れながら、子どもたちの教育受給権を保障するために活動したことを見い出した。

第Ⅲ部においては、第6章「訪問教師から学校ソーシャルワーカーへ」、第7章においては「ソーシャルワーク専門職の統合」に区分して述べている。

第6章においては、第2次世界大戦の影響により学校ソーシャルワーカーがどのような役割を果たすようになったのか、そして全米訪問教師協会がなぜ協会名を変更したのかを考察している。この時期において、彼らは人間関係に焦点をあてた取り組みが重視されたために、心理学や精神医学に基づくかかわりをしていたことを明らかにした。

第7章においては、7つのソーシャルワーク関連の専門職が統合されたこと、そして学校ソーシャルワークが、以前にもまして臨床的ケースワークの技法を強調するようになったことを明らかにしている。つまり、子どもの最善の利益を求めて学校・家庭・地域の連携役となるために行われた取り組みであることを述べている。

第Ⅳ部においては、第8章「生態学的システム思考の視座の導入」、第

9章「教育予算の削減」、第10章「1990年代における特質」に区分して述べている。

　第8章においては、障害児教育法施行やソーシャルワーク理論の影響を多大に受ける1960年代から1970年代の学校ソーシャルワークがその役割をどのように変遷させたのかについて検討している。特に、コスティンの学校・地域社会・児童生徒関係モデルに焦点をあて、学校ソーシャルワーカーが子どもと環境の調整を図り、子どもが教育を受けることができるようにするために、その子どもの人格の発展をめざす役割を果たすことを明らかにした。このモデルは、日本の学校現場においても、学校・家庭・地域の連携役として活動する学校ソーシャルワーカーが存在したら応用可能であることを見い出した。

　第9章においては、1987年の大不況時であったが、特別支援教育が導入されている学校現場で学校ソーシャルワークの役割が増え、その重要性に対する認識が高まったことを明らかにした。

　第10章においては、州によって学校ソーシャルワーカーの雇用人数にかなり差があること、またこの職務の呼び方が異なることを明らかにし、地域によって学校ソーシャルワーク分野の重要性の認識に格差があることを紹介している。

　以上のように、学校ソーシャルワークに影響を及ぼした4つの出来事に基づいて述べているが、これら各部における時期区分は表序－2－1のようにあらわすことができる。このように区分してアメリカにおける学校ソーシャルワークの歴史を論じ、各部ごとの学校ソーシャルワークに関連する施策および学校ソーシャルワーカーの機能の変遷について理解していく。

　本書ではこれらの構成に沿って、アメリカにおける学校ソーシャルワークの生成と発展を教育分野、そしてソーシャルワーク分野および社会の動

向から検討して明らかにする。これにより、教育と福祉は密接に結び付いていることを述べていきたい。

表序－2－1　時期区分

生成期	1906年	アメリカで学校ソーシャルワークが導入されはじめる。
発展期	1913年	学校ソーシャルワーク分野への財政的裏づけがなされはじめる。
模索期	1945年	学校ソーシャルワーカーが当時ケースワーク分野で主流であった臨床的ケースワークに限定して援助することを求めるようになる。
再編期	1970年 現　代	生態学的システム思考の視座に関心がもたれるようになる。

筆者作成

注記

1) デューイ, J. ／宮原誠一訳『学校と社会』岩波書店　1994 年　29 - 40 頁。
2) ジベルマン, M. ／日本ソーシャルワーカー協会編訳『ソーシャルワーカーの役割と機能－アメリカソーシャルワーカーの現状－』相川書房　1999 年　139 頁。
3) 門田光司『学校ソーシャルワーク入門』中央法規　2002 年　216 頁。
4) Costin,L.B.(1969),"A Historical Review of School Social Work", *Social Casework*, 50, Family Service Association of America, pp.439 - 449.（＝全米ソーシャルワーカー協会編／山下英三郎編訳『スクールソーシャルワークとは何か－その理論と実践』現代書館　1998 年　200 - 225 頁。これより以後、本論文引用の際については学位記取得時に原著に基づいて引用したので英文注記のみであらわす。）
5) Allen-Meares,P., Washington,R.O. & Welsh,B.L.(1986), *Social Work Services in Schools*, Prentice-Hall, Inc., pp.15 - 23.（アレンミアーズ, P.・ワシントン, P.O.・ウェルシュ, B. L. 編／菱沼智明「スクールソーシャルワーク－沿革・影響・実際」山下英三郎監訳・日本スクールソーシャルワーク協会編『学校におけるソーシャルワークサービス』学苑社　2001 年　42 頁 - 83 頁。これより以後、本書引用の際については学位記取得時に原著に基づいて引用したので英文注記のみであらわす。）
6) 全米ソーシャルワーカー協会／山下英三郎編訳『スクールソーシャルワークとは何か－その理論と実践』現代書館　1998 年。
7) Costin,L.B.(1969), op.cit., p.440.
8) Allen-Meares,P., Washington,R.O. & Welsh,B.L.(1986), op.cit., pp.17 - 18.
9) 小川利夫・高橋正教『教育福祉論入門』光生館　2003 年。

第Ⅰ部

学校ソーシャルワークの誕生

(生成期)

　第Ⅰ部においては、1800年代における州義務教育法の状況と学校ソーシャルワーク生成との関係について検討する。

第1章
学校ソーシャルワーク誕生の経緯

　本章においては、1800年代における子どもの義務教育の状況について検討し、学校におけるソーシャルワークの必要性を明らかにする。

第1節　義務教育対策の不備

　子どもはそれぞれに生活している環境が異なる。現代においてもいえることであるが、1800年代当時のアメリカにおいては、裕福な家庭で生活している子ども、貧困な家庭で生活しているために工場等で働くことを余儀なくされる子ども、両親を亡くして街で徘徊している子どもなどさまざまな家庭環境に置かれた子どもが存在した。
　まず、子どもの教育受給権を奪うことになる労働問題に対して、各州では子どもが工場等で働くことをやめさせるために法律を制定した。また、工場調査官が任命されるなどの策が練られた。
　しかし、法律には例外規定が伴っていた。それゆえに、雇用主は子どもたちを自らの工場において安い労働賃金で雇うことができたし、親は自らの労働だけでは賄いきれない日々の生活費を補うために子どもを働かせることができた。法律は、子どもたちに働いてもらいたいと考える大人たちによって、抜け道を見つけ出されてしまうこととなったのである。工場調査官が学校へ行かずに働いている子どもたちを発見してやめさせたとしても、義務教育法が徹底していなかったので、彼らは地域に放り出されることとなり、十分な教育を受けることができなかった。結果として、子ども

たちは都市においてさまようことになり、非行に走ったり罪を犯したりすることになった。マサチューセッツ州をはじめとして多くの州が子どもの教育受給権を保障するために義務教育法を制定したが、児童労働法と同様にそれは効力を発揮しない内容であったので工場主や親がその抜け道を見い出すのは容易だったといえる。法整備のみでは子どもの義務教育を徹底することができないという問題が生じたのである。

　子どもが労働許可証を得る際に自らの年齢を明かす必要があるが、親が彼らの年齢を述べることができたので、偽って申告することができた。就学奨励指導員[1]が、工場で働いている子ども、または街で徘徊している子どもを発見して学校に連れてくるが、そのような子どもたちは、そのときは学校に通うが、すぐに来なくなってしまった。その後、学校に来なくなってしまったこのような子どもは他都市へ逃げてしまうことが多く、消息不明となってしまうのが常であった。

　子どもが学校へ行かないまたは行くことができないのは、その個人の問題ではなく環境、主として貧困という状況に問題があるので、この問題にかかわる就学奨励指導員が学校におけるソーシャルワーカーであるべきだとの意見もあった。しかし、彼らの実態は義務教育法に違反する子どもの親を逮捕し、起訴することが主な役割であったので、子ども一人ひとりと密にかかわっていくということはほとんどなかった。彼らが不登校の原因を探り、それに対応することはなかった。

　竹市・鈴木は新移民の子どもの労働が問題視された理由を3点指摘している。これは、アメリカ生まれの子どもの労働が問題視された理由と通じるものがある。まとめると次のようになる。

① 子ども一人ひとりの将来のためだけでなく、民主主義社会のためにも教育が必要であるという考え方が存在したこと。
② 夫婦間の愛情と尊敬の念に基づいた結婚と、夫が唯一の働き手とし

て家庭外で働き妻は家事と育児に専念するという夫婦間の分業および比較的少数の子どもとその養育を第一と考えて、そのために営まれる家庭生活が理想であるという考え方が存在したこと。
③　中産階級がアメリカの民主主義にとって脅威と考えた貧困と移民の問題が、児童労働に密接に関係しているという考え方が存在したこと[2]。

　ここから、子どもが労働することは彼らの教育受給権を奪うことになり、将来の社会生活に悪影響を及ぼすようになることがわかる。
　これに伴って法律が制定されたが、義務教育法と児童労働法の両者は極めて不十分なものであったのでたびたび抜け道を見い出された。児童労働法が、子どもの雇用を禁止したとしても義務教育法が労働許可証を与えるという矛盾が生じたために、子どもの教育は徹底させることができなかった。このような状況が続き、法は改正が繰り返され、1900年に入ってはじめて児童労働法と義務教育法が調和するようになる。
　また、民間慈善事業団体の人々は、親のいない子どもたちのために孤児院等の施設を設立し、そこで子どもを教育することに努めた。大嶋は当時の民間慈善事業団体の取り組みを次のように述べている。

　「それら（慈善機関の団体）は、貧児に衣食住を与えるとともに、宗教教育や基礎教育を施していたが、当時の教育が未来の労働力としての統治を直接の目的としていることから、施設における教育もおのずとその枠内のものであった[3]。」

　ここから、慈善団体は、子どもが教育を受けることができるようにするために生活環境を整える役割を果たしていることがわかる。団体が今まで"点"であった教育と福祉の両者をつなげていくきっかけをつくったので

ある。

　1850年代におけるアメリカ社会は、子どもを「現役の労働力」ととらえる考え方が根強く残っていた。一方で、教育分野では、子どもを「将来の労働力」ととらえて教育の重要性が述べられてきた。民間慈善事業団体の人々は、教育分野における考え方と同様に、教育というものを、「子どもが将来直面する社会で生きていくための準備をするもの」ととらえていることがわかる。州はこれらの民間慈善事業団体に対して補助金を提供した。

　しかし、その財源の使い方を指導することがなかったため、結果として施設に多くの子どもを詰め込もうとする営利主義の傾向が広がり、救貧院で生じたことと同様に子どもへの虐待問題が生じた。そのような孤児院に入所している子どもたちは満足のいく教育を受けることができなかった。1853年には、宣教師であるブレイス（Brace,C.L.[4]）がニューヨークで徘徊している子どもたちのためにニューヨーク児童援護協会（New York Children's Aid Society）を創設した。西尾が引用する同協会の第1回報告では、当時の子どもの就学状況について次のように述べられている。

　「ぼろを纏った男女の浮浪児が徘徊し、所構わず寝ていた。……ニューヨークのある区では、12,000人の児童のうち9,000人が貧しい生活を送り、学校に通学しているのは、7,000人に過ぎない[5]。」

　この報告からも子どもの教育が徹底していないことがわかる。このような状況を打開するための取り組みの一つとして、学校ソーシャルワークの前身である訪問教師という専門職が出現してくることとなる。

第2節　教育受給権を保障されない子どもへの対策の具体例

　児童労働に対する規制はそれぞれの州においてはじめられた。学校ソーシャルワークがはじめて導入された三都市がある州、すなわちマサチューセッツ州、コネチカット州、ニューヨーク州における例を挙げ、児童労働法と義務教育法の不十分さについて検討する。なお、ここでは義務教育法の制定時期が早い順に、以下のように述べることにする。

（1）マサチューセッツ州

　アメリカにおいてはじめて州義務教育法を制定したのは、マサチューセッツ州（1852年）である。この州における当時の義務教育法は次の通りである。

① 　監督下に8歳から14歳までの子どもをもつ人はすべて、居住する市やタウンのいずれかの公立学校に、少なくとも12週間、子どもを通わせなければならない。もし、市やタウンの公立学校が長期間運営されている場合には、子どもが監督下にあるうちは毎年それぞれ6週間連続して子どもを通わせることとする。
② 　本法①の規定に違反する者はすべて、市やタウンと同様に20ドルを超えない金額を罰金として支払わなければならない。ただし、それは告訴や起訴によって取り下げられる。
③ 　各タウンや市の学務委員会（スクール・コミティー）は、本法①に違反するすべての事例について調査し、違反がある場合には違反者と理由を確定すること、また違反の理由とともにそうした事例をタウンや市に年報で報告することを任務とする。但し本法④に規定されてい

る場合には報告の必要はない。
④　学務委員会の調査により、また本法に基づく告訴や起訴による裁判によって以下が判明した場合には、本法の規定に違反したとは認められない。すなわち、本法に規定されている期間、居住するタウンや市以外のどこかの学校に子どもが就学している場合、同等の期間、別の方法で教育を受ける手段が講じられている場合、コモン・スクールで教えられる学習分野をすでに習得している場合、通学に際して、またその期間に学習を習得していく上で障害となる子どもの心身の状態が認められる場合、そして子どもの監督者が貧困のために子どもを学校に通わせたり教育の手段を講ずることができない場合である。
⑤　タウンや市の経理官（トレジャラー）は本法のあらゆる違反を告訴することを任務とする。

(知事による承認。1852年5月18日[6])

　義務教育法の規定を検討すると、④の規定があるために子どもの就学が徹底できなかったということがわかる。親は、貧困を理由に子どもの就学免除を願い出て、労働許可証を得たのである。このような法律により、就学率が伸びることはなかった。
　就学義務が立法化されてからも、公立学校の平均出席者数はあまり増えず、5歳から15歳までの子どもの出席率は50％から60％代を低迷していた。このことに対して州の教育委員会は、同法制定後の20年間、就学の義務制についてほとんど議論しておらず、ほとんどの人がそのような法律の存在を知らないという状態が続いた[7]。義務教育法は制定されたが、広報活動が積極的になされず、不十分なままに放置されたため、法の存在を知らない親や保護者および工場主が存在し、また彼らがたとえそのことを知っていたとしても法律の抜け道を見い出すことが多かったということである。
　下村はこのことについて次のように指摘している。

「1852年のマサチューセッツ州の規定では……居住地区に学校のない場合、コモン・スクールで学ぶ学科をすでに履修している場合のほか、生徒の身体的、知的条件が通学あるいは学齢期間中の学習の修得を妨げる場合、保護者が貧困のために生徒を就学させることができない場合に就学義務を免除している。……例外規定が、就学義務の抜け穴として、時には拡大解釈されて利用されたであろうことは想像に難くない[8]。」

この例外規定のために子どもの就学が徹底できなかったということである。学校自体も、例外規定の存在のために、子どもの就学を積極的に働きかけることができなかったともいえる。この法のもとでは、子どもを働かせたい親の主張を受容することと学校側の働きかけを消極的にさせることができたのである。

1889年に義務教育法の実態を調査した連邦教育局長官は、この法律の適用不十分なことの理由として、①行政当局者の側が関心を欠いていること、②学校の施設が貧弱で、学齢児童生徒全員を収容しきれないこと、③法律が用語の正確さ、もしくは強制に不可欠な職員および罰則規定を欠いていること、の3点を指摘している[9]。すなわち、広報活動があまりない、学校設備が整っていない、違反時の罰則規定が機能していないゆえに、この法が不十分であるということである。このことは、当時の子どもたちの義務教育が、いかに軽視され、不適切なものであったかをよくあらわしている。

（2）コネチカット州

コネチカット州においては、1872年に州義務教育法が制定された。この内容は次の通りである。

「1872年の義務教育法は、子どもに対して責任を負う人々が、何らかの

正当で合法な仕事場や雇用場において子どもを教育するべきであり、公立初等中等学校分校での学習において指導されるようにさせるべきであるという時代遅れの要求を言い換えた後に、8歳から14歳までのすべての子どもは、毎年少なくとも3か月の間、何らかの公立私立学校に出席すべきであると規定した（但し、家庭で教育する場合または知的障害、身体障害を理由に出席することができない場合は除く）。その法は、違反行為に対する同様の罰則（せいぜい100ドルの罰金）がある1869年の児童労働法との調和において、労働の制限をもたらした。親や保護者がその出席規定に違反したら、法は登校しない週ごとに5ドルの罰金を科した（但し13週間以上通わせた場合には罰を科さない）[10]。」

　このような州義務教育法が制定されたが、これでは学校関係の職員が親に子どもの登校を勧めることが十分にできない、また強制することもできない等の問題が残る。但し書きにより検討すると、州は法律を守らない場合の罰則を規定しているが、違反者にそれを適用することがほとんどなかったことがわかる。1882年以前において、治安判事（the Justice）と警察裁判所（the Police Courts）の関係者は、児童労働法に違反する場合に対して、司法権をもっていなかった。仮に彼らに起訴された場合、違反したとみなされた人々によって高等裁判所へ上訴されることも多かった。この時期においては、州検事のみならず法廷裁判官までもが、雇用主に対して違反行為に対する罰金100ドルを科することは実際のところほとんどなかった。彼らは、雇用主に同情的であり、罰金の一部を払うよう促すことによって問題解決を図ろうとすることもあったようである。そこで、法律が1882年において下級法廷の司法権を広げるように、罰金は60ドルを超えないように改正された[11]。すなわち、この法律は、司法関係者が起訴をためらわずにできるようにするために改正されたのである。

　その一方で、政府関係者は、雇用主が規制のゆるい別の州に移動してし

まうことをおそれ、そして子どもに働いてもらいたいという親の強い意向により、罰則を緩和している。彼らは、親が生活費を賄うだけの賃金を得ることができないから子どもが労働を強いられ、教育を受けることができないことを知っていたので、親の意向に配慮したのである。子どもが十分な教育を受けることができないのは家庭が貧困であり、生活基盤が整っていないという問題があるからだということである。教育と福祉の問題は、密に関連しているのである。このために、州は厳しい法令を施行しないようにした。法律を徹底することが難しかったともいえる。このことから、子どもの就学問題は、個人の問題というよりも社会に責任がある問題だといえよう。エンサイン（Ensign, F.C.）が次のように述べる通りである。

「1880年から1890年の10年間において子どもの雇用と教育に影響を及ぼす法律は、より厳密に施行するだけでなく、より厳しい条例案を制定する明白な傾向があった。1885年において、学校に義務的に出席する期間は、8歳から16歳を含むまでに拡大されたが、14歳以上の子どもが、仮に、家庭または別の場所で労働するために、正式に雇われたとしたら出席する必要はないということ、14歳未満の子どもが、もし前の12カ月のうち12週間出席しており、正式に雇用されたとしたら、条例に従わなくてもよいということが規定された。しかしこれは、小学生の雇用を学校に60日間のみ出席すれば、全く規制されないままにした[12]。」

ここから、法制度が不十分であったため、子どもの教育を受ける権利の保障がなされていないことがわかる。その後、1886年において、州議会は子どもの労働に制限を加えたことにより、次のような結果をもたらした。

① 13歳未満の子どもは、機械工場、商業店、製造工場のいずれにも雇われることはなくなった。

② いかなる違反行為もせいぜい60ドルを超えない罰金によって罰することができるようになった。
③ 雇用主が自治体職員、学校教師、親や保護者から「子どもが13歳である」という証明書が得られたら、13歳未満の子どもを雇用していても法に違反していると非難されることがなくなった。
④ 親や保護者による偽造陳述に対する罰は、60ドル程度の罰金を払うことになった。
⑤ 州教育委員会、地元学校訪問員と自治体委員会が子どもの労働を制限するための計画を練りはじめ、実施のために人材を雇いはじめた[13]。

しかし、その制限では、親が子どもの年齢を明示することで年齢を偽ることができること、義務的な出席時間が短いことを認めていたので、子どもの労働をやめさせることができなかった[14]。この状況を打開するために、1895年において改正がなされた。詳細は次の通りである。

「1895年の義務教育法および労働法では、13歳を14歳に変えて、8歳から14歳までのすべての子ども（もし常勤で雇われていなければ、16歳まで就学を続ける子ども）が全授業時間の間、学校に出席することを求めると改正された。同時に14歳未満の子どもを機械工業、商業、製造業のいずれにおいても雇用することは禁止された。学校ですべての授業に出席することが、今度は合法上の雇用に対する最低年齢に至るまでの子どもすべてに求められるようになったので、出席証明書はもはや必要としなくなったが、年齢証明書は以前よりも重要になった。それは、町役場の職員、教師またはいずれの署名も得られなければ、親、保護者によってサインされるものであり、子どもが14歳になっていることを証明するものであるが、古い不十分な書式であった。また、証明書を偽造したことに対する罰金は、以前と同様に60ドルを超えない程度のものであった[15]。」

これでは子どもの就学は徹底できない。地方局は、雇用主が罰せられることによって他の州へ移動してしまうことをおそれ、州役人を支援することに難色を示したし、何度も違反行為を重ねた場合においても、同じ町の人に対しての訴訟のために大陪審員となることを頼むことは非常に困難であった。大陪審となる人々は、同じ町における近所の人を裁くことを嫌がったのである。町工場は、比較的大きな製粉場と工場から発見され、辞めさせられた子どもに、仕事を提供していたという実情がある。この状況に対応するために、規定は、1899年にさらに修正されることとなった。この時点においても、ある地域に住む人が、同じ地域に住む人を通報し、裁くことを好まなかったし、また年齢証明書に関する規定は、依然として残ったままであった[16]。

　1905年において、この問題を打開するために、地元の学校委員会および教育委員会において法案が規定された。この法令は次のような効果をあげた。

「町の学校委員会、学校訪問者、または教育委員会が、14歳以上16歳未満の子どもは、法の精神を満たすために効果的な学校教育を受けてこなかったと決定するときはいつでも、彼らが親に知らせ、そのような子どもを定期的に学校に出席させるということを規定した。法律は、発動しないことが多いが、代理人が目に余る年齢証明書の欠陥部分を和らげること、そして一方で勉強することを避けてきた可能性のある子どもを学校にとどめることを可能にした[17]。」

　この法令では家庭と学校を結び付け、「子どもを学校に出席させること」が規定されたのである。
　しかし、本法は学校という場に子どもをとどめることのみに目が向けられ、生活基盤を整えるための支援については明らかではない。ここから、

子どもが学校へ来ない原因を探求し、それに対する支援策を講じることは欠いていたといえる。

（3） ニューヨーク州

ニューヨーク州においては、州義務教育法がはじめて制定されたのは1874年であった。この規定は次の通りである。

① 年齢に応じた精神的身体的能力がある8歳から14歳までの子どもを監督している人々は、子どもたちが少なくとも毎年14週間の間、公立・私立学校に出席するようにさせるべきであること（但し同期間、公立初等中等学校分校に籍をおいて家で規則正しく教える場合は除く）。

② 14歳未満の子どもはいずれの職場においても雇われることがあってはならないこと（但し前年度の間に子どもが法によって求められるような指導を受けてきた場合は除く）。

③ 子どもが職場に最初に通い出したときは、雇用主に教師や学校理事によって署名された学校教育証明書（すなわち雇用主によって保存されておくべきであり、所轄の調査官の要求があれば、提示されるべきもの）を渡すべきであること。

④ 学校理事は、毎年9月と2月において、学区におけるすべての製造工場において雇われている子どもの状況を調査し、都市の主席財務官や町の監督官（この職の努めは、初犯に対しては1ドル、その後は13週を超えない期間は、毎週5ドルという規定の罰金を回収するために訴訟を起こすことであった）に違反行為の全部を報告すべきであること。

⑤ 教科書は、もし親や保護者が教科書を準備することができないのなら地区によって提供されるべきであり、そのことを文書で提示される

べきであること。
⑥　親が子どもたちを学校へ行かせることができない場合は、常習的にずる休みをする子どもたちとして取り扱われるべきであること[18]。

　この1874年の法においても、1852年のマサチューセッツ州の法律および1872年のコネチカット州の法律と同様に、但し書きによる例外規定が設けられたためにまったく役立たなかった。

　「州は、子どもに教育を受ける権利を保障しようとしたが、州規定を子どもが受け入れることを許さない親が例外を認めるよう主張することができるという状況をもたらしたので、働いている子どもの幸せに最も関心をもっている人々をしばらくの間黙らせる役目を果たしてしまった。法令が制定されて20年後に、州最高教育管理官がそれは嘲笑の的となる以外は何の効力もなかったと述べたことからも、法が意味をなさないものであったことがわかる[19]。」

　1874年の州法は空文であったということである。また、州では同年にニューヨーク州児童虐待防止協会が設立され、非行行為をしている、保護を受けていない、労働を強いられている子どもを支援し、それらを改善するために法律をつくろうと試みられた。同協会をはじめとする多様な団体の運動によって労働に関係する法令が制定された。
　しかし、製造業が発展するに伴い子どもの労働は増加していった。州において多くの小学生が法に違反して、衣服販売業において特に多くの子どもが雇われることになったのである。ラインハルト（Reinhardt,P.W.）は「小柄でみすぼらしい服を着た悲しみに沈み込んで何も知らないこれらの子どもたちは、最も初期段階の共通した学校教育があることを知らされなかったので、最も簡単な計算の仕方しか知らなかったし、英語またはいず

れの他言語においても自分の名前を書くことすらできない場合が多かった」と述べ、法が効力を発揮していないことを指摘している[20]。

そして、州義務教育法制定以後20年にわたって試行錯誤が繰り返され、2度目の義務教育法が1894年に可決されることになる。1894年の法の特徴は以下の通りである。

① 8歳から12歳までのすべての子どもは、全学期の間、何らかの学校に出席しなければならないということ。
② 12歳から16歳までのすべての子どもは、常勤で働くのでない限り、すべての授業に出席しなければならないということ。
③ 12歳から14歳までのすべての子どもは、少なくとも80日間出席しなければならないということ。
④ 教育長や若干の他の厳密に指定された職員によって署名された許可証が提示されない限りは、学期中のいずれの時期においても12歳から14歳までの子どもを雇うことは犯罪だと考えられたということ。
⑤ 親や保護者は子どもを学校にとどめるよう求められ、違反した場合には、初犯に対してせいぜい5ドルの罰金や拘置所で30日以内の留置または罰金と禁固刑の両方を科すが、もし子どもを世話する人々が、学校当局に子どもを出席させることができないと知らせたら、罰を科さなかったということ。
⑥ 地元の就学奨励指導員の任命は、田舎の地域を除いて義務づけられたということ。
⑦ 州教育長は、法規定を施行しない、いかなる学区に対しても公立学校基金の2分の1を保留する、そして強制手段実行に移されるのかを調査する補佐役を任命するための権限を与えられたということ[21]。

この規定は、①と⑦は評価することができるが、②は、子どもが働いて

いれば学校へ行かなくてもよいということをほのめかし、③は、出席期間が短いという問題が生じる。また④については、労働証明書が得られれば、働いてもよいということを示唆しているし、⑤は届け出により就学が免除されるという問題が出てくる。⑥については、すべての地域に就学奨励指導員が任命されたわけではなかったということを暗示させる。これでは子どもの学習権保障のために登校するよう働きかけることは不可能である。このように、2度目に施行された義務教育法も不完全なものであったために、翌年の1895年において、法律は、州公教育長が人口1万人以上の全都市において調査を2年ごとになされるようにすることを義務づけるように改正された。この法は、学校を欠席している子どもの数や工場などで働いている子どもの数、そして学校に在籍する子どもの数についてのデータを収集することを規定した。学校で働いている就学奨励指導員が、どの程度の義務教育法違反時に起訴するのかを知るために、規定のなかに調査が定められたのである。調査者は、この州におけるほぼすべての都市を訪問することによって、若干の例外規定がかなり適用されてきていると報告した。これらの州役人と地元の就学奨励指導員は、学齢期における怠学者を、学校に戻すためにだけ活動したために、不法に工場で働いている子どもに目を向けることがほとんどなかったので、この適用は減少しなかったのである[22]。

　言い換えれば、就学奨励指導員は、子どもがなぜ学校へ行かないのか、または行くことができないのかというような原因をさがそうとはせず、彼らを学校に服従させようとしたのである。この点は、後の1906年に出現してくる訪問教師の取り組みと異なる大きな点であるということができる。今後も法は改正されることになる。

　これまで、工場などで働いている子どもを学校へ行かせるために定めてきた法は、組織労働者が政党の支援を得ることができない限りは、施行されることはなかった。政党が支援するのでなければ、たとえ法が施行され

43

ても実施段階において積極的ではないため、すぐに有用性の限界に達してしまうという結果を招くということである。これまで慈善団体は、法令のなかにおいて述べられている規定を保証する重要な団体と考えられてきた。慈善団体は、市当局が行うべき仕事をうまく果たすように刺激した。しかし、状況は好転しなかったため、結果的に同団体は、提案されている法案を施行不可能にする規定を導入させることになってしまっていた。その後、1903年からはじまる10年間において、同団体は組織内において明確な改革を行い、かなり長い間、うまく反対してきた雇用主が、一転してその原理の支援者となるように仕向けた[23]。義務教育法は、不十分ながらも改正され、徐々に進歩してきているといえる。

1903年に再び児童労働法が制定されたが、この特徴は次の通りである。

① 14歳未満の子どもは、いかなる工場においても雇われることはないし、16歳未満の子どもは、健康局調査官または求人のある都市、町や村の健康部門の行政官によって一様に発行される証明書をもたない限り、雇われることはできないことが定められた。
② 就職希望者は次のものを提示するように求められた。
   a 彼が14歳の誕生日を迎える前の年度に少なくとも130時間、公立学校またはそれと同等の学校に出席してきたこと、彼が公立初等中等学校分校で指導を受けてきたこと、彼が英語での簡単な文章を読み書きできるということを証明する学校記録。
   b 公に認められた出生証明の写し、洗礼証明書や他の宗教関連記録のような年齢に関する資料となる証明書類、またはそのような証拠が入手できない場合のみ志願者が14歳であるという旨の親と保護者による供述書（それは行政官が保証書を発行する前に提出されたものであり、料金はかからなかった）。
③ 発行する行政官は、就職希望者に証明書を発行する前に、子どもた

ちの読み書き能力について調査し、また、身体的に良好か否かについて調べ、疑わしい場合には、健康状況に関する問題を健康委員会の医師によって裁定してもらうように求められた[24]。

①の規定は、健康証明書をもてば、14歳から16歳までの子どもが働くことができるという問題が生じ、②については、労働の許可証を得なくても働くことのできる場所で子どもが働くので、14歳未満の子どもも就労可能という問題が生じる。③においては、健康診断の基準が定かではないという問題が生じる。1903年の法制定は、一定の効果があったが子どもの労働をなくし、教育を受けさせることを徹底できなかった。親と雇用主は法の罰則から逃れる方法を見い出し、そして小学生たちは、学校へ行かずに工場と商店で働き続けた。また法廷は、子どもが家族収入の一助となることを許しているため、すでに貧困である親に罰金を科することをためらってきた。年齢証明書に関係のある証拠書類を要求する児童労働法の規定は、子どもをもつ親が必要書類を提出することを不可能にしたので、そのため労働許可証が与えられることはなかった。子どもたちは、その労働許可証が得られないとしてもそれを必要としない職場で働きはじめた。法は1905年において健康委員会が出生証明書や厳正な記録に加えて他の証拠書類を受領するように権威づけられた。同時期に義務教育法は就学奨励指導員に子どもが働いている工場や他の施設に立ち入り、証明書が法条件を満たしてきたかどうかを調査決定するための権限を与えた。しかし、労働証明書を志願する者に対して助言する専門家が不足している地区が多くうまくいかなかった[25]。

以上は、エンサインの批判を要約したものであるが、この3州の施策策定を検討してみると、義務教育法が徹底できなかったのは、主として子どもたちに働いてもらいたいと考える大人たちの圧力によって例外規定が伴っていたからだということができる。この義務教育法にとっての最大の

欠陥は 3 州に共通することであるが、労働許可証や貧困認可証が得られれば働くことができるということである。たとえ年齢証明書が必要であるとしても、親が申告すればよい、という規定があるので虚偽申告をすることは可能である。このような理由で義務教育法は、十分に効力を発揮しなかったといえる。子どもの生活環境の安定に対する支援がなかったために彼らの教育受給権保障ができなかったのである。

第 3 節　義務教育法の効果

　マサチューセッツ州において義務教育法 (1852 年) が制定されて以来、その影響を受けて多くの州で同種の法律が制定されてはまた改正されていったが、解決されるべき課題が数多く残っていた。前節においては、主として法の短所のみをあげたが、それは、改正の積み重ねにより、次第に子どもの就学向上に効果をあげることができるようになる。竹市・鈴木は義務教育法の制定を次のように評価している。

　「義務教育法は、一般的にはじめのうちは就学を督促しながらも、就学しなかった場合、罰則や逮捕などは実施されず、良心に訴える道義的な勧告の域を出なかった。そして、義務就学を達成するのに必要な労働の制限もはじめのうちは、両親の宣誓に基づく雇用を認めるなど抜け道があったため効を奏さなかった。しかし、やがて不就学を法廷に告発してでも義務教育法の実現を進める権限を教育委員会が得るようになった[26]。」

　アレン・ミヤーズらは次のように当時の義務教育法制定を称賛している。

　「州ごとに独自の義務教育法が制定されたのであるが、それぞれの州の意図は共通していたようである。それは、子どもたちが、学校側が提供で

きうる恩恵を受けることができるようにするということと学校側が提供しなければならないものを確保できるように仕向けるということであり、義務教育法の制定は、それらを事実上宣言するものであった。親は、この法令によって子どもを学校に行かせることを義務づけられ、義務教育法は教育の新時代をつくりあげたのである[27]。」

彼らが述べるように「義務教育法の制定は、子どもの教育を義務づけるための画期的な取り組み」であり、アメリカ全土における識字率は、1870年と1910年とを比較検討すると、1910年におけるそれは高まったことがわかる（表1−3−1）[28]。

また、同表から、訪問教師活動が最初に導入された3都市があるそれぞれの州の識字率を、アメリカ全土の1870年から1910年までの40年間の識字率と比較検討すると、それは、早くから不就学・長期欠席児童生徒に対する取り組みがなされたこともあって、アメリカ全土の1910年におけるものよりもずっと高いことがわかる。このように、確かにこの3州では読み書きのできない人の割合がアメリカ全土と比べて少ないが、一方で40年の間、それ以上減少することなくほとんど横ばい状態であったという結果が出されている。読み書きのできない人々に対して教育を受けるように

表1−3−1　読み書きできない住民の割合

地域名	全人口数（人） 1870年	全人口数（人） 1910年	読み書きできない人の割合 1870年	読み書きできない人の割合 1910年
アメリカ全土	38,558,371	91,972,266	14.6%	7.7%
コネチカット	537,454	1,114,756	5.5%	6.0%
マサチューセッツ	1,457,351	3,366,416	6.7%	5.2%
ニューヨーク	4,382,759	9,113,614	5.5%	5.5%

資料　Ensign,F.C.(1921), *Compulsory School Attendance and Child Labor*, the Another Press, p.252. をもとに作成。

仕向けることが必要である。

　この表1－3－1は、連邦調査によって出された3州における読み書きできない住民の割合のデータであるが、エンサインもまた、この40年間を比較している調査で、アメリカ全土における10歳以上の住民のなかで読み書きができない人の割合は、事実上減少しているが、コネチカット州、マサチューセッツ州、ニューヨーク州においては、移民が数多く流入してきたためにほとんど変化がないことの2点を指摘している[29]。

　しかし、移民が多かった当時のアメリカにおいて、読み書きのできない人の割合がこのように低いという結果には若干の疑問が残る。

　エンサインもこの結果に対して関心をもっているようであり、次のような注意事項を特記している。

「識字率についてのデータは、国勢調査官に対して口頭で告げられた答えに基づいており、いかなるテストや他の証拠にも基づいていないので、連邦国勢調査が、存在する状況をおおまかに理解していると考えることが無難である。選択徴兵のもとで軍隊に入隊している男子の識字率に関する公衆衛生局長官の一般的な報告では、国勢調査によって明らかにされた割合よりもはるかに高い割合の人が、活字で書かれたページをうまく利用することができない（はっきりと理解できない）とさえ明示した。最も進歩的な州でさえ、読み書きのできないことに対する戦いは、いまだ勝利していないのは明白である。得られたデータに伴ってさえ、州において関心が払われる読み書きできない人の割合は、学校出席者の増加の割合と比較すると、それほど減少してきていない。しかしながら、これらの進歩的な州においてさえ、就学年齢の子どもと若者の大部分が、いかなる種類の教育も受けていないということを特筆しておかなければならない[30]。」

　エンサインは、この調査結果だけを鵜呑みにしてはいけない、実際には

このデータよりももっと読み書きできない人の数は多い、ということを指摘している。それぞれの州において、義務教育法が制定、改正されたが、そのようにしてもなお、子どもたちへの教育の普及は不十分だったと言わざるを得ない。

一方、移民の識字率はどのような割合をあらわすであろうか。表1-3-2[31]のデータは、学校ソーシャルワークが1900年代に導入された都市がある州のみあらわしているが、移民の識字率がアメリカ生まれの子どもの識字率よりもかなり低いことがよくあらわされている。外国生まれの読み書きできない10歳以上の住人の割合は、アメリカ生まれの住人のそれと比較するとおよそ30倍以上である。これは、移民の子どもたちの教育を重視し、義務づけていく必要があるということを示唆させる。子どもたちが教育を受けることのできる環境を整えていかなければならないということである。

次に、義務教育法制定後における他州よりも比較的先進的な3州においては識字率が上がったか否かについて検討する。

表1-3-3[32]から検討すると、マサチューセッツ州においては、識字率の多少の改善が見受けられたが、コネチカット州においては逆に読み書きができない子どもの割合が増加する傾向にあり、ニューヨーク州におい

表1-3-2　1910年におけるアメリカ生まれおよび外国生まれの読み書きできない10歳以上の住人の割合

	アメリカ生まれの読み書きできない10歳以上の人		外国生まれの読み書きできない10歳以上の人	
	人数（人）	割合（%）	人数（人）	割合（%）
コネチカット	1,707	0.5%	49,202	15.4%
マサチューセッツ	3,428	0.4%	129,412	17.7%
ニューヨーク	21,972	0.8%	362,025	13.7%

資料　Ibid., p.252.をもとに作成。

表1-3-3　5歳から8歳までの学校への出席率および読み書きできない子どもの割合

	1870年		1880年		1890年	
	①	②	①	②	①	②
コネチカット	45.7%	5.5%	47.2%	5.7%	47.6%	5.2%
マサチューセッツ	53.6%	6.7%	54.5%	6.5%	53.4%	6.2%
ニューヨーク	39.1%	5.5%	42.8%	5.5%	43.6%	5.5%

	1900年		1910年	
	①	②	①	②
コネチカット	53.5%	5.9%	57.2%	6.0%
マサチューセッツ	58.7%	5.9%	58.4%	5.2%
ニューヨーク	49.2%	5.9%	53.5%	5.5%

資料　Based upon Census returns and reports of U.S. Bureau of Education cit., Ibid., p.253.をもとに作成。
注　出席率を①、読み書きできない子どもの割合を②で示している。

ては横ばい状態であった。ここから、読み書きできない子どもの割合は、義務教育法が制定され、改正がなされても、ほとんど効果があがっていないということがよくわかる。教育受給を義務づけるだけでは実態が伴わないのである。

　州義務教育法の施行については、子どもの教育を普及させる取り組みであると考えられ、評価されることとなったが、生活という点に目が向いておらず、不十分な点が多く残るものであり、人々は法に記載される例外規定をうまく利用して抜け道を見い出していたということができる。

　このように義務教育法の徹底が図られることにより、子どもの就学率はゆるやかに伸びてきているが、読み書きできない人の割合は、ほとんど変わらない状態であったのである。教育と福祉の連携ができていないと言わざるを得ない。

　下村が引用する資料には子どもの実際の状況がよくあらわれている。

「南部を除く大多数の州で義務教育法が施行された1895年の連邦教育局の資料によると、コモン・スクールの在籍者は、5歳から18歳までの総数2,009万9,383人のうち1,396万288人で在籍率69.5%、しかもそのうちの出席者は、920万8,896人で在籍者の3分の2程度にすぎない。……1892～1893年度の教育局長官報告に引用されているヴェツォルトの報告によると当時のニューヨークでは学校に通わなければならないはずの子どものうち、実際に通っているのはせいぜい72%にすぎない。しかもこの子どもたちの大多数は年間3・4か月出席するだけで、4年間続けて出席するものは30%程度である。……学齢生徒に対する就学年限の規制にもかかわらず、当然学校に通わなくてはならないはずの子どもに雇用証明書が比較的容易に与えられることも、こうした傾向に拍車をかけた。……証明書の交付の理由としては、貧困、孤児、両親の遺棄などが挙げられるが、『放縦に陥らせないため』というものが最も多い[33]。」

ここからも就学率の低さが読み取れる。子どもに労働をやめさせて学校へ行くことを強いるだけの法では効力がないといえよう。このような不就学の状況は、学校側が子どもたちを受け入れるだけの施設を整えることができなかったために、さらに悪化していった。

デヴィッドソンはこのことを次のように指摘している。

「就学義務の履行を厳しく規制できない背景には、増大する学齢人口に応じきれない学校の施設・設備の貧困があった。とりわけ都市では学校の収容能力の不足が著しく、すしづめ学級、2部授業、短縮学級がむしろ常態化していた。ブルックリンでは1893年に377学級のうち、231学級が60～70人、65学級が70～80人、22学級が80～90人、18学級が90～100人、2学級が100～110人、16学級が120～130人、4学級が130～140人、2学級が140～150人、1学級が158人の生徒を収容しているという

すしづめぶりで、その上、翌年の 1894 年には 5,000 人の生徒増が見込まれているのに、1,800 人分の座席しか用意されていない。事態はボストン、ミネアポリス、フィラデルフィア、ミルウォーキーなどの各都市でも同じである。1894 年 12 月のボストン学校施設委員会の報告が、この状況を重大な公共の急務と表現している[34]。」

コスティンはこの時期の子どもたちの教育問題について以下のように考えている。

「保護するための法律が十分ではなかった。施行される法律の保護の程度は、子どものために意図された目標を達成するのに欠くことのできないものであった。すべての親たちは、新しい法律において認められるような子どもにとっての教育の重要性を理解し受け入れたというわけではなかった。一家族における大人にとって、満足のいく高い賃金が得られないということは、子どもたちが賃金労働者になるだけの年齢になってほしいという親の意向を強めることになる。子どもたちの年齢を公的に記載する義務的な出生届がなかったので、子どもが法的に成年に達する前に、労働許可証や貧困認可証を求めることはたやすかった。……義務教育法の不十分さが、多くの都市において学校整備を整えることができないこと、学校へ行くために定員の空きを待っている生徒の名簿が存在することによってさらに悪化した[35]。」

3 者ともに、子どもの教育受給権を保障することができないことは、学校側に問題があることを指摘している。子どもの教育問題は、1900 年代に入っても多くの課題が持ち越されることになる。工場調査官および就学奨励指導員の両者が子どもを保護することに懸命になったが、人数不足、また、生活面に視点をあててかかわる専門職ではないという問題が生じてい

た。彼らの取り組みにより、アメリカ全土における子どもの識字率は高まったが、アメリカ東部では、比較的先進的な対策をしていたが生活基盤を整えるための支援が必要な移民が多いので、ほとんど識字率は変わらないままであった。子どもの不就学の状況は、多くの学校が施設を提供できなかったこと、法律を制定しても成果があがらなかったことによって悪化した。それにより子どもたちはさまざまな悪い影響を受けた。

　このような状況に憂慮した、セツルメントハウスのセツラーをはじめとする民間団体および市民団体によって訪問教師活動が導入されることになる。すなわち、そうした団体はこのような状況を少しでも改善に導くために、個々の子どもの学校外における生活状況を理解し、その状況が子どもにどのように影響するのかを知り、学校職員にその旨を伝える役割を果たす専門家である訪問教師を任命したのである。

第4節　セツルメントハウスの貢献

　19世紀半ば以降のアメリカにおいては、新移民が増大したため、多様な問題（詳細については第2章参照）が生じたが、これらの問題を解決するための取り組みの1つとして「貧困」という問題に関心をもったセツルメント運動が生じた。セツルメントハウスのセツラーたちは、社会改良および経済的改善を促そうとした。彼らは、慈善組織協会（COS）の友愛訪問員のように要救護性を重視せず、社会改良という信念をもって活動していた。セツラーたちは、活動するなかで子どもの不就学問題についても支援を行っていた。言い換えれば、セツラーたちが、子どもの学習権を保障するために学校と家庭と地域を結び付けて支援する、ソーシャルワーカー導入の必要性を説きはじめたということである。

　このセツルメントハウスは、学校が設備を整える以前に、学校と類似した設備を整えて子どもたちに学びの機会をもたらしていた。

たとえば、1900年におけるニューヨーク市のヘンリーストリートセツルメントハウスの取り組みについてワルド（Wald,L.D.）は次のように述べている。

　「1900年に、ヘンリーストリートセツルメントのセツラーは、ニューヨーク市教育委員会によって、学年別に分類していない生徒（知的障害があるために普通教育についていけない子どもたち）の最初の学級を設けることを許可された。そのセツルメントは、設備を提供し、地域の専門相談所において、処遇の資源を確保し、学校委員会の人々と一般の人々がこの学級の子どもたちに関心をもつようにするためにあらゆる努力をした。昼食のための食材が提供され、この学級における年長女児たちが食事を料理して出し、それは、小学校において出される最初の給食となった。……毎日一人の児童が、昼食会に家族の大人を招待することを許された[36]。」

　このことを検討すると、セツルメントは、障害児学級の設置、昼食会を開催するなどして子どもおよびその家族と学校・地域の諸資源との調整、学校と地域の諸資源との連携をもたらそうと試みたことがわかる。
　その他にも、セツルメントハウスのセツラーたちは、子どもたちのためにクラブ活動やレクリエーション（グループワーク）を行うことにより、子どもの不就学問題にかかわっていった。彼らは、社会改良を進めていこうと、生活基盤を整えていこうと試みたのである。これらの取り組みは、学校ソーシャルワークの前身である。このような活動がなされるなかで、学校ソーシャルワークの前身である訪問教師活動が導入されることになった。
　学校ソーシャルワークがニューヨーク市で導入された翌年の1907年においてなされた、ヘンリーストリートセツルメントの取り組みについての記述では、次のようなことが明らかにされている。

「セツルメントの勉強部屋は、込み合った共同住宅にいる少年少女が勉強するために、そしていくらかの個人授業を受けるための静かで安らぎのある場を見い出すことができるように配置された。あらゆる年齢にとっての特別な読み物が提供され、他の状況の下でのさらなる援助は、親や兄姉によって与えられた[37]。」

このことから、ニューヨーク市の学校教育長は、セツルメントの取り組みとよく似た勉強部屋を学校に設置するようになった。教育長は、子どもを取り巻く生活環境を整えて子どもの教育をするセツルメントの取り組みを手本にして子どもを支援をしたということである。セツルメントの取り組みが、学校教育遂行のために引き継がれていく必要があるということを示唆している。子どもが十分な教育を受けられるようにするために、彼らを取り巻く環境を整えることが必要であることを学校側が理解するようになった。セツルメントが行っているような取り組みが、公立学校に導入されて教育と福祉が結びつきはじめたのである。

ニューヨーク市におけるセツルメントハウスのセツラーは、訪問教師を任命し、彼らに不就学をはじめとする多様な問題を抱える子どもの生活支援をするように仕向けた。これは、貧困問題の解決がなくては教育の充実はあり得ないということである。セツラーは、子どもの教育への生活支援策として訪問教師活動を講じた。学校は子どもたちの現在と未来や教育の遂行をもたらすために生活支援を行う必要に迫られることとなったのである。つまり、セツルメントハウスが率先して学校を地域に開かれた場にしたということである[38]。セツルメントハウスのセツラーたちが、子どもが通う学校環境を整えるための鍵を握っているということである。

デニソン（Denison,E.）はセツルメントハウスと学校との関係を次のように指摘している。

「休日と夜間の学校、野外授業、一般人対象の講義、母親クラブ、図書館、障害をもった子どもと勉強についていけない子どもへの補習授業－これらは目下のところ、学校を通じてすべての地域に及んでいる。学校は、精神的・実際的において、社会センターが行っている多くの望ましいことを取り入れた。それは、セツルメントから多大な恩恵を受けている[39]。」

　言い換えれば、学校では、セツルメントにおいて備わっている資源のほとんどを導入していることが望まれるということである。表1－4－1より、セツルメントハウスのセツラーが、子どもにかかわる際に、実際に有効である取り組みは、学校に取り入れられていることがわかる。
　逆に、学校側はセツルメントの取り組みを思わせるような資源を包括的に取り入れているため、学校関係者はセツルメントの取り組みが子どもの学習権を保障するために有用だということを理解しているといえる。セツルメント運動は、公立学校に影響を及ぼしたのである。セツラーは、すべての公立学校に、セツルメントの社会改良という精神を広げるために、子どもおよびその家族と学校・地域の諸資源との調整、そしてそれらの資源と連携することにより、子どもの問題をなくしていこうと努めた。
　前述からもわかるように、学校は、常にセツルメントの影響を受け、その後追い状態であり、立ち遅れていたということがわかる。セツルメントにやってくる子どもたちの状況を知り得たセツラーが、活動するなかで当時の子どもの状況に憂慮し、教育というものが、子どもの将来を決定する上で非常に重要なものであるということを明白にすることによって公立学校に働きかけてきた。そのようななかで、彼らは、実際に1906年に訪問教師活動をはじめることになるのである。

表1-4-1　セツルメント資源に相当する学校資源

セツルメント	学校
自習室	自習と余暇の部屋
クラブ、道徳、社会、教育	クラブ、道徳、社会、教育
娯楽	老人と若者のための社会センターパーティー
幼稚園	公立幼稚園
ゲームと運動	公立学校運動連盟
救済	学校救済協会
相談所	内科、歯科検診
訪問看護婦	養護教諭
音楽	学校オーケストラ
公園	校庭
運動場	都市および学校の運動場
家庭訪問員	訪問教師および就学奨励指導員

資料　Denison,E.(1912), *Helping school children,* Harper & Brothers Publishers, pp.15-16. をもとに作成

小結

　本章においては教育と福祉が結びついておらず点の状態であったが、福祉なくして教育はあり得ないというセツルメントハウスの取り組みにより、学校ソーシャルワークが誕生したことを明らかにした。義務教育法が適切とは言い難かったために、子どもの就学状況が改善に向かわなかった。セツルメントハウスにやってくる子どもたちとかかわっているセツラーが、この状況に憂慮したためにさまざまな生活支援策を考えた。セツルメントハウスは、社会改良を推し進めていたため、子どもの不就学を個人の問題ではなく社会の問題と考えていた。子どもおよびその家族と学校・地域の諸資源を調整する、または、学校・地域の諸資源と連携することが必要だと考えていたのである。そのようななかで、セツラーは、訪問教師すなわち学校におけるソーシャルワーカーを導入することになる。以上のようなことから、学校ソーシャルワークの萌芽経緯を次のようにまとめることができる。

① 親の子どもの教育に対する認識が低かったために、義務教育法が制定され、改正が繰り返されたがあまり効果があがらなかったということ。
② 子どもを学校に行くように仕向けるために工場調査官や就学奨励指導員が導入されたが、専門職が不足しがちであり、不就学の原因をとらえるところまではいかず、子どもの就学が徹底できなかったということ。
③ 義務教育法の拡大により、教師が子どもの学校外における生活状況を知り、子ども一人ひとりを適切に理解していく必要があったということ。

④　教育を受ける必要がある子どもに対して学校側が資源、すなわち教室、教師等を提供できなかったということ。

　ここから、学校におけるソーシャルワーク、すなわち訪問教師活動がはじまったきっかけは、生活に視点をあてる支援がなかったために子どもの就学を徹底できなかったことにあるということができる。子どもの教育受給権を保障するために生活支援の必要性を掲げたセツルメントハウスの取り組みのような支援が学校でも必要だと考えられたために、訪問教師活動が導入されたのである。

注記

1) 松田徳一郎監『リーダース英和辞典』研究社　1991年　135頁では、attendance officer のことを長期欠席児童［生徒］調査官と訳されているが、この専門家は長欠のみを扱うわけではないので、本論文ではこの専門職のことを就学奨励指導員と訳した。
2) 竹市良成・鈴木清稔「資本主義の成立・展開と子どもの生活」江藤恭二・篠田　弘・鈴木正幸編『子どもの教育の歴史』名古屋大学出版会　1992年　80－81頁参照。
3) 大嶋恭二「児童福祉の発展」福祉士養成講座編集委員会編『児童福祉論』中央法規　2001年　25頁。
4) ブレイスの取り組みについて
　　ブレイス（Brace,C.L.）は、町で徘徊している子どもたちを「危険な階級」と考え、ニューヨーク市民を守るために彼らを西部へ運び、健全な家庭（すなわち里親）に委託した。そのような子どもたちには家庭の養護と職業技術の習得をもたらし、彼らを受け入れた里親家庭には労働力を提供しようとした。それゆえ、彼の取り組みは、子どもたちが虐待を受けたり、酷使されたりして傷つくなど、徒弟制度と同様に彼らに多大な負担をもたらした。（西尾祐吾「児童福祉の歴史」山内　茂・山崎道子・小田兼三編『児童福祉概論』誠信書房　1991年　49頁参照。）
5) 同上　49頁。
6) Acts and Resolves Passed by General Court of Massachusetts in the Year(1852), pp.170 － 17, Cohened,S.(1794), Education in the United State 2,pp.1115 － 1116. （佐野正周「近代アメリカの教育」池端次郎編『西洋教育史』福村出版　1994年217－218頁より引用、なお、節は①②③であらわしている。）
7) 下村哲夫「近代教育制度の低迷と前進」世界教育史研究会編『世界教育史体系17 アメリカ教育史Ⅰ』講談社　1975年　210－211頁参照。
8) 同上　212頁。
9) Annual Report of the Commissioner of Education(1888 － 89), Vol.1, Washington: U. S. Government Printing Office(1891), Ch ⅩⅧ　同上　212頁より引用。
10) Ensign,F.C.(1921), *Compulsory School and Child Labor*, the Ather Press, pp.97

－98.（後の章に出てくる子どもの教育に関する法整備の不十分さについては、本文献を参照して述べている。）
11）Ibid., p.100 参照。
12）Ibid., pp.100 － 101.
13）Acts(1886), ch.124, cit., Ibid., p.101.
14）Ibid., p.104 参照。
15）Ibid., pp.104 － 105 参照。
16）Ibid., p.105 参照。
17）Ibid., pp.106 － 107.
18）Laws of New York(1874), ch. 421, cit., Ibid., p.120.
19）Ibid., p.121 参照。
20）Rpt. Reinhardt Con. p.3, cit., Ibid., p.126.
21）Ibid., pp.129 － 130.
22）Ibid., p.130 参照。
23）Ibid., p.132 参照。
24）Laws of New York(1903), p.184, cit., Ibid., p.134.
25）Ibid., pp.135 － 140 参照。
26）竹市良成・鈴木清稔　上掲　85 － 86 頁。
27）Allen-Meares,P., Washington,R.O. & Welsh,B.L.(1986), *Social Work Services in Schools*, Prentice-Hall, Inc., p.17.
28）Ensign,F.C.(1921), op.cit., p.252.
29）Ibid., p.252 参照。
30）Ibid., pp.252 － 253 参照。
31）Ibid., p.252 参照。
32）Ibid., p.253 参照。
33）下村哲夫　上掲　215 － 216 頁。
34）同上　217 頁。
35）Costin,L.B.(1969),"A Historical Review of School Social Work",*Social CaseWork*, 50, Family Service Association of America, p.440.
36）Wald,L.D.(1915), *The House on Henry Street*., Henry Holt and Co., pp.117 － 120, cit., Ibid., p.441.
　ワルドはニューヨーク市、ロアー・イースト・サイドのヘンリー街にセツルメ

ントを開設し、訪問看護サービスを行った。アメリカで生活する人々の平等と保障を主張し、フローレンス・ケリーをはじめとする児童福祉に関心をもつ人々と手を携えて1909年に援助を必要とする子どもに関連する白亜館会議を開催させることに努めた。1912年の連邦児童局（U. S. Children's Bureau）の創設にも貢献した。（トラットナー，W．L．／古川孝順訳『アメリカ社会福祉の歴史－救貧法から福祉国家へ』川島書店　1979年参照。）

37) Ibid., p.103, cit., Ibid., p.442.
38) Denison,E.(1912), *Helping School Children*, Harper & Brothers Publishers, p.15 参照。
39) Ibid., p.16.

※第4節　セツルメントハウスの貢献については、拙書「学校ソーシャルワークの誕生とセツルメントの貢献－ニューヨークにおける取り組みを中心に－」宇部フロンティア大学短期大学部編・発行『人間生活科学研究』2004年　第40巻第1号　59－63頁を加筆修正したものである。

第2章
学校ソーシャルワークの萌芽

　本章においては、1900年代における社会に大きな影響を及ぼした移民の状況について検討し、彼らの子どもたちのために、またアメリカ生まれの子どもたちのために、主としてセツルメントハウスのセツラーが行ったことを明らかにし、訪問教師の必要性を述べることにする。

第1節　移民の増加

(1)　移民の数

　子どもは登校を義務づけられたが、実際には出席しないことがしばしばあった。その原因が、根本的な家族収入の不安定状況にあると考えたセツルメントハウスのセツラーは、州が家庭の影響を受けやすい子どもの就学の徹底ができなかったので、訪問教師活動をはじめた。

　実際に訪問教師が開始された時期（1906年、ニューヨーク州）には、今までに類をみないほどの移民の増加があった（表2－1－1）[1]。この表に基づいて検討していくと、1891年から1900年の10年間において、移民の数は368万7,564人であったが、1901年から1910年の10年間においてその数は、879万6,386人（先の10年間の約2.3倍にあたる数である）に跳ね上がっていることがわかる。1891年から1900年までの10年間の移民数と1901年から1910年までの10年間におけるその数を比較すると510万8,822人の差がある。このような移民の爆発的増加は、アメリカ社会を混

表2−1−1　移民人口の数（1820〜1920年）

時　期（年）	移民の数（人）	時　期（年）	移民の数（人）
1820	8,385	1871〜1880	2,812,191
1821〜1830	143,439	1881〜1890	5,246,613
1831〜1840	599,125	1891〜1900	3,687,564
1841〜1850	1,713,251	1901〜1910	8,796,386
1851〜1860	2,598,214	1911〜1920	5,735,811
1861〜1870	2,314,824		

資料　Times Atlas of World History（1821-1920），p.226.を引用している。清水知久『近代のアメリカ大陸』講談社　1997年　185頁をもとに作成。

乱に陥れ、多様な社会問題を引き起こす原因となった。

　この時期における移民は、今までの移民（＝旧移民：すなわちイギリス系、アイルランド系、ドイツ系の人々など）とは異なる民族が多かった。彼らは、新移民と呼ばれ、多くは、イタリア系、スラヴ系の民族であった（表2−1−2）[2]。

　この表を検討すると、1890年まではドイツからの移民が非常に多く、ついでアイルランドからの移民、そしてイギリスからの移民が主であった。しかし、1891年から1920年までにかけての30年間においてはイタリアやロシアからの移民が非常に多い。このデータから、今までの移民とは言葉も文化もかなり異なった移民が爆発的に増加したことがわかる。後にも述べるが彼らは、旧移民と異なり、自らの生活を支えるための職能をもっていないため、貧困であることが多く十分な教育を受けることができなかった。このような貧困状況にある移民は、セツルメントハウスで生活することとなる。セツルメントハウスのセツラーはこのような人々に生活支援をするためにかかわるなかで子どもの不就学にも目をむけるようになった。

　また、新移民と呼ばれる人々は貧困であったので、日々の生活費を稼ぐために働くことが主となり、教育を受けることを軽視したため、読み書きのできない人々が多かった（表2−1−3）[3]。そして彼らは、信仰する宗

表2－1－2　主な移民の出身国（1820～1920年）

時　期（年）	出　身　国　（単位　1,000人）
1820～1830	
1831～1840	アイルランド 210　ドイツ 150　フランス 45　イギリス 7
1841～1850	アイルランド 780　ドイツ 435　フランス 77　イギリス 32
1851～1860	ドイツ 950　アイルランド 914　イギリス 247　フランス 76
1861～1870	ドイツ 787　アイルランド 435　イギリス 222　北欧 109
1871～1880	ドイツ 718　イギリス 437　アイルランド 436　スウェーデン 116
1881～1890	ドイツ 1,453　アイルランド 655　イギリス 646　スウェーデン 391
1891～1900	イタリア 651　ロシア 602　オーストリア 592　ドイツ 505
1901～1910	オーストリア 2,145　イタリア 2,045　ロシア 1,597　イギリス 388
1911～1920	イタリア 1,109　ロシア 922　オーストリア 896　イギリス 249

資料　中屋健一『アメリカ史研究入門』東京創元社　1968年　121－122頁を引用している。宮沢康人「アメリカ合衆国の教育の歴史」横尾壮英編『西洋教育史』福村出版　1978年199頁をもとに作成。

表2－1－3　読み書きのできない人の割合（1889～1910年）

出身国	読み書きできない割合	出身国	読み書きできない割合
南イタリア人	53.9%	スコットランド人	0.7%
小ロシア人	53.4%	イングランド人	1.0%
リトアニア人	48.9%	ウェールズ人	1.9%
ブルガリア人		アイルランド人	2.6%
モンテネグロ人		ドイツ人	5.2%
セルヴィア人	41.7%	フランス人	6.3%
ダルマチア人			
ボスニア人			
ヘルツェゴヴィナ人	41.0%		

資料　Statistical Review of Immigration(1820-1910), Report of The Immigration Commission, p.84. を引用している。安武秀岳「移民の渡米と融合」猿谷　要編『総合研究アメリカ　人口と人種』研究社　1976年　63頁をもとに作成。

教がさまざまであるため、アメリカ文化になじめないことが多く、英語以外の言葉を話していることが多かった。1889年から1910年にかけてアメリカに移り住んできた人に対して、「どこの方言でもよいからとにかく読み書きができるか」という質問に対して表2－1－3のような調査結果が得られた。当時、新移民と呼ばれたイタリア系、ロシア系移民の識字率の低さがうかがえる[4]。彼らは、フロンティアの消滅も重なって、東部の都市にとどまることになり、賃金労働者、すなわち不熟練労働者となっていった。このため、子どもの就学率は伸びなかったのである（前章参照）。

このように、新移民と呼ばれる人々の状況は悲惨なものであった。彼らはアメリカで稼いで自国の家族に送金することを目的としていたために、財産をもたずに渡米してきていることが多かったので、苦しい生活を強いられたのである。そのために旧移民のように西部で土地を得ることはできず、東部の都市において低階層の労働者となる道をたどることを余儀なくされた。新移民は、本国では農業をしていたが、アメリカでは工場労働をして生活しなければならなかったので、彼らは出身国と職業を変えるという二重の転身を強いられた[5]。まさに一番ヶ瀬が述べるように、彼らはかつて西部へ移住していった旧移民とは異なり、フロンティアの消滅によって大都市の下層労働者となっていったのである[6]。

この新移民の増加原因として考えられるのは、この時期におけるアメリカにおいて、重工業が非常に発達したこと、それによって東欧・南欧の国々がこの影響を受けたことである。これらの国々において営まれていた農業は、アメリカからの安い農作物が輸入されたことにより、かなりの打撃を受けた。生活の糧を見い出す方法を失った人々は、新たな仕事を探そうと、すなわち生活費を稼ぐためにアメリカに殺到したのである。この現象は、アイルランドにおいてジャガイモの凶作があった時期にアメリカへの移民が増加した状況と類似していると後の時代の研究者たちによって述べられている。南・東ヨーロッパが資本主義化の波を受けて社会状況が変化しは

じめ、労働力がアメリカへと流れていったのである。移民の増加が社会に混乱を招くことになり、子どもたちの不適応問題を複雑化、深刻化させた。

1900年代において、移民数が急激に増加したことに伴い、アメリカ東部においては、アメリカ生まれの人々よりも外国生まれの人々の方が多くなった。それに加えて、移民の質も今まで主流であった北欧・西欧系の人々から南欧・東欧系の人々に変わっていくことによって、アメリカ社会は、以前にも増して多様な人種が混在することとなり、混乱に陥った。このような新移民は貧困であることが多かったため、今までのように西部で農民になることができなかったし、フロンティアの消滅もあって大都市で生活することになり、工場労働者として都市の大衆として暮らしていくようになった。この状況について斎藤は次のように指摘している。

「かつての独立自営の農民の国、アメリカというイメージは崩れつつあった。そこに、古くからいる者と新しくきた者との間の対立、農村社会と都市社会との対立、アングロサクソン系と東欧・南欧系との対立、プロテスタントとカトリックの対立といった状況が19世紀末に至るとアメリカ社会に現出してきた[7]。」

ここから、社会の混乱は今までの旧移民と呼ばれる人々と新移民と呼ばれる人々との文化と目的の違いによって出てきたといえる。

旧移民は経済的理由により渡米してくる人もあったが、実際には政治的、宗教的理由によって移住してくる人が多かった。この人々のほとんどは、アメリカにおいて市民権を得ることにより、その土地で生活の安定を図ることを目的としていた。すなわち、この地で永住するために母国を捨てて移住してきた人々なのである。

しかし、新移民と呼ばれる人々は、母国において生活するだけの賃金を稼ぐことができないために移住してきていた。彼らは経済的動機のみの移

民であるため、男子のみが移住してくることがほとんどであり、彼らはアメリカにおいて働くことにより、そこで得た賃金を母国にもって帰ることのみを目的としていた。彼らは出稼ぎ的な性質をもっていたのである。よって、新移民と呼ばれる人々は、アメリカ人の施策にほとんど関心をもっていなかった。また、アメリカ人として生活水準を高めていこうという気持ちはほとんどなく、労働運動にも無関心であり、工業都市における賃金労働者となって最低限度の生活を営んだのである。彼らがアメリカ社会における政治的、経済的な諸問題に関心をもつことはなかったといえる。そして、フロンティアが19世紀末に消滅し、それによって移民が自営農民となる機会をなくした。そのことは、旧移民による移住を減らすこととなったが、工業は拡大していたため、アメリカではさらなる労働力を必要としたし、そして汽船会社が移民輸送によって利益を得ることを求めていたため、移民の数は増加した。新移民はいずれは母国に帰る予定であったがうまくいかず、実際においては彼らのうち5分の4がそのままアメリカに住むこととなった。このことは彼らへの英語教育をはじめとする問題、すなわちアメリカ化についての問題を生じさせることになった。

　中屋はこれらの問題について次のように指摘している。

「新移民は多くは、都市に本国と同様の生活様式を保持するために、集団的に居住し、いわゆるコロニーを形成した。彼らの多くは、民主主義の何たるかを知らず民主的な政治訓練を受けていないので、アメリカの生活水準を低下させる低賃金で労働し、政治ボスに容易に操られる傾向をもっていた[8]。」

　このように、アメリカには多くの移民が入国してきたため、この国はさまざまな人種から成り立っていることがわかる。それは、英語以外の言葉を話す人々、そしてさまざまな宗教を信仰する人々が数多く存在するとい

うことを意味する。生活水準においては、特に1890年以降の南欧、東欧系の移民は、以前に生活していた国においても貧しい生活をしていたため一般的に貧しい人が多く、生活に追われて教育を軽視したために識字率も低かった。1890年以降のアメリカにおいては、識字率の低い貧困者が増加したということができる。

また、彼らは英語以外の言葉を話したため、その子どもたちは当然、英語を話すことができなかった。このような人々をアメリカ化、すなわち英語を習得させることが教育的課題としてもちあがってきていた。アメリカは教育の充実を図ることで社会の混乱を鎮めようと努めたのである。

（2） 子どもへの教育

新移民たちは職を求めて移住し、財を得ることができれば家族のまつ自国へ帰るつもりであったが、実際には自分たちが落ち着くと家族を呼び寄せた。これによってアメリカの地域や都市ごとに地域性が出てくることとなった。荘司らは、このことを次のように述べている。

「1880年頃からは移民の性格が変化した。従来の北西ヨーロッパ諸国からの移民は激減し、変わって南および東ヨーロッパ諸国からの移民が急激に増加した。彼らの大部分は読み書きができず、指導性に欠け、アングロサクソン的主義、自由、平等、法秩序等の概念はもっていなかった。しかも彼らの大部分は主として都市部に移住したために、スラム街が膨張し、住居、衛生、道徳など社会生活に深刻な問題を投げかけたのである[9]。」

移民の子どもたちおよびアメリカにおける農村社会において近代化の波に乗れなかった人々の子どもたちは、その影響を真っ先に受けることになった。そして1882年の恐慌以後、大人の労働賃金だけでは家族を養うことができないために、子どもたちは働かざるを得ない状況になり、最低

限度の教育を受けることが難しくなった。生活面の安定を図ることが優先となり、教育の充実にまで目が向かなかったのである。このような状況のもとで義務教育法が制定されたり、改正が繰り返されても、法令に強制力がほとんどなかったために、子どもに教育を受けさせることは難しかった。児童労働法により工場調査官、義務教育法により就学奨励指導員等が任命された。両者は子どもが教育を受けるように指示するが、そうすることができない理由を調べる役割を担っていなかったこと、人数不足であることによって、その役割に効果を見い出すことができず、子どもへの教育は立ち遅れざるを得なかった。

　新移民と呼ばれる人の状況については、先に触れた通りであるが、英語以外の言葉を話す人が多く、さらに故国の言葉においても読み書きのできない人が多かったため、州および都市は彼らとその子どもたちに英語教育をしようと試みた。

　このようにアメリカにおいて生活する人々は、さまざまな国から移住してきた人がほとんどであるので、人種や言語をはじめとするさまざまな面で多様性に富んでいる。そのなかでアメリカ人らしさというのは、人種よりも、すなわち外見よりも英語がいかに上手に話すことができるかということを目安にして考えられた。なお、19世紀に徐々に設立されてきた公立学校では、外国からの移民の子どもに英語を教えることを第一義的な目標とした。宮沢はこのことについて次のように指摘している。

　「7つの州では、英語以外の言語を教えた教師は刑事犯に問われた。言葉だけでなく、アメリカ人的なものの見方や行動のしかたを移民にたたき込むためにも、アメリカでは公的に組織された教育が他の国以上に重視されなければならなかった。そしてその場合、言葉から行動に至るまで、やはり模範とされたのはワスプ（White Anglo-Saxon Protestant）であった[10]。」

70

このことから、実際には移民の子どもほど学校へ行かない場合が多かったが、アメリカは英語を普及させるためにかなり厳しく英語教育を義務づけたことがわかる。
　新移民と呼ばれる人々は、英語以外の言葉を話すことが多く、また先に述べたように識字率が低いなどの理由のために以前からあるアメリカ文化になじむことに困難をきたした。彼らの多くは貧困であったため都市の下層労働者となり、彼らが住む場所はスラム化し、社会に深刻な影響を与えた。このような状況に関心をもったセツルメントハウスのセツラーをはじめとする多くの人々が、彼らに対する教育に目を向けるようになった。なかでも彼らの子どもたちは、労働のために詐取されることが多かったため、子どもに学校教育を受けさせるようにという世論が強かった。それぞれの州教育委員会は、なかなか効果があがらなかったが、彼らに英語教育をするように求めた。この移民の教育はかなり多様性に富んでいて、移民教育が開始された当初は、短期間の英語学習や公民科を学習することで十分であると考えられた。
　しかし、1900年代における移民の質的変化に量的増加が伴うことにより、この教育に何らかの工夫をすることが求められるようになってきた。荘子らは移民教育について以下のように述べている。

「教会は読み書きのクラスや公民科講座などを開設し、政治クラブ、図書館、新聞なども移民の教育に熱心であった。ジェーン・アダムスがシカゴに開いたハルハウスのようなセツルメントハウスが各地につくられ、ヨーロッパの伝統とアメリカ文化の橋渡しの役割を果たした。なかでも学校教育は大きな影響を受けた。一クラスの子どもが数か国語を話すという大都市の学校では教室の雰囲気が変化した。問題は言語だけにとどまらなかった。言語の背景には、学校や教師に対する考え方、親の教育方針などそれぞれ異なったものがあった。ニューヨークの一教師は、毎週まず数百人の

子どもを入浴させることが仕事であった。これはもちろん時間割にないことである。しかも入浴に限らず、礼儀作法、清潔、服装などまでも指導してやらなくてはならなかった[11]。」

　セツラーは、教育の充実を図るために子どもの日常生活に関する支援をした。彼らは、教育と福祉問題の間に置かれている子どもたちを支援した。移民を教育していくなかで、カリキュラムの改訂が繰り返されていった。学校は、教科書を用いて授業学習をする場であると考えるのが主流であった。
　しかし、新移民の増加により、生活基盤を整えるために地域へ働きかけなければ授業は成り立たない。学校は教育のみを行う場であるだけでなく、地域社会における社会センターとして機能していくことにより、子どもたちをアメリカ文化に溶け込ませる取り組みがなされたのである。かくして、学校という場所は教育と福祉の機能を併せもつようになる。学校は、子どもの教科書学習だけでなく、生活面についても関与することが必要な場となった。この時期においては、貧困家庭におけるアメリカ生まれの子どもおよび移民の子どもの両者は、教育を受けることよりも働くことが主となっていた。これらの子どもの状況に憂慮した各地区におけるセツルメントハウスのセツラーは、子どもたちに最低限度の教育を受けさせなければならないと考えた。そのために彼らは訪問教師を導入したのである。

第2節　訪問教師活動のはじまり

　フィラデルフィアと少数の他都市において訪問教師とは、スクールカウンセラーのことであると考えられていた。そして、全米インディアン実務事務所（the United States Office of Indian Affairs）では、訪問教師を学校ソーシャルワーカーという名称で呼んでいた。訪問教師サービスがはじまった

頃、訪問教師は「家庭および学校訪問者」と呼ばれていたが、その「家庭および学校訪問者」が授業計画に深くかかわるようになり専門性を増してきた。「家庭および学校訪問者」という名称は、家庭訪問計画を実施するために選ばれた個々の人格の適応よりも学校への服従に関心を向けてなされていた非常勤の職員の取り組みとの混同によりやや混乱が生じたため、学校によっては、「訪問教師」という専門用語が「家庭および学校訪問者」という名称に取って代わるようになり、訪問教師という名称が浸透してくる。訪問教師は子ども一人ひとりに対して支援をしていき、そして集団問題を解決するために、個々にかかわったケースでの自分の経験を応用していく。彼らは、個々の子どもの問題を研究し、学校でのそのニーズを分析し、学校が子どものニーズを見つけ出せるような機能、方法を明示する。その分析のねらいは、子どもが不適応状態に陥る前に問題を発見することである。訪問教師の仕事は、問題の予防と子どもの教育に役立つように計画されている。この訪問教師活動は、ニューディール政策の影響を受けた1930年代以降、第2次世界大戦への参戦を機に、ソーシャルワークの専門職であるということを強調するために、徐々に学校ソーシャルワークという名称に取って代わられていくようになる。アメリカ訪問教師協会は1942年にアメリカ学校ソーシャルワーカー協会という名称に変更された。このことを機に学校ソーシャルワークという名称が一般的になる。よって、1943年以後の文献には、訪問教師活動に関する事柄は、学校ソーシャルワークという名称で記されていることがほとんどである。しかし、今なお名称に統一はとれていない[12]。

　学校ソーシャルワークの起源ともいうべき訪問教師活動は、1906年の秋に、ニューヨーク州のニューヨーク市ではじめられたのが最初である。その後に、1907年の11月にマサチューセッツ州のボストン、1907年にコネチカット州のハートフォードなどにおいてこの取り組みが導入された。この活動は子どもの公教育の充実を図ることに関心をもった民間団体によっ

てはじめられた。都市の貧困者が生活する区域の子どもたちに衣食住の基本的欲求を満たして教育の遂行をもたらそうとした。

　この取り組みは、互いの申し合わせなく自主的に行われたものであったが活動内容は非常に似通っていた。セツルメントハウスのセツラーは、地域に居住する子どもたちの悲惨な生活状況に関心をもち、生活の安定をもたらすために子どもたちが置かれている状況を学校に知らせようとして学校と連携をとろうとした。それゆえ、学校ソーシャルワークというのは他分野のソーシャルワークと同様、アレン・ミヤーズらが述べるように貧困問題を抱える人々のために行われた取り組みである[13]。アメリカでは、訪問教師活動が開始される以前から、ずっと学校にソーシャルワークの技法を導入することが必要であると述べられてきた。これは1906年のニューヨーク市の取り組みにより現実のものとなった。

　以下にオッペンハイマー（Oppenheimer,J.）やアレン・ミヤーズの著書を参照して、各都市における訪問教師の取り組みを述べることにする[14]。

（1）　ニューヨークでの取り組み

　訪問教師活動は、1906年秋にハートレーハウス（Hartley House）およびグリニッジハウス（Greenwich house）などで生活するセツルメントハウスのセツラーたちが、子どもたちが通う学校現場を理解し、学校側とのコミュニケーションを図り、学校や地域集団とのより密接な協力関係をもつために、学校および家庭を訪問する2人のセツラーを任命したことがはじまりである。このことから、ニューヨーク市においては、セツラーたちが訪問教師を最初に導入したということができる。セツラーたちは、セツルメントハウスに来る子どもたちの学校生活を知るために学校に出向き、学級担任と親しくなることに労を費やし、子どもおよびその家族と学校・地域の諸資源との調整、学校と地域の諸資源との連携をなす役割を果たそうと試みた。またこの仕事は上述した2つのセツルメントハウスの他にリッ

チモンドヒルハウス（Richmond Hill House）と大学セツルメント（College Settlement）の代表者の監督下でなされていた。この新しい取り組みの先駆者はマロット（Marot,M.）である。マロットは、社会に多大な影響を及ぼす教育活動に関心をもってきた教師であった。マロットはハートレーハウスのセツラーであったが、幾人かのセツルメントの子どもたちが教育を受けたいと考えているということを明らかにし、そのような子どもたちに家庭と学校の間がより密接な協力をもたらすように仕向けていった。公教育協会（the Public Education Association）は、訪問教師委員会が同協会所属の委員会となるように働きかけた。それにより、所属委員会として彼女の考え方に基づいて述べられた支援方法で活動することとなる。

また、1907年10月に公教育協会はデイ（Day,J.）を訪問教師として雇い、訪問教師活動の普及を図った。デイはリッチマン（Richman,J.：ニューヨーク市においてはじめての女性の地区教育長）に対して訪問教師を導入するように働きかけ、学校側が子どもの学業成就を実現することができるように、子どもの家庭生活および地域での生活について、より多くのことを学校に知らせようと労を費やした。

一方、訪問教師の取り組みは効果があったが、人数が不足していたため、彼ら一人ひとりの仕事量が増えた。それによって、勤務時間がどんどん増やされていった。そこで、訪問教師の勤務時間は、その活動時間を1日あたり7時間と規定された。そのように効果がある訪問教師の取り組みは各地に広がっていった。この時期を通じて、公教育協会は訪問教師活動を知名度のあるものとし、そして公立学校においてこの仕事を導入するために教育委員会（the Board of Education）を動かそうと試みてきた。すなわち、協会は教育委員会に雇われた訪問教師が公立学校で働くことを望んだのである。そしてこの公教育協会における訪問教師委員会の委員長であるスワン（Swan,N.H.）は、訪問教師がどのような活動をするのかを明らかにするために報告書を作成し、ペクスウェル教育長に提示した。教育長はこの活

動に理解を示し、2年間のデモンストレーションをするための助成金が支給されることとなる。さらに、教育委員会はその仕事を確立するために1913年に基金を保証した。

　上述のことを検討すると、公教育協会が訪問教師を実際に導入することや、それが効果のあるものであるということを明らかにしたことにより、教育委員会は訪問教師活動を学校体系のなかの一部分として確立することを認め、発展させていくことになったのである。

　公教育協会はセツルメントハウスが行ったこの活動の目的をあらわして、各地への訪問教師の導入に努めた。その目的は次の通りである。

① 訪問教師対する高い水準の資格を維持すること。
② 個々の子どもを評価すること。
③ ソーシャルワーカーの技法を大いに活用すること。
④ さまざまな学校において訪問教師サービスを導入すること。
⑤ 地域センターの発展及び学校内での母親クラブの発展を強化すること。
⑥ 広報活動及び個人的な仕事を通じて教育委員会がソーシャルワークの仕事を採用するように努力すること[15]。

　上述の目的は、協会がセツルメントハウスのセツラーの活動を多大に評価したものであることがわかる。

　竹内も、ニューヨーク市における訪問教師活動は効果があったことを次のように指摘している。

「2つのセツルメントで、その児童係の職員が、それらのセツルメントに出入りする児童たちを指導するために、彼らの学校の担任教師との密接な連絡・協力が重要なことを悟り、そのために特別の職員が設けられたら、

当該児童やその家庭のために良いのみならず、担当の教師を援助することにもなり、またセツルメント自体の事業の円滑な運営にも役立つと考え、各セツルメントでセツラーを1名を選んで、問題の児童の家庭を訪問せしめて、特に学校当局と担任教師とに連絡せしめることとした。ところがこれが非常に効果をあげたので、やがてニューヨーク市の教育課が自らの事業として取り上げたのである[16]。」

このことからも、この都市においては、セツルメントハウスが重要な役割を担っていたことがわかる。セツルメントハウスは、子どもおよびその家族と学校・地域の諸資源との調整、学校・地域の連携を図っていったのである。ここでの取り組みが効果があったために、他の都市においても取り入れられるようになったといえよう。

（2） ボストンでの取り組み

ボストンでは、女性教育協会などの社会サービス活動が、学校へ訪問教師を導入するのに大きな役割を果たした。

ここでは、1907年11月において女性教育協会（Women's Education Associations）が、ウィンスロップ学校において家庭および学校訪問者（訪問教師）を配置したことがはじまりである。この学校では、学校と家庭がうまく連携を図ることができないために、子どもが問題に直面したとき、子どもに応じた対応ができないなどの問題が生じた。具体的には、忙しい母親が学校を訪問することが難しいだけでなく、教師が多人数のクラスを受けもつことによって、一人ひとりの子どもの家庭を知ることができないために個人に応じた対応ができないということである。この状況に対応するために女性教育協会における分科会は、ウィンスロップ学校区においてはじめて学校ソーシャルワーカーの前身である訪問教師を雇った。訪問教師は家庭と学校間が適切に連携をとることができるように両者に働きかけ、

子どもが教育を受けることができるように努めたのである。女性教育協会は、学校と家庭を調整し、子どもの教育受給権を保障するために、学校に訪問教師を配置し、そして教育委員会はその職業を確立させたのである。同年においてウエストエンド近隣協会は、学区のために学校訪問者（訪問教師）を雇っている。ボストン家庭および学校協会は、ノースエンドにそして2年後にロキシブリー（Roxbury）地区において訪問教師を配置した。その後、セツルメントハウスは直ちに地区の学校に家庭と学校を訪問するための職員を任命している。そして、1923年には7つの小学校と2つの高等学校に訪問教師が配置されることとなった。

ボストンにおける訪問教師サービスの特徴は次の通りである。

① この仕事は中央集権化された組織ではなく、セツルメントと地域の協会によって起こされてきた。
② 特に小学校においては、社会サービスとして行われた。
③ ソーシャルワークの仕事は、非公式で従来のやり方で行われてきた。
④ 公立学校群がソーシャルワーク職員を採用し獲得することに関しては、ほとんど注意が向けられてこなかった。
⑤ 非公式会議による場合を除いては、仕事の技法を規格化するためにあまり多くの取り組みはなされてこなかった[17]。

ボストンでの取り組みはニューヨーク市と少し異なる。ボストンでは女性教育協会やウエストエンド近隣協会などの社会サービス活動からはじまり、後にセツルメントと協力して発展させていくことになったのに対して、ニューヨーク市ではセツルメントがはじめてこの活動を導入し、後に公教育協会がそれに協力するようになっている。ボストンでの取り組みはニューヨーク市のものとは逆であったということができる。

（3） ハートフォードでの取り組み

　この都市における取り組みは、心理研究所所長（Directior of the Psychological Clinic）であるドーソン（Dawson）がはじめた。ドーソンは、1907年にヘンリーバーナード学校と協力し、問題を抱えている子どもに対して働きかけた。彼は訪問教師のことを、子どもを取り巻く学校や家庭の情報を収集し、必要に応じて、その情報を提供することのできる専門家であると考えた。これに基づき、学校と家庭を知ることのできる訪問教師を配置したのである。

　同研究所における心理士は、子どもにかかわるために、生育歴を入手し、専門相談所のやり方で処遇計画を立て、処遇を実施することをその職務としていたので、訪問教師が行う取り組み（子どもおよびその家族と学校・地域の諸資源との調整、それら資源を結びつけること）は、心理士たちにとって情報を得る手助けとなるので役立つものであった。言い換えれば、訪問教師は心理士の手助けをする役割をしていたということができる。所長は、訪問教師がどのような仕事ができるのかということ、すなわち、学校と家庭および地域（相談所）を結びつけるという役割を認識していた。

　このように、ニューヨーク市、ボストンなどにおいて訪問教師活動が導入されるなかで、1909年にルウズベルト大統領（Roosevelt,T.）が児童福祉のための第1回ホワイトハウス会議（要保護児童の保護に関する会議）を開いた[18]。この会議において次のような内容のことが発表された。

　「家庭生活は文明の所産のうち最も高い、最も美しいものである。児童は緊急なやむを得ない理由がない限り、家庭生活から引き離されてはならない。児童は理由があって家族から引き離されなければならない場合、家庭がない場合においてもできる限り家族のなかで養護されることが望まし

い[19]。」

　ここでは、「子どもにとって家庭生活が重要である」ことが宣言された。言い換えれば、子どもが問題を抱えている場合、子ども本人およびその家族に対して働きかけていかなければ子どもたちが教育受給権を行使できないということである。すなわち、訪問教師が教育受給権が侵害されている子どもに関与する場合、子どもだけでなくその家族にもかかわっていき、学校との調整を図っていかなければならないことを意味する。教育と福祉に関連する問題を抱えた子どもたちを支援する必要があるということである。この会議の後、1911年に母子扶助法が制定され、その翌年（1912年）に連邦児童局が設置された。同局は、子どもの状況を調査する機関にしかすぎなかったため、子どもの問題を解決するまでには至らなかった。就学問題をはじめとする子どもの問題への関与は、民間団体に依存する傾向が強かったということである。訪問教師の活動も例外ではない。この傾向は社会保障法が1935年に制定されるまで続いた。

（4）　その後の取り組み

　フィラデルフィアにおいては、訪問教師活動はクェーカー教徒による3か月ごとの集会を行う児童福祉委員会が維持するセツルメントハウスのセツラーによって着手された。第1回ホワイトハウス会議がなされた1909年において、少年援助団体(the Juvenile Aid Society)と少年保護協会（the Juvenile Protective Association）は、義務教育局と協力して家庭を調査するための職員を雇った。1910年に、アームストロング協会（the Armstrong Association）が、黒人が通うダーハム（Durham）学校に訪問教師を配置した。
　しかし、この都市において訪問教師は、1916年においてホワイト・ウィリアムズ財団がこの仕事に財政支援をするまで、積極的に活動することは

あまりなかった。ここでも民間団体が訪問教師活動を導入した。

一方、ウスター（マサチューセッツ州）の訪問教師活動は、就学奨励の指導員（Supervisor of Attendance：この資格は州法に応じてワーカーに与えられた）のディクソン（Dixon）がはじめた。ディクソンは1910年に家庭と学校を訪問しはじめた。彼女はあらゆる形態の学校不適応に関連する問題に関与し、支援してきた。ここでは、就学奨励指導員が訪問教師であるべきだと考えられていたのである。

以上の（1）から（4）に基づいて訪問教師のはじまりを検討してみると、民間団体による影響が大きいことがわかる。

オッペンハイマーは、訪問教師の導入について「ハートフォードとウスターを除いて、民間団体の運営によって行われてきたこと、初期段階においてはそれぞれの計画が独立していたこと、サービスの価値を教育委員会に納得させるための努力が払われたことによってソーシャルワークが認められるようになったこと」を指摘している[20]。

これらのことを検討すると、訪問教師活動はそれぞれに独自的になされたものであるが、似通っているところが見受けられる。この取り組みの共通点は、①訪問教師が、子どもおよびその家族と学校・地域の諸資源との調整、学校と地域の諸資源との連携役となって活動していたということ、②セツルメントハウスや民間団体および市民団体の貢献なくして訪問教師活動はありえないということの2点にまとめることができる。

また、訪問教師が導入された最初の都市はニューヨーク市であるが、一般的には、1906年度から1907年度に、ニューヨーク、ボストン、ハートフォードの3都市でその取り組みが導入されたと述べられている。これをオッペンハイマーの文献に基づいて検討してみると、①1907年にボストン、ハートフォードで訪問教師が導入された後、1909年にフラデルフィア

でこの専門職が導入されるが、ここでは、1916年までほとんど取り組みがなされてこなかったこと、②ウスターでは1910年と時期が少し遅かったことの2点が明らかになってきた。

これらのことから、学校ソーシャルワークの前身ともいうべき訪問教師活動は、20世紀初頭においては子どもの生活環境が安定しておらず、教育を受ける権利が保障されていないために起こったといえる。その3都市の特徴は表2－2－1のようにまとめることができる。

表2－2－1　訪問教師活動のはじまりの特徴

① 1906年秋（ニューヨークにおいて）
　　セツルメントにより訪問教師活動がはじまる。
② 1907年11月（ボストンにおいて）
　　社会サービス活動によりはじまる（後にセツルメントと協力する）。
③ 1907年（ハートフォードにおいて）
　　心理研究所所長が訪問教師活動を取り入れることによりはじまる。

筆者作成

第3節　訪問教師の役割

子どもたちは、不就学、長期欠席などさまざまな問題行動を起こすことがある。これらの根本原因は家族が定収入を得ることができないなどの生活の不安定さからである。このような問題は、家族と学校がうまくコミュニケーションを図ることができないことをはじめとして社会機関との適応に関する問題を引き起こしてしまう。親は子どもに働いてもらいたいという思いが強く、子どもを学校に義務的に出席させることが教育をもたらし、将来の生活の安定につながることを理解していない。学校も積極的に広報活動を行っていない。家族は、このような社会的葛藤からその結束力が弱

体化していく。子どもの家庭生活が混乱している場合、適切な人間関係を築く上で支障をきたし、結果として子どもが問題行動を起こすようになる。生活環境の不安定さから生じる子どもの教育を受ける権利の軽視は、将来の生活の安定を図ることができない大人を育てることとなってしまう。このような社会状況のなかで訪問教師は、子どもたちが日常生活における基本的欲求を満たすための取り組みを遂行できるように支援する役割を果たした。訪問教師は、子どもとかかわるなかで、親の離婚と浮気、悪い仲間とのかかわり、価値観の欠乏が原因で子どもの非行がはじまること、しかも家族の監督と指導が弱体化していること、家族教育の減少、家庭の道徳観念の退化、家庭が余暇を適切に利用できないこと等をはじめとする多様な問題を知ることとなった。

また、学校は義務教育法が徐々に整いだしてきたこともあり、多くの子どもが学校へ来るようになり、彼らのために設備を整える必要があった。

しかし、入学してくる子どものために、学校は設備を整えることができなかったし、また活発に広報活動をしなかった。子どものために登校を働きかけるような配慮も少なかった。このため多くの親たちは、子どもの教育に対する認識を低くしてしまった。子どもの教育権を保障することができないのは、学校にも問題があったということである。子どもが抱える問題はその個人だけのものではなく、彼を取り巻く環境にも問題があった。このような状況を打開するために、教育の遂行をめざして福祉の充実を図る訪問教師活動がますます重視されるようになる。オッペンハイマーはこの時期における訪問教師の必要性について次のように述べている。

「比較的近年において生じてきたこれらの変革は、多くの親を学校の特質と組織について嘆かわしいがほとんど知らないままにしてしまった。学校が広報において活発でなかったという事実、そして多くの親が多様な教育の伝統をもつという事実は、学校教育目的を理解できない状態にしてき

た。多くのケースにおいて、学校の権限と親の権限についての衝突がある。（ケースは）ＰＴＡが結成されること、学校の広報に重点がおかれていることと学校が家庭とより密にかかわっていることが必要であると理解している兆候をみせた。訪問教師は、学校を人気のあるものにする１つの手段である。訪問教師の技法は、個人的支援である[21]。」

　義務教育法が普及し、教師たちの授業量が増加し、そして学習指導要領が拡大した。それによって教師たちは、彼らの指導内容を充実させ、子どもの課外活動に対して配慮することが必要になり、そしてどのような指導が子どもにとって望ましいものであるかを考えなければならなくなった。結果として、教育の充実が本来の業務である教師たちは彼らの仕事を増やすことになった。
　また、その当時、教師は半年ごとに１回くらいの割合で、担任を変わることが多かった。このように、教職に携わる専門職がよく変わることは、教師が地域を知る機会を少なくする。また、多くの場合、教師は学区の一員ではない。それは、教師が親と知り合いになることや、子どもの家庭を訪問してその生活を知ること、そして地域のニーズを知るための機会をかなり制限させてしまうという結果になった。これは、担任教師だけでは教育の遂行と、子ども一人ひとりを知り、密にかかわっていくという二役を担うことが不可能であることを意味する。教師たちは、学校へくる子どもたちに教育を行うだけで精一杯であるため、学校へ来ない、または来ることができない子どもなど、学習権を保障されていない子どもに目を向けるには限界があるということである。教師は教育者と生活支援者の両方であることはできないのである。そのようななかで訪問教師の存在が脚光を浴びたといえよう。
　訪問教師は、子どもの教育を保障するために、学校や家庭に働きかける福祉の専門家である。子どもおよびその家族と学校・地域の諸資源との調

整をすることができるようにするために特別な訓練を受けた専門家である。訪問教師は教師でもない親でもない専門家、すなわち子どもと直接にかかわっていく、誰にも影響を受けない専門家であり、家庭が学校を理解するような、または、学校が家庭を理解するようなサービスを提供するのである。

小結

　1900年代は今までに例をみないほどに移民の数が増加し、また、移民の質も変化した。このことにより社会が混乱し、子どもの問題を複雑化・深刻化させた。子どもたちの問題を解決するためにさまざまな策が講じられたが、いずれも適切なものとは言い難かった。そのようななかで教育受給権が保障されない子どもたちのために早くから策が講じられていたニューヨーク市のセツルメントハウスが、1906年に訪問教師を任命した。すなわち、訪問教師活動は、民間団体がはじめたものである。

　その後、訪問教師活動が導入される都市においても、民間団体が先に取り組みをはじめて、その後公的機関に導入される経緯をたどっている。民間団体の取り組みなくして訪問教師活動が発達しえなかったということである。訪問教師は、子どもの就学にかかわる支援をするために子どもおよびその家族と社会状況を調整することに努めた。この時期における訪問教師の役割は、子どもおよびその家族と学校・地域の諸資源との調整役、また学校と地域の諸資源との連携役が主であるということができる。これは後にリッチモンドによって定義される、人と環境の調整を重視してパーソナリティの発展をめざすというケースワーク論にあてはまるものである。

注記

1）清水知久『近代のアメリカ大陸』講談社　1997 年　185 頁。
2）宮沢康人「アメリカ合衆国の教育の歴史」横尾壮英編『西洋教育史』福村出版　1978 年　199 頁。
3）安武秀岳「移民の渡米と融合」猿谷　要編『総合研究アメリカ　人口と人種』研究社　1976 年　63 頁。
4）同上　62 頁参照。
5）宮沢康人　上掲　200 頁参照。
6）一番ケ瀬康子『アメリカ社会福祉発達史』光生館　1989 年　98 頁。
7）斎藤　真『アメリカ現代史』山川出版社　1996 年　32 頁。
8）中屋健一『アメリカ史研究入門』東京創元社　1968 年　130 頁。
9）荘司雅子編『現代西洋教育史』亜紀書房　1971 年　80 頁。
10）宮沢康人　上掲　201 － 202 頁。
11）荘司雅子　上掲　81 頁。
12）学校ソーシャルワークという名称の起源については、1)Culbert,J.F.(1929-1930), "Visiting Teachers", *Social Work Year Book*,1, Ressell Sage Foundation, p.467; 2)Culbert,J.F.(1933), "Visiting Teachers", *Social Work Year Book*,2, Ressell Sage Foundation, pp.533 － 534: 3)Leonard,S.(1937), "Visiting Teachers", *Social Work Year Book*,4, Ressell Sage Foundation, p.533. を参照して述べている。
13）Allen-Meares,P., Washington,R.O. & Welsh,B.L.(1986), *Social Work Services in Schools*, Prentice Hall, Inc., p.16.
14）Oppenheimer,J.(1925), *Visiting Teacher Movement, with Special Reference to Administrative Relationships*, 2nded., Joint Committee in Methods of Preventing Delinquency, pp.2 － 4 と Ibid., p.17 を参照。
15）Ibid., p.2.
16）竹内愛二『科学的社会事業入門』黎明書房　1955 年　129 頁。
17）Record interview with Mrs. Richmond M. Staigg, Local Association in Bowdoin School, Boston, September 11, 1914, Manuscript in Office of Public Education Association, New York, cit., Oppenheimer,J.(1925), op.cit., p.3.
18）ホワイトハウス会議について

児童福祉に関連する事柄について話し合われる会議である。1909年に第1回会議が開催され、家庭の問題や親のいない子どもに関連することが話し合われた。その後10年毎に開催され、戦後へと引き継がれた。(大嶋恭二「児童福祉の発展」福祉士養成講座編集委員会編『児童福祉論4』中央法規　25頁参照。)

19）同上　25頁とトラットナー，W．K．／古川孝順訳『アメリカ社会福祉の歴史－救貧法から福祉国家へ』川島書店　178－179頁参照。
20）Oppenheimer,J.(1925), op.cit., p.4.
21）Ibid., p.22.

第Ⅱ部

学校ソーシャルワークの普及

（発展期）

　第Ⅱ部では学校ソーシャルワーカーがはじめて財政的に裏づけられた1913年から第2次世界大戦が終結する頃までの学校ソーシャルワーカーの役割を検討する。

第3章
教育委員会による財政的裏づけ

　訪問教師活動は各地で次第に導入されるようになった。その後、教育委員会によって財政支援がなされはじめた。この時期はアメリカを好景気に導いた第1次世界大戦がはじまった時期と重なる。本章ではこの時期における社会状況を明らかにし、この影響を受けて訪問教師がいかなる役割を果たしたかを述べる。

第1節　第1次世界大戦の影響

（1）　第1次世界大戦下の状況

　第1次世界大戦は1914年から1918年に行われた戦争である。この戦争は、ヨーロッパが主な戦場となり、それは今までに例がないほどの悲惨なものであった。戦争のために毒ガスなどの化学兵器が導入された。このために兵士は敵から身を守るための塹壕（ざんごう）をつくり、そのなかで身を潜めなければならなかった。また、衛生状態も非常に悪かった。
　この戦争の影響を受けたアメリカでは、選抜徴兵法が制定され、戦地に兵士を派遣することとなった。国は兵士の派遣費用を調達するために、アメリカ国民の忠誠心を高めようと努めた。高橋は第1次世界大戦について次のように述べている。

「選抜徴兵法が制定され、アメリカの兵力は400万人に増え、結局、海

外に 200 万人の兵士が送られた。また莫大な戦費を賄うために政府は、『自由国債』を発行し国民に買わせ、愛国心を高めるために、数か国語でアメリカの戦争目的を宣伝するパンフレットを配布した。戦争をスムーズに遂行し、妨害するものを排除するため、スパイ活動防止法（1917年）、治安法（1918年）が制定された[1]。」

　ここから、国民が言論の自由を制限されていたことがわかる。
　この戦争はヨーロッパで行われたが、その間、アメリカでは戦時産業局を設け、製品規格化による生産価格の引き下げを行い、価格を固定した。それにより、生産は20％増加した。政府は東部への国内輸送を支えるため、鉄道を国有化し、合衆国鉄道局の管理下においた。同国と連合国の食料を確保するために食料局を設け、穀物・食肉を増産し、効率的に配分した。全国に労働局を設け、労働組合を保護し、資本－労働－政府の三者協調体制を組み入れようとした。アメリカは、戦争には参加したが自国が戦場にならなかったこと、また戦地へ届けるための物資を調達することによって、景気が上向いていたのである。
　この戦争は、アメリカ社会の景気を上向きにさせたが、全国民がこの戦争に賛成したというわけではない。反対する者がいたがそのような者たちは排除されてしまった。高橋はこの状況について、「戦争に反対する者は、『非国民』だとされ、厳しく弾圧された。……『民主主義のために世界を安全にする』といって宣戦した戦争は、国内では、言論の自由を弾圧したのである」と批判している[2]。これは、アメリカ社会における矛盾を読み取ることができる。
　しかし、さきほども述べたように戦争に反対する人々を抑圧し、第１次世界大戦に参戦するようになることで産業が発展し、戦争中のアメリカは繁栄したことがわかる。

（2） 戦後恐慌

1）混乱した社会状況

　第1次世界大戦が終結した後、当時の大統領ウッドロウ・ウイルソンは、兵士の数を減少させ、戦争時より物資を必要としなくなったために生じた過剰な生産を減少させるように仕向けた。この状況が災いのもとになり恐慌が起こることになる。アメリカ政府は、戦時中において中央集権的体制をとっていたが、戦後はその状況をすぐに停止させようとした。ウィルソン大統領は、平常経済に戻すことを求められ、経済統制の緩和、民間企業への発注済み契約を解除した。夫や息子を戦場に送っていた家族からの要請により、戦争終結後に400万人の兵士を除隊させた。ウィルソンは、戦時体制をすぐに停止させようとしたのである。この急激な切り替えはアメリカ社会を混乱に陥れ戦後恐慌をもたらした。結果として、第1次世界大戦終結後の1919年は、失業者が300万人を超えた。移民の急増も重なり、1921年には失業率が国民のうちの20％に達した[3]。物価の高騰により、人々の生活は混乱に陥れられた。戦後の急な切り替えによって上述のような物価の高騰、失業問題、それらによって出現する社会不安が問題として出てきたのである。

2）人口の都市への集中

　この時期は、およそ1億600万人のアメリカ人のうち、5,400万人が都市で生活をするようになっていた[4]。人々が都市に集中するに伴い、適切な住居が不足しがちであったが、エレベーター等を活用することにより、都市は空に向かって伸び、また地下鉄や高架鉄道および自動車によって水平に広がっていくことになった。都市への人口集中を減少させるために考えられたこのような発展は、かえって都市への人口集中を招く結果となっ

てしまった。これによって、人々はさらなる苦しい生活を強いられた。福祉対策も十分ではなかった。

　人口が都市に密集しているので、この状況を打開するために、都市は空間を増やそうと努力をしたが、逆にその空間に人々が集まることになり、一層人口を増大させる結果になった。一方、工場は都市郊外の地価の安い場所に建てられるが、それ以外の空き地は放置されたままであった。貧困な生活をしていた人々は住むところがなかったので、裕福な人が手放したスラムのなかの建物で生活することを余儀なくされた。ゆとりのある生活ができない、遊ぶための空間がない、また労働をするための場所がないという問題は、戦後恐慌の影響を受けることにより、さらに深刻度を増していき、都市で生活をしている家族は崩壊の一途をたどることになる。

　貧困な生活を強いられている家族は過密状態のなかに置かれており、そこでの衛生状態は好ましくないものであったため、人々は疾病にかかることが多かった。子どもたちは都市の過密地域のなかで生活をしていたため、自然と親しむ機会や、遊び場をなくし、また親を病気でなくしたりした。一番ケ瀬は「1919年の戦後恐慌によって、失業者が多数生まれ、物価は高騰し、国民の生活を混乱に陥れた。」と指摘している[5]。結果として犯罪が増えることになり、その影響を受けた子どもたちは非行に走ることになった。以上のことから、教育の充実の前に生活の充実を図ることが必要であることがわかる。

3）根強い児童労働問題

　この時期において、訪問教師活動は教育委員会によって財政的に裏づけられはじめるが、依然として児童労働の問題があり、そのことは子どもたちの教育を受ける機会に悪影響を及ぼしている。柳は雑誌『学校と社会』を引用して教育の機会均等を妨げている現実を次のように述べている。

「最近の連邦国勢調査によれば、10歳から16歳までの青少年が、100万人も、商店や工場や他の職場で働いている。……児童労働を制限している北部諸州から、安い児童労働が利用できる南部諸州の工場へと、資本が移動したといわれる。これが経済成長と繁栄のために各州が支払うおそるべき犠牲であり、古い諸州が児童雇用の権利を保持するために長い年月にわたって支払った代価なのである[6]。」

ほとんどの州において、児童労働法および義務教育法が制定されているが実際には20世紀に入っても、訪問教師活動がはじめられてからも、児童労働の問題、それに付随する就学の問題が根強く残った。

また、この時期は戦後の不景気もあって訪問教師の役割もかなり変えられていった。

第2節　訪問教師活動に対する施策策定

本節では、戦争によるアメリカ経済繁栄が及ぼした子どもの就学への影響、それによって訪問教師の役割がどのように変化したかという点に着目して述べる。

（1）　はじめての財政的裏づけ

各州は、子どもへの教育を義務づけるために、義務教育法を制定、改正し、学校へ通う子どもの数を増加させてきた。

しかし、学校側は子どもの数の急激な増加に対して、学校の設備を整えることができなかったため、1クラスに100人近い子どもが在籍するという結果を招いた。担任教師は、教育ができても学級において子ども一人ひとりに目を向けることは不可能な状態にあった。このように、過去に行われてきた学校での取り組みは多数の子ども集団を取り扱うために、画一的

な一斉授業をなされることがしばしばであった。教師たちは、多人数の子どもを相手に授業をし、また半年ごとにクラスが変わることもしばしばであったため、子ども一人ひとりに目を向けることが困難であった。個々人に目を向けられないことは当然として、家庭を後ろに追いやってしまうという結果を招いた。これは仮に子どもの学習権が侵害される状況が起こったとしても、原因を理解できないまま見過ごされてしまうことを意味する。学校側は、義務教育を受ける以前に課題を抱える子どもや、非行に走る子どもの問題にも直面しかかわっていくことが必要である。セツルメント等の民間団体は、このような子ども一人ひとりと密に対応していくことができない学校教師を助けるために、個人・家庭・地域社会の情報を学校が知るのを助ける訪問教師を配置した。それらは学校関係者に個人および家族にも目を向けることができるようにしたのである。

　カルバート（Culbert,J.F.）は、次のような2点が訪問教師活動を発達させることにつながったと指摘している。

① 子どもが困難に陥る前、またたとえ困難に陥ったとしても早期に発見し、学校が処遇をする必要があると考えたこと。
② 教師が子どもの能力を引き出すために、彼が適応できるように手助けしなければならないときに、さまざまな家庭や地域における子ども一人ひとりの状況を理解しなければならないと学校側が認識したこと[7]。

　ここから、訪問教師が、学校側が教育遂行のために子ども一人ひとりに目を向けて観察し、対応しなければらないと考えたことから、訪問教師活動が発達したことがわかる。訪問教師活動を財政支援する教育委員会もあらわれてきた。それを実現した最初の都市はロチェスターである。ロチェスター市の教育委員会は、1913年9月に訪問教師活動を学校へ導入した。

同市の教育委員会は、訪問教師活動を導入する目的を次のように述べている。

　「ケース（Case,E.G.）を訪問教師に任命することは、子どもたちの要求に応える企ての最初の一歩であり、学校全体がしばらくの間、それを意識する必要がある。学校以外の子どもの環境において、しばしば学校の努力を妨げる力がみつけられることがあるということは、明白な事実である。このことが長く認められてきたにもかかわらず、そのような反対に働く力を可能な限り改善するための努力は、公立学校において確立された機能だとみなされるようにならなかった。訪問教師の任命は、子どもの全体的な幸せに対する責任に答えるための学校側の試みである。……家庭に責任のある苦しみがどんなものであろうとも、主として無知と困難から生まれている。この事情を教え、苦しみを支援することが、訪問教師の機能であるだろう。……その分野の目的は、家庭と学校間の最大限度の協力をもたらすことであるだろう[8]。」

　このことから、子どもの教育権保障、つまり、子どもに最善の利益をもたらすためには、子どもが今置かれている状況を理解していかなければならないことがわかる。教育委員会は、訪問教師を学校に導入することは、子どもの生活問題を解決する手がかりとなり、学習意欲向上につながるので、この専門職が必要であると述べている。
　また、この教育委員会は、訪問教師活動を発展させるためにさまざまな取り組みをした。具体的には、地区の校長が訪問教師になるため、シカゴソーシャルワーク学校で勉強するために研究休暇を取ることを認めたり、また1914年にはその校長に対してロチェスターで働く訪問教師として給料を支払ったりした[9]。このことからも、同市の教育委員会は、訪問教師の導入に積極的であったといえる。

ロチェスターでは、1913年の2月に小学校を担当する訪問教師を6人配置した。それによって訪問教師は、ロチェスターの学校において制度化されたといえる。1914年にはさらに訪問教師が2人加えられ、計8名となった。

　しかし、教育長は、毎年17人の訪問教師を任命することが必要だと求めてきた。1922年に教育委員会の委員長は、財政上9人の訪問教師に対する給料しか予算のなかに組み込んでいなかった。そのため教育委員会は、訪問教師サービスを拡大し確立させるために、彼らに対してそれぞれの活動地区を決めて支援するように仕向け、そしてその仕事に見合うだけの給料がもらえるようにしていった。この訪問教師サービスは、子どもの問題を解決するために、地区の教育長と学校長によってかなり強く求められていた。彼らは、子どもの生活と教育を結びつける活動をしたのである。

　このようにロチェスターにおける訪問教師は、教育委員会に所属する子ども関連の専門家となった。教育委員会に雇われた訪問教師は、他の場所で雇われる訪問教師集団よりも、より多くの子どもに関与して支援を行うようになった。教育委員会に雇われる訪問教師は、公教育協会の指導のもとで雇われている訪問教師とも互いにかかわることが多く、彼らと協力して国中でこの仕事を促進させるために働いていくようになった。ロチェスター市の教育委員会は、教育長の管理と指導のもとで学校という場所に訪問教師を配置して、学校が個々の子どもの状況を知ることができるようにするために、彼らに子どもおよびその家族と学校・地域の諸資源との調整をしてもらおうと考えた。要するに、訪問教師は仲介役として、また促進役として、ときには相談役として周囲の状況把握に努めなければならなかったのである。

（2）その後の取り組み

　現在の日本において、学校ソーシャルワークが定着するには事例を積み

あげ、学校ソーシャルワークとスクールカウンセリングの区別を明確にしていく必要がある。学校ソーシャルワークは子どもの生活を視点において支援し、スクールカウンセリングは子どもの心理面に視点をおいて支援する。アメリカで学校ソーシャルワークがはじまった当初、すなわち訪問教師と呼ばれていた当初から、少なくともフィラデルフィアでは、スクールカウンセリングがケースワークの機能を有すると考えられ、訪問教師活動に属するとみなされていた。この時期においては就学奨励指導員と訪問教師の違いを区別することは試みられたが、学校ソーシャルワークのなかに臨床心理的な機能も含められているとみなされていた。例えるならば、訪問教師は社会福祉士であり、臨床心理士であったということである。彼らは、両者の機能を併せもつ支援者であることが求められたのである。

オッペンハイマーは「この時期におけるフィラデルフィア当局によるスクールカウンセラー（訪問教師）の導入は、この訪問教師活動の発展において重要な要素のひとつであった」と評価している[10]。

ホワイト・ウィリアムズ財団（White-Williams Foundation[11]）は、ニューヨーク市、ボストン、シカゴにおける訪問教師活動と子ども福祉活動に対して詳細な調査をした後に、公立学校における非行の研究を行い、訪問教師を学校に導入した。

この非行研究は、少女たちが職業資格を得るためにできた義務教育局において、1917年6月にはじまった。戦争の間、連邦政府によって確立されてきた少年労働サービスは、教育委員会によって引き継がれたが、実際には教育を受けていない子どもを働かせる結果となってしまっていた。このようななかで、子どもたちは働くことよりも、まず教育を受けることによって将来の困難に立ち向かえるようにする必要があると考えられ、教育的ガイダンスをする必要があるということをホワイト－ウィリアムズ財団が明確に主張するようになった[12]。その結果として子どもが学習しようという意欲が湧くように、生活環境を整えることを職務とするソーシャル

ワークの機能を併せもつスクールカウンセリングが学校に導入されることとなった。

名称は異なるが、行っていることは訪問教師と同じである。つまり、社会福祉士と臨床心理士の両者の機能を必要に応じて用い、子どもたちを支援していたのである。

また、この財団は教師と校長が学校におけるソーシャルワークに関連する知識を得るようにするために、短期の講習会を提供しようと試みている。女性クラブ（Women's Clubs）、近隣協会（Neighborhood Associations）をはじめとする民間団体の活動は、訪問教師サービスを確立することの一助となった。たとえば、シカゴでの取り組みは次の通りである。

「ニューヨークにおける訪問教師活動を発展させることに影響を及ぼしたシカゴ女性クラブは、1916年3月にシカゴにおいて訪問教師活動を確立した。それは、その指導のもとで教育委員会によって実施され、1919年秋に3人の訪問教師が任命された。このクラブは、職業ガイダンス局と労働証明局（訪問教師が配置された局）の組織に多大な関心をもち、そして戦後恐慌の影響もあり、貧困な子どものために服と靴を供給する支援団体の確立に多大な関心をもった[13]。」

ここから、シカゴにおいても行政が民間団体の後追い状態であることがわかる。

カンザスシティ（1915年）とミネアポリス（1916年）では次の通りである。

「慈善家であり、教育長の補佐役であり教育委員会のメンバーであるフォルカー（Volker,W.）は、2年間のカンザスシティ計画に財政支援を行い、後にそれは教育委員会によって引き継がれた。訪問教師は、その市に

おけるすべての学校で働いた。ミネアポリスにおいてクロスビー（Crosby,C.）は、訪問教師として、財政的援助者としてサービスを与えることによってアダムス学校における実験を開始した。1918年において教育委員会は、サービスの実質的価値を確信させられたのでそのプログラムを採用した。リー（Lee,J.）の努力を通じて、家庭訪問者（訪問教師）は、ボストンにおける女子高等学校において確立された[14]。」

　さまざまな地区において訪問教師が導入されだしたことは、この取り組みが効果もたらしたということのあらわれといえる。
　その他の都市の教育委員会がこの時期に小学校、高等学校に訪問教師活動を確立した。
　マサチューセッツ州のニュートン、ニューヨーク州のマントヴァーノン、ニューヨーク州のユーティカ、アイオワ州のメーソンシティ、ノースダコタ州のファーゴでは多くの訪問教師が雇われた。ペンシルバニア州のハリスバーグ、ケンタッキー州のルーイヴィル、ニュージャージー州のニューアーク、ミズーリ州のカンザスシティ、ミネソタ州のミネアポリス、カンザス州のウィッチトーにおいて一般的に高等学校カウンセラーまたは福祉委員会の議長と呼ばれる高等学校の訪問教師が任命された[15]。
　ニューヨーク市公教育協会は、その仕事を実際に行うために、そしてこのサービスにおいて用いられる技術を完成するために、学校における訪問教師を支持してきたことから、多くの研究がなされるようになり、後に協会ができることになる。
　訪問教師は、活動していくなかで全米家庭学校訪問者および訪問教師協会（A National Association of Home and School Visitors and Visiting Teachers）を確立することに努めた。協会の取り組みは、訪問教師の数を増やし、専門的技術を発展させていくこととなった。協会が公立学校の訪問教師計画がうまく確立されたようにみえたため、ニューヨーク市における訪問教師

計画を中止しようとしていた1921年においても、コモンウェルス基金が訪問教師活動を評価し、また少年非行を予防するためのプログラムの一部としてそのサービスの継続を要求し、財政支援を行ったため、継続されることになる。公教育協会と連携している全米訪問教師委員会は、この計画を実行するために組織された。訪問教師は非行問題に関心をもつコモンウェルス基金によって広げられていくことになる。

オッペンハイマーは、1913年から1921年までの訪問教師活動の動向について、次の6点を挙げて評価している。

① 中西部の州においてこの活動が拡張したこと。
② 教育委員会がこの訪問教師活動をより一般的に採用するようになったこと。
③ 公教育協会によって続けられる実験が影響を及ぼすようになったこと。
④ 教育的様相（教育及び職業ガイダンス）を強調するようになってきたこと。
⑤ 全米訪問教師協会が結成されたこと。
⑥ 中学校、高等学校に訪問教師が導入されたこと[16]。

この時期において注目すべきことは「多くの教育委員会が訪問教師を雇いだし、公立学校にこの専門職を導入するようになった」ということである。学校ソーシャルワーカーの役割が学校において重要であるということが認められた結果といえよう。

（3） 全米訪問教師協会の確立

現在、全米ソーシャルワーカー協会（The National Association of Social

Workers)の学校におけるソーシャルワーク部門は、学校ソーシャルワークを代表し、その役割機能を説明する組織体である。その組織体の前身は、全米訪問教師協会(The National Association of Visiting Teachers: 1919-1929)であった。それは、アメリカ訪問教師協会（The American Association of Visiting Teachers: 1929-1942)、アメリカ学校ソーシャルワーカー協会（The American Association of School Social Workers: 1942-1945)、そして全米学校ソーシャルワーカー協会(The National Association of School Social Workers: 1945-1955) という名称で引き継がれてきた。NASWが、NASSWを含む7つの専門組織の合併を通して1955年に結成された。全米学校ソーシャルワーカー協会は、その7つの専門組織のなかの一部門となった。学校におけるソーシャルワーク部門の会員になるには、学校ソーシャルワークを中心に指導する公認のソーシャルワーク大学院終了、または公認の大学院を終了して現職の学校ソーシャルワーカーとして働いているか、学校ソーシャルワークにおける実地教授に関心のあることが必要とされた。その部門は、この計画を促進するソーシャルワーク組織、教育組織とも協力する。ワークショップとカンファレンス計画は他のNASWの部門との共同企画と同じようにソーシャルワーク教育部門、全米教育協会（the National Education Association)、指揮と課程発展のための協会、アメリカ教育局のような組織とともに計画されている。部門は当初アメリカ教育局の煽動で組み立てられた児童生徒・職員サービスとリサーチの調整を仕事とする。それは精神衛生学会からの多くの補助金によって支えられていた[17]。

　全米訪問教師協会（The National Association of Visiting Teachers)の前身ともいえる全米訪問教師および家庭・学校訪問者会議は、1916年に同じような関心をもった人々のために組織された。最初の全米会議はニューヨーク市において全米教育協会と協力して1916年に開催された。そこでは、社会化された学校における訪問教師の位置づけ、訪問教師の起源と当時の位置づけ、訪問教師サービスを通じての非行の予防等について検討された。

このときの会合では、訪問教師活動が地域ごとにどのようになされているかということに関心が払われた。そして2回目の会議は、第1次世界大戦後の1919年において、大西洋側の全米ソーシャルワーク会議と協力して開催された。オッペンハイマーはこの集会での話し合いにおいて、訪問教師サービスと地域福祉との関係は非行と精神的遅滞（retardation）の予防、アメリカへの帰化化、地域資源の利用を含めて考えるものであることが強調されたと述べている[18]。この集会において全米訪問教師協会が組織されたのである。

1919年において、子どもおよび学校等に関連する共通の関心をもつアメリカの訪問教師を束ねるために組織された訪問教師協会は、ニューヨーク市で1920年5月に第1回目の集会を開いて、会員の資格を次のように定めた。

① 文学士の学位または標準的な教員養成大学、またはそれに等しい学校の卒業証明書をもっている者。
② 認可されたソーシャルワークの学校で少なくとも1年以上の間、ケースワークの理論と実践を含んだコースに出席した者、または認可されたソーシャルケースワークの機関において2年間のコースに出席した者。
③ 少なくとも1年以上の教員経験がある者、認可されたソーシャルケースワーク機関で少なくとも1年間の専門職の経験がある者、または訪問教師として約1年間働いている者[19]。

この会員資格について検討してみると、この協会は訪問教師が学校内外で子どもを助けるために、すなわち訪問教師になるにはどのような教育を受けることが望ましいか、またどのような経験を積むことが必要であるかを明らかにしている。ここから当時の訪問教師というのは、ソーシャル

ワーカーと教師という両方の資質を有していることが望ましいということがあらわれている。訪問教師活動は、1913年においてロチェスター市教育委員会が訪問教師を雇ってから、また1919年において全米訪問教師協会が結成されるまでに発展した。教育委員会が訪問教師を雇うようになり、教育委員会の指導のもとで訪問教師事業を行う都市が徐々に増えてきた。全米ソーシャルワーク会議と共催の2回目の集会は、1921年にミルウォーキーにおいて開催され、会議では中西部における活動を東部の活動と結び付けるのに大いに貢献した。1921年には、この訪問教師活動は、中西部にまで広がるようになり、15の州における28の都市において存在するようになった[20]。1922年に協会はボストンで全米教育協会と会合を開いている。詳細は以下のとおりである。

「この集会では、児童生徒間の行動上の問題を、ヒーリー（Healy）博士が指導して診断と治療をしたこと、コモンウェルス基金が訪問教師活動を普及するために計画したことについて話し合われた。協会は、国中のこの活動をどのように位置づけるかということに関心をもち、1916年と1920年に調査を行ってきた。全米訪問教師協会は、さまざまな都市における技法を統合し、機能の標準化を図り、そして活動を報告するために取り組んできた[21]。」

　この協会は後のミルフォード会議において、ジェネリック・ソーシャルケースワークについて検討することになる。ソーシャルワークを教育関係者に理解してもらおうと試み続けたのである。
　これらの会議において関心が払われたのは、「まず訪問教師の役割定義、今後どのように普及させていくか」であった。
　以上のことを検討すると訪問教師活動発展の契機は、セツルメントハウスをはじめとする民間団体や市民団体であったが、1913年のロチェスター

における教育委員会が財政的裏づけを行い、訪問教師事業を開始して以来、他都市においても教育委員会が主となってこの事業を取り入れ、訪問教師を任命することが多くなった。そしてその取り組みは、中学校や高等学校にも導入されていくことになる。訪問教師事業を行うために財政を整えたロチェスターは、訪問教師という分野の発展に弾みを与えたということができる。

第3節　訪問教師の役割

　訪問教師が普及したことにより、子どもはいかなる問題に直面するのかということにますます関心がもたれるようになる。ニューヨーク公教育協会は、子どもが環境の影響を受けやすいことを調査に基づいて明らかにした。

　同協会は、1913年から1914年の間に訪問教師の仕事に関係する調査を行った。その調査は、873人の子どもがいかなる問題で訪問教師の支援を受けたかを明らかにしている。調査結果は表3－3－1の通りである。

　これらを検討すると子どもの不適応問題は、子ども自身に問題があるというよりは、環境に問題があることの方が多いことがうかがえる。データでは873件のうち424件が子ども個人の問題であり、残りの449件が環境上の問題であることが明らかにされている。環境上の問題においては、家族状況が子どもに多大な影響を及ぼしていることが読み取れる。

　また、子ども個人が抱える問題も、背景に何らかの原因を見いだす可能性がある。訪問教師が、子ども個人が抱える問題にのみに目を向けて支援するのではなく、子どもを取り巻く家庭や地域にも目を向けて支援することが必要といえよう。彼らは目に見える子どもの問題行動を単なる兆候でしかあり得ないととらえているのである。このことから、子どもが学習権を侵害される状況に陥るのは、環境に問題があるといえる。ここから、訪

第 3 章　教育委員会による財政的裏づけ

表3－3－1　訪問教師による処遇件数（1913年～1914年）

子ども個人に原因がある問題	
学校不適応・・・・・・・・・・・・・・・・・・・・・・・・・・・・・・・・・・・・・・	215 件（24.6%）
体調不良・・	171 件（19.6%）
情緒不安定・・・・・・・・・・・・・・・・・・・・・・・・・・・・・・・・・・・・・	38 件　（4.4%）
家庭に原因がある問題	
親の保護怠慢・・・・・・・・・・・・・・・・・・・・・・・・・・・・・・・・・・・	209 件（23.4%）
経済的逼迫・・・・・・・・・・・・・・・・・・・・・・・・・・・・・・・・・・・・・	172 件（19.7%）
家庭内不道徳・・・・・・・・・・・・・・・・・・・・・・・・・・・・・・・・・・・	43 件　（4.9%）
環境に原因がある問題	
悪影響を及ぼす地区・・・・・・・・・・・・・・・・・・・・・・・・・・・・	25 件　（2.9%）

資料　Abbott,E. and Breckinridge,S.P.(1917), *Truancy and Non-Attendance in the ChicagoSchools: A Study of the Social Aspects of the Compulsory Education and Child Labor Legislation of Illinois*, Chicago University of Chicago Press, p.228. に基づいて作成。

問教師は、自身が取り扱うこれらのケースを改善させていくために、教育機関、セツルメントをはじめとする多くの機関との連携を図ったことがわかる。

さらに、訪問教師は、最初は主として不就学の子どもに対する支援をしてきたが、義務教育法が普及してきたこともあり、さまざまな問題を抱える子どものためにあらゆる努力をするようになった。

たとえば、シカゴにおける取り組みは次の通りである。

「シカゴにおいてこの一般的な特質におけるある種のサービスは、シカゴ公教育制度の一部となっている雇用指導局において、ケースワークに関連して過去5年間なされてきた。この局は、就労するために小学校を中退する子どもの仕事をみつけようとする一方、多くの子どもたちが、局のワーカーによって学校にとどまるように説得され、そして別なケースでは、この特別な性質の援助を求める子どもたちを助けるのに関連して重要なサービスが、家族のなかでまだ通学している他の子どもたちのためになさ

れる。雇用指導局は学校制度のなかで機能し、社会機関における重要性を明らかにしてきただけでなく、1915年から1916年度の最後の数か月間において、シカゴ女性協会の委員会によるジョーンズ学校での訪問教師の雇用は、そのような仕事から得られる価値ある結果をもたらしてきた[22]。」

シカゴの訪問教師は、自身のところに差し向けられてきた問題をもつ子どもの家庭状況を、校長や教師が知るようにするために働きかけた。不登校や非行、学業不振、身体的または知的障害のような問題を家庭訪問によって見い出したのである。

アボットとブレッキンリッジは、訪問教師の具体的な活動例を数多くあらわしている。ここでは、その一部の内容を紹介する。

「Mは、毎週1日か2日、学校を休むという問題行動を起こしている。学級担任は、その理由を本人にたずねると『母が病気ゆえに洗濯とアイロンがけを手伝わなければならない』と述べた。そこで、担任は訪問教師に相談した。訪問教師は、その家庭を訪問した。そして、Mの母が元気であることを確認した。また、訪問教師は『母の状況がMの欠席を余儀なくさせる原因であるのかどうか』を調べてもらうために、訪問看護師協会(The Visiting Nurses Association)に、そこへ看護師を差し向けてもらうように頼んだ。看護師は『Mが母を助けるために学校へ行くことができないという理由はまったくない』と母のかかりつけ医が述べている意見書を手に入れ、訪問教師に渡した。それから訪問教師は小学校の担任にその旨を報告し、『家庭で必要とされている』というMの言い訳を受け入れないように促した。それ以来状況は改善に向かった[23]。」

これらを検討すると、学校ソーシャルワークは、子どもが抱えている問題を改善に向かわせるために他機関との連携を図るのに役立った分野であ

るといえる。訪問教師は、学校側が子どもを理解するため、家庭と学校が互いに協力するために貢献しているのである。家庭環境を知ることで教育への妨げをなくしていくのである。

　学校は、学業上の問題、人格上の問題または行動上の問題をはじめとする多種多様な問題を抱える子どもたちに関与するために、彼ら一人ひとりの要求を知らなければならない。そのために訪問教師は、家庭や地域にいかなる資源があるかをよく調査し、その資源と連携をとり、協力をすることによって彼らを適応に導くことが求められる。学校側は、子どもがどのような状況、すなわち環境に置かれているか、教育を受けたいと望んでいるか、家庭と学校においてどのような行動をしているか、生活していくなかで妨げとなる因子にはどのようなものがあるかを知らなければならない。学級担任は、子どもが問題を抱えていることを発見した場合、家庭および社会機関の協力により、子どもの問題を調整しなければならない。

　しかし、学級担任は多くの子どもにかかわっているため、一人ひとりと密にかかわるには限界がある。それを助ける誰かが必要とされるようになる。学校は、不適応問題を抱える子どもを指導する教師のために、子どもを取り巻く家庭や生活環境を知ることのできうる専門家、すなわちソーシャルワークの技法を取り入れて支援する専門職を必要とするようになった。そこで訪問教師が配置されるようになったのである。

　訪問教師は、問題を抱えている子どもたちをみつけて適応に導き、また子どもが成長する過程で妨げになっていると考えられる家族や環境を調査研究し、調整することを目的として仕事を行っている。学校側は、子どもが今後の生活において困難に直面することがあるが、それを乗り越えることができるよう支援するために、また個々の子どもの個人的問題が理解され、子どもの教育的、社会的ニーズが満たされるということを確信できるようにするために訪問教師を学校職員に加えてきた。

　訪問教師は義務教育法の普及により、多様な問題を抱えている子ども一

人ひとりに働きかけ、必要があれば家庭訪問をするなどして彼らが学習意欲をもつように導いていく。そのなかで、子ども一人ひとりの問題を研究し、学校における彼らの要求を分析し、問題が深刻になる前にそれを見つけ出すこと、すなわち問題の予防、早期発見、早期処遇に努めている。訪問教師は学校におけるソーシャルワーカーとして、学習権が侵害されている子どもにかかわっていったのである。

　公教育協会における訪問教師の幹事であり、全米訪問教師委員会の幹事であるカルバートは、訪問教師が導入されている多数の都市にそれぞれアンケート用紙を送付し、そこから得られた基礎的なデータに基づいて分析し、1916年に訪問教師活動をする組織体、職務の形態、支援の方法をあらわしている。そのデータに基づいてカルバートは、まず教師の役割、そして学校側がその教師を助けるために何をしなければならないのか、また親に対して何をすればよいのかを検討し、訪問教師がいかなる役割をする専門家であるのかを次のように定義づけている。

① 　教師は、子どもたちが将来において彼自身が望んでいる生活に備えて教えていく専門家である。そのために学校は、教師が子どもを取り巻く地域の生活を知ることができるように支援していく必要がある。その学校に対して学校外での子どもの状況を知らせるのが訪問教師なのである。すなわち、訪問教師の役割とは、子どもの学校外での生活状況を学校側に説明していくことである。そうすることで、子どもに関する情報を補っていき、教師自身が全人格としての子ども教えることができるようになる。

② 　また、親は学校がどのような要求をもっているか、そして子どもがどのような問題を抱えているかを知ることで、子どもが適応していくのを支援する者である。その親に対して、情報を提供するのも訪問教師の仕事である。すなわち、2つめの訪問教師の役割とは、学校側の

さまざまな要求を親に説明し、また個々の子どもの困難や要求を親に説明していくことである。そうすることで、学校と家族および子どもが結び付くことができるようにする[24]。

当時の訪問教師の役割とは「子どもの学校外の状況を教師に説明すること、親が学校と子どもを理解するように促すこと」、すなわち子どもおよびその家族と学校・地域の諸資源との調整役、学校・地域の諸資源との連携役であったということができる。その後も訪問教師の役割に関する調査がなされた。主なものとしては、1925年のオッペンハイマーの調査がある。これは、1916年においてカルバートがあらわした調査結果よりももっと詳しい調査結果を明らかにしたものである。このことについては次章で述べることにする。

小結

　第1次世界大戦は、アメリカ国内で起こったわけではないので戦争中におけるアメリカは好景気になった。このことは、都市問題を露呈させることとなった。また、根強く残っている児童労働の問題をも露呈させることとなった。教育と福祉に関する問題は別のものと考えられており、接点のある問題であるという認識はなかった。そのような子どもたちにかかわることによって、訪問教師分野は発展していったのである。そして、1919年には全米訪問教師協会が設立されることとなり、訪問教師分野発展のために話し合われるようになった。

　1919年から1921年における戦後恐慌時、一時、目的を達成したためにニューヨーク市教育委員会が訪問教師の財政的裏づけを取り止めようとしたが、コモンウェルス基金により再び発展していくことになる。

　この章において注目すべき点は、1913年においてロチェスターで財政的裏づけが行われて以降、各都市の教育委員会が財政支援を行うようになったことである。同基金の影響により、訪問教師が就学奨励指導員のような役割をするのではないかとの誤解もあったが、これをきっかけとして福祉の分野と教育の分野が結び付くこととなった。すなわち、訪問教師が学校に必要ということが認められ、教育委員会の指導のもとで働くことが多くなったということができる。

注記

1）高橋 章「革新主義と帝国主義」野村達朗編『アメリカ合衆国の歴史』ミネルヴァ書房　1998年　163頁。
2）同上　163 – 164頁。
3）常松 洋「1920年代と大衆文化」野村達朗編『アメリカ合衆国の歴史』ミネルヴァ書房　1998年　173頁。
4）リード，K. E. ／大利 一雄訳『グループワークの歴史 – 人格形成から社会的処遇へ – 』勁草書房　1999年　103頁参照。
5）一番ケ瀬康子『アメリカ社会福祉発達史』光生館　1989年　158頁参照。
6）柳　久雄「恐慌期のアメリカ教育 – 社会的矛盾への対応」世界教育史研究会編『世界教育史体系18　アメリカ教育史Ⅱ』講談社　1976年　31頁。
7）Culbert,J.F.(1933), "Visiting Teachers", *Social Work Year Book*,2, Russel Sage Foundation, p.534.
8）56th Report of the Board of Education, N. Y., 1911, 1912, 1913, cit., Oppenheimer,J.(1925), *Visiting Teacher Movement: with Special Reference to Administrative Relationships*, 2nded., Joint Committee in Methods of Preventing Delinquency, p.5.
9）Leonard,S.(1945), "School Social Work", *Social Work Year Book*,8, Russell Sage Foundation, p.428.
10）Oppenheimer,J.op.cit., p.6.
11）ホワイト－ウィリアムズ財団（White-Williams Foundation）とは同財団（以前はマグダリン協会；Magdalen Society）は、1800年において、非行に走っている、そして道を踏み外した少女を世話するために組織された。1916年までには、仕事は都市の機関によって引き継がれていったから、初期の目標を既に達成したのでなくなっていった。(Ibid., p.6.)
12）Ibid., p.6参照。
13）Ibid., p.7.
14）Report of Visiting Teacher to Superintendent of Schools,Kansas City, 1916-1917, Letter From Hegel,N.H.(1923), Director of Attendance and Research, February 23, cit., Ibid., p.8.

15) Ibid., p.8 参照。
16) Oppenheimer,J.(1925), op.cit., p.9.
17) Johnson,A.(1965), "Schools(Social Work Practice in)", *Encyclopedia of Social Work*, 15, The National Association of Social Workers, p.676.
18) Oppenheimer,J.op.cit., p.12.
19) Culbert,J.F.(1929-1930), "Visiting Teachers", *Social Work Year Book*,1, Russel Sage Foundation, p.467.
20) Ibid., p.467 ; Oppenheimer,J.(1925), op.cit., pp.12 – 13 参照。
21) Report of the First, Second, and Third Annual Conference of the National Association of Visiting Teachers and School Visitors, Manuscripts in the Office of the Public Education Association, New York City., Published by the Public Education Association, 8 West 40th Street New York., cit., Ibid., p.21.
22) Abbott,E. and Breckinridge,S.P.(1917), *Truancy and Non-Attendance in the Chicago Schools: A Study of the Social Aspects of the Compulsory Education and Child Labor Legislation of Illinois*, Chicago University of Chicago Press, p.230.
23) Ibid., p.231 参照。
24) Culbert,J.F.(1916),*Visiting Teachers and Their Activities, Proceeding of the National Conference of Charities and Corrention*, Hilaman Printing co., p.595, cit., Allen-Meares,P., Washington,R.O. & Welsh,B.L.(1986), *Social WorkServices in Schools*, Prentice Hall,Inc., pp.18 – 19; Costin,L.B.(1969), "A Historical Review of School Social Work", *Social Casework*,50, Family Service Association of America, p.442 参照。

第4章
全国的規模への拡大

　訪問教師活動は、1921年に精神衛生運動に関心をもつコモンウェルス基金から財政支援を受けた。このことによって、訪問教師分野は全国的規模に拡大していった。同基金は訪問教師運動に多大な影響を及ぼした。本章では以上のような点に着目しながら1920年代の訪問教師の役割を検討する。

第1節　精神衛生運動の影響

（1）　精神衛生運動のはじまり

　精神衛生活動は、1908年に精神保健の向上、神経および精神障害を予防し、当事者の最善の利益を求めて情報を提供し、連邦政府、州、地区の機関および精神衛生協会関連の公私機関と協力することを目的としてコネチカット州精神衛生協会が組織され、活動がなされたことがはじまりである。それは、元患者ビアーズ（Beers, C.W.）とビアーズの父と兄、その他教会、学校、大学、判事、弁護士、病院、医学、精神医学、ソーシャルワークの各分野からの合計14名によって組織された。協会の活動が成功を収めたので、翌1909年2月には全国精神衛生委員会（The National Committee for Mental Hygiene）が組織されることとなった。1935年には、この運動はアメリカの30州以上に精神衛生協会が設立されるほどに社会的認識を高めた。この取り組みは、子どもの精神的不健康状態の原因を早期に発見した

り、それを予防したりしている。問題に直面している子どもと家庭への直接的支援と彼らを取り巻く環境調整を図り、子どもの精神的健康を維持し、向上をもたらす実践である。子どもは、家族のなかで生じるすべてのことに多大な影響を受ける。子どもへのプラスの影響力は、彼らが人格的特性を確立、構成するので後の生活を充実したものとする。よって、精神衛生運動を子ども時代に実施するのは有用である。それは、子ども時代が精神的不健康予防のための極めて優れた時代であるということである。子どもが学校に入学すると、教師が親の代理人となり冷静に対応するので、親よりも問題に気づきやすい。それを補佐するための訪問教師が子どもが抱える問題状況を理解し解決を図るための技術は、精神衛生によって強化される。この訓練背景に伴い、訪問教師は、心理学者と精神科医との協力を密にすることとなる[1]。

（2） 訪問教師活動への影響

アメリカは1917年に第1次世界大戦に参戦した。それにより、多くの兵士たちが精神に障害をきたした。政府は自国の兵力を効率的に利用するために、精神的にダメージを受けた兵士を発見し、治療することのできる精神科医を戦地に差し向けた。精神衛生委員会（The National Committee for Mental Hygiene）は、兵士を処遇するために精神科医を募集し、軍事地域へ彼らを差し向けた。この取り組みは、戦力が消耗しない予防策として大いに役立った。第1次世界大戦に参戦するまでは、精神衛生分野における精神療法という処遇方法はゆっくりと発展してきたが、参戦後の取り組みにおいてこの精神医学の技術は急速な発展を遂げることとなった。戦争は多様な社会問題を露呈させたが、多くの学問分野を発展させる一助となったのである。

しかし、これらの取り組みは戦争が原因で生じる神経症に対する治療に傾斜し過ぎたため、国内における犯罪、子どもの非行対策など、民間の精

神衛生活動への取り組みを中断させることになった。戦後の精神衛生分野の専門家は、このような問題に対応するようになった。

　精神衛生運動は戦争中の兵隊への取り組みが評価されたことで、国内での意味が認められ、戦後、一般市民を対象とした取り組みを復活させるなかで、その活動が注目されていくことになった。すなわち、戦争によって精神衛生活動が急速な発展を遂げたのである。この発展についてプラット（Pratt,G.K.）は次のように述べている。

「1920年に、民間の精神衛生は、めざましい勢いで再開されたが、治療が進むにつれ、神経的、精神的な不健康の予防は、どの1つの機関または専門職によっても成し遂げられるものではないということ、またどの1つの技術の利用を通じても、成功を成し遂げられるものではないということが徐々に明白になった。専門家が、予防的な取り組みが最も成果をあげると考えた時期は、成人期から青年期まで、青年期から児童期および就学前期にまでさかのぼって徐々に広げられていった。この傾向に伴い、精神保健、特に子どもの精神保健は、患者の経験に影響を与えるすべての因子と密接に結び付けられるということ、そして精神衛生学だけでのみ守られるということが認識されるようになった。この分野での最初の、そして最も重要な取り組みは、臨床プログラムを組織化すること（最初は少年非行のための、しかし後に子どもの行動と人格関連の問題の全様相を含む）であった[2]。」

　精神衛生活動は、上述の通り戦争によって急速な発展を遂げたが、訪問教師はこの分野から多大な影響を受けている。訪問教師は、1910年代には主として子どもおよびその家族と学校・地域の諸資源との調整役、学校と地域の諸資源との連携役であった。

　しかし、戦後の非行増加に憂慮した精神衛生分野の専門家は、個々の子

どもの内面に重点をおく臨床的処遇を主とするようになっていた。訪問教師は、その影響を多大に受け、個々人に対する臨床的ケースワークを重視するようになり、少なくとも、精神衛生相談所などを設けることを目的とした3か年にわたるデモンストレーション（後節で示す）の間、それらの調整役としての役割とは異なった傾向を示すに至った。彼らは、どちらかというと人の内面に焦点をあてるカウンセラーに近い役割をしていたのである。

コスティンはこの時期の訪問教師実践について次のように指摘している。

「1920年代の訪問教師サービスの主な仕事内容は、学校・家庭・地域を結び付けることであった。……精神衛生分野は、戦後の非行増加の影響もあり、個々の子どもの内面を取り扱うことに重点をおくようになった。訪問教師はその影響を受け、実践にある種の変更をもたらすことになった[3]。」

以上のようにコスティンは、戦後の訪問教師が今まで行っていた活動に対して、「ある種の変更」をもたらすようになったと述べている。精神衛生活動に関心をもつコモンウェルス基金は、デモンストレーションの間、訪問教師に対し、臨床的ケースワークに重点をおく取り組みを行うように仕向けたのである。彼らは訪問教師に対して、ソーシャルワークとカウンセリングの両方の技法を取り入れることを求めたといえる。

このデモンストレーションの結果、訪問教師の職務はコモンウェルス基金によって次のように定義された。

① 学校・家庭・地域の連携を発展させていくこと（子どものために学校・家庭・地域に働きかけること）。
② 学校で臨床的ケースワークの技法を活用すること（個々の学校不適応児に対して働きかけること）[4]。

この定義に基づいて訪問教師は、学校・家庭・地域の連携と同時に、子ども一人ひとりの内面に焦点をあてた関与をも行うように求められたのである。彼らは、生活面と心理面の両者に焦点をあてた支援を行うこととなった。
　そして、アレン・ミヤーズらは同基金の影響を次のように指摘している。

「精神衛生相談所がさまざまな地区において設置され、そこでのソーシャルワーカーは、神経質で扱いにくい子どもの治療を手助けしていた。当時の訪問教師および精神衛生学者は、両者とも、『情緒不安定な子どもたちを登校させることによっていかなる支援をするのか』、『子どもたちの情緒の安定を学校生活で見い出せるようにするにはどのようにすればよいか』という2つの問題を考えていた[5]。」

　このことから、1920年代初期の訪問教師が子どもの心理面、精神面に目を向けての支援、すなわち精神医学の影響を受けたケースワークを行うようになったことがわかる。訪問教師は、学習権が保障されていない子ども一人ひとりの内面に焦点をおいて支援するようになったということができよう。
　訪問教師は、そうした支援をしていくなかで、学校という場を有用な場ととらえるようになった。タフト（Taft,J.）は学校の有効性を次のように指摘している。

「学校は、国の精神衛生を向上させる唯一の実施機関であり、唯一の有効な場所である。……学校には、活動をするための子どもの時間があり、必要な力がある。それをつくることは精神衛生に関連するケースワークを通して、それを実際に応用させることに取り組んでいるわれわれの責任である。また、学校と教師に、子どもの集団活動を通して個々が適応するよ

うに教育することに対する重要な責任があることを、彼らが理解するように助けることもわれわれの責任である[6]。」

　ここから、学校は子ども一人ひとりの精神衛生を向上させる場であるとわかる。戦後の非行を予防するために取り組んできた精神衛生運動は、訪問教師に影響を与え、子どもおよびその家族と学校・地域の諸資源との調整役、学校と地域の諸資源との連携役から個々の内面に焦点をあてた臨床的ケースワークに傾斜し、その役割を変えていった。運動は、彼らに社会福祉士と臨床福祉士の役割を併せもつ専門職となることを求めたのである。
　第1次世界大戦によりアメリカ経済は繁栄した。これにより、人々の生活に関連する問題は減少した。
　それに代わり、戦争神経症などの新しい問題が注目され、問題というのは個人の内面に関係するものであると考えられるようになり、それに焦点をあてて支援することが重視されるようになった。それにより、リッチモンドが定義した人と環境との関係を重視するソーシャルケースワーク論が徐々に陰をひそめてしまった。代わってソーシャルケースワーク分野には、フロイトの精神分析理論による精神医学や心理学の理論が取り入れられるようになった。これにより診断主義学派としてのケースワーク論が登場することになり、個々の内面に焦点をあてた支援を行うことを求められるようになった。
　また、この時期のソーシャルケースワークは、多様な分野で応用がなされていた。その多様な分野でのソーシャルケースワークの方法はそれぞれに異なった。これらを一般的なものにするために、1923年から1929年にかけてミルフォード会議が行われた。そこでは、それぞれのソーシャルケースワークの共通する点について話し合われた。全米訪問教師協会もこの会議に参加した。

第2節　コモンウェルス基金の取り組み

(1) 3か年にわたるデモンストレーション

　第1次世界大戦以後、少年非行が増加した。この時期のコモンウェルス基金（Commonwealth Fund）[7]は、訪問教師の取り組みが不適応行動をする子どもが抱える問題を改善することができるか否かを調査した。これにより、同基金はこの取り組みが効果的であると確信したため、訪問教師分野に財政支援を行った。ニューヨーク市の同基金は、少年非行を予防するために、また訪問教師の有効性をあらわすため、以下の4つの目標を掲げて訪問教師活動を行うようになった。

① 　学校での、少年法廷での、非行予備軍の子どもおよび非行に走っている子どもたちの研究のために、全米精神衛生委員会を通じて精神医学相談所を確立すること。
② 　ニューヨーク市の公教育協会のもとで訪問教師の仕事を発展させること（それにより学校群がすべての子どもにとって大切な初期のかかわりが個々にできるようになり、それが子どもの理解と発達の一助となる可能性がある）。
③ 　ニューヨークソーシャルワーク大学院を通じて、訪問教師、精神医学ソーシャルワーカーおよび保護監察官の分野の資格を得て、その分野で働くことを望む人々のために適切な方針に沿った訓練コースを提供すること。
④ 　非行予防の技法に関する連合委員会を通じて、他機関を通じてその技法を知り、利用するためのさまざまな教育的努力によって、その技法を拡張すること[8]。

これらの目的に基づき、同基金は、1921年11月9日に訪問教師のための3か年にわたるデモンストレーションを計画し、実施したのである。
　上記の目標の②において、訪問教師の重要性がはっきりと述べられている。このことからも、この基金が訪問教師の重要性を認識していたことがわかる。基金はこのような目的をもって、ニューヨーク公教育協会（The Public Education Association of New York）と協力し、全米訪問教師委員会（The National Committee on Visiting Teachers）を組織した。そしてその委員会にデモンストレーションの運営管理を行わせた。
　オッペンハイマーはコモンウェルス基金の訪問教師への財政支援が、訪問教師に対し教育受給権を行使できない子どもを早期に発見・支援するように仕向けたと評価している[9]。言い換えれば訪問教師は、非行予防に目を向けることにより、子どもの教育受給権の保障をもたらすようになったということである。この取り組み以来、学校側は、訪問教師が子ども福祉事業の戦略的位置にあり、そして、彼らが行うソーシャルケースワークは、学校の仕事をより効果的にするために貴重なものであることを認めるようになった。
　しかし、戦後ということもあり少年非行が増加したため、特に少女の非行の増加が著しかったため、訪問教師は子どもの非行問題にかかわることに傾斜し過ぎた傾向がある。これによって、訪問教師が、就学奨励指導員が担うような取り締まり機能を有するのではないかという誤解が生じたが、コモンウェルス基金の取り組みなくして訪問教師は全国規模に発展することはなかったことを特筆しておかねばならない。基金は、教育を保障するならまず生活支援が必要であるということを明らかにしたのである。
　コモンウェルス基金によって主催された3か年にわたるデモンストレーションは、全米訪問教師委員会のもとで、人口7,000人位の町から人口100万人以上の都市、さらに3つの農村郡を含む30の地域において30人の訪問教師によって行われた。その30の地域とは表4－2－1[10]に記す通りで

表４−２−１　３か年のデモンストレーションが行われた30の地域

アラバマ州のバーミングハム、	ウエストバージニア州のブルーフィール、
ヴァーモント州のバーリントン、	ジョージア州のコロンバス、
ミシガン州のデトロイト、	ノースカロライナ州のダラム、
カンザス州のハッチンソン、	オハイオ州のヒューロンカウンティ、
ミシガン州のカラマズー、	ネブラスカ州のリンカン、
ニュージャージー州のモンマスカウンティ、	バージニア州のリッチモンド、
ペンシルバニア州のロチェスター、	アイオワ州のスーシティ、
サウスダコタ州のスーフォール、	オハイオ州のウォレン、
ペンシルバニア州のコーツヴィル、	ネブラスカ州のオマハ、
ノースカロライナ州のシャーロット、	ミネソタ州のチーズホーム、
カリフォルニア州のサンディエゴ、	ワイオミング州のロックスプリングズ、
ウィスコンシン州のラシーヌ、	カリフォルニア州のバークレー、
モンタナ州のビュート（後にミネソタ州ワイノナに変更）、	
オレゴン州のウジェーヌ（後にオレゴン州ポートランドに変更）、	
アリゾナ州のトゥーソン、	オクラホマ州のタルサ、
アイダホ州のポカトロ、	ミズーリ州のブーンカウンティ

資料　Costin,L.B.(1969),"A Historical Review of School Social Work", *Social Casework*, 50, Family Service Association of America, p.443.

ある。

　またオッペンハイマーは、この時期までに教育委員会によって訪問教師が雇われていた地区は11か所あると述べている。その11地区とは表４−２−２[11]の通りである。

　このことから、訪問教師サービスは、教育委員会によってすでに導入されていた地区もあったが、コモンウェルス基金がこの取り組みに関与するまでは、全国的には広がっていなかったことがわかる。

（２）　デモンストレーション満了後の取り組み

　1921年からはじまったこの３か年にわたるデモンストレーションの間に訪問教師の数は大幅に増加した。それが満了した後も25地区の教育委員会が訪問教師活動に対して財政支援が続けられたのは、この取り組みが多

表4－2－2　教育委員会によって雇われている11の地域

ミシガン州のデトロイト、 ジョージア州のアトランタ、 アイオワ州のデモイン、 イリノイ州のジャクソンビル、 ニューヨーク州のニューロッシェル、 ニュージャージー州のトレントン	オクラホマ州のオクラホマシティ、 カンザス州のマンハッタン、 ミネソタ州のセントポール、 ニューヨーク州のホワイトプレーンズ、 ニューヨーク州のヤンカーズ、

資料　Oppenheimer,J.J.(1925), *Visiting Teacher Movement with Special Reference to Administrative Relationships*, 2nded., New York Joint Committee on Methods of Preventing Delinquency, p.31.

くの人々によって評価されていたことのあらわれといえる。

　1929年に訪問教師サービスを行った相談所は132か所あった。そこでは合計で244人の訪問教師が雇われていた。そのうち87は公立学校群と連絡を取りあいながら訪問教師サービスを続けた。これらの相談所は、35州の相談所と7つの農村郡、さらにニューヨーク市のより入り組んだ地区で活動を行った。ロチェスターで23人、ニューヨーク市で21人、シンシナティで11人、ミネアポリスで11人の訪問教師が雇われていた。フィラデルフィアのホワイト－ウィリアムズ財団では、14人の訪問教師が雇われていた。一時的に、赤十字、キワニス＝クラブ、州子ども福祉協会または州教育省のような組織の寄付によって支援された相談所も5か所程度はあったが、ほとんどは地元の教育委員会によって支援されていた[12]。州は訪問教師活動の効果を理解し、福祉と教育を結び付けていたのである。このことからも、コモンウェルス基金の取り組みは、アメリカ全土の人々に訪問教師理解をもたらすのに役立ったといえる。

　オッペンハイマーは、1920年代の訪問教師活動の特徴を4つあげている。その内容は次のようにまとめることができる。

① コモンウェルス基金の活動の結果、人々が訪問教師活動に関心をもつようになったこと。

② 精神衛生や精神医学の影響を受けた技法を用いて支援するようになったこと。
③ 教育上の運営に密接な関係をもつようになったこと。
④ 仕事基準と訪問教師の資格についての関心をさらにもつようになったこと[13]。

オッペンハイマーは、コモンウェルス基金の取り組みを評価している。同基金が、デモンストレーションを行ったことから、学校におけるソーシャルワークサービスが人々に知られるようになったことにより、訪問教師分野は更なる発展を遂げることになった。

（3） 1929年における訪問教師の発展

1920年代は約150の学校群が子どものために、ソーシャルケースワークサービスを取り入れるようになった。訪問教師が所属する専門相談所は新たに12か所設立された。その12か所というのは表4－2－3[14]の通りである。

これらの都市の12相談所では、合計で23人の訪問教師が新たに雇われた。シンシナティでは、所長と11人の職員がいる職業指導局に訪問教師部門が組織化された。シカゴでは、3人の訪問教師と訪問教師の指導者が

表4－2－3　1929年に新たに相談所が設立された場所

ニューヨーク州のニューヨーク市、	同州のシラキューズ、
同州のロチェスター、	ニュージャージー州のニューアーク、
オレゴン州のポートランド、	ミシガン州のデトロイト、
ミズーリ州のカンザスシティ、	カンザス州のウィチタ、
オハイオ州のクリーブランド、	同州のシンシナティ、
ミネソタ州のミネアポリス、	カリフォルニア州のサン＝ディエゴ

資料　Leonard,S.(1945),"Social and Health Work in the Schools", *Social Work Year Book*, 8,Russell Sage Foundation, pp.428-429.

任命された[15]。

　また、この時期は、訪問教師の資質を見い出すことに関心が払われている。1923年10月からはじめられたペンシルバニアにおけるミルフォードにおいてなされた会議、いわゆるミルフォード会議では、次のような目的をもって研究がなされた。

① ジェネリック・ソーシャルケースワークとは何か。
② さまざまなケースワーク領域における有能な機関を仮定したとして、地域におけるソーシャルケースワークの分業にとって必要な基礎条件とは何か。
③ ソーシャルケースワークを適切な資格をもって実施できる機関とはどこなのか。
④ ソーシャルケースワークの訓練のために何が構成要素となるのか[16]。

　その会議は、この目的に基づいて研究し、1928年に報告書を採択、受理し、その研究成果を1929年に発表した。そこでは訪問教師の特有な資質を以下のように述べている。

① 全体として学校内における訪問教師の位置と管理部門との関係に関する知識。
② 生徒の問題と郊外関係についての担任教師の心理に関する知識。
③ 訪問教師の児童や親との関係における学校との結び付きの利用の価値と限界の認識。
④ その児童だという注目心を喚起せず、また授業を妨害せずに当該児童を観察する能力。
⑤ グループの他のメンバーによるスティグマを受けることなく、グループの一員として児童に深くかかわっていける能力。

② 精神衛生や精神医学の影響を受けた技法を用いて支援するようになったこと。
③ 教育上の運営に密接な関係をもつようになったこと。
④ 仕事基準と訪問教師の資格についての関心をさらにもつようになったこと[13]。

オッペンハイマーは、コモンウェルス基金の取り組みを評価している。同基金が、デモンストレーションを行ったことから、学校におけるソーシャルワークサービスが人々に知られるようになったことにより、訪問教師分野は更なる発展を遂げることになった。

（3） 1929年における訪問教師の発展

1920年代は約150の学校群が子どものために、ソーシャルケースワークサービスを取り入れるようになった。訪問教師が所属する専門相談所は新たに12か所設立された。その12か所というのは表4－2－3[14]の通りである。

これらの都市の12相談所では、合計で23人の訪問教師が新たに雇われた。シンシナティでは、所長と11人の職員がいる職業指導局に訪問教師部門が組織化された。シカゴでは、3人の訪問教師と訪問教師の指導者が

表4－2－3　1929年に新たに相談所が設立された場所

ニューヨーク州のニューヨーク市、	同州のシラキューズ、
同州のロチェスター、	ニュージャージー州のニューアーク、
オレゴン州のポートランド、	ミシガン州のデトロイト、
ミズーリ州のカンザスシティ、	カンザス州のウィチタ、
オハイオ州のクリーブランド、	同州のシンシナティ、
ミネソタ州のミネアポリス、	カリフォルニア州のサン＝ディエゴ

資料　Leonard,S.(1945),"Social and Health Work in the Schools", *Social Work Year Book*, 8,Russell Sage Foundation, pp.428-429.

任命された[15]。

　また、この時期は、訪問教師の資質を見い出すことに関心が払われている。1923年10月からはじめられたペンシルバニアにおけるミルフォードにおいてなされた会議、いわゆるミルフォード会議では、次のような目的をもって研究がなされた。

① ジェネリック・ソーシャルケースワークとは何か。
② さまざまなケースワーク領域における有能な機関を仮定したとして、地域におけるソーシャルケースワークの分業にとって必要な基礎条件とは何か。
③ ソーシャルケースワークを適切な資格をもって実施できる機関とはどこなのか。
④ ソーシャルケースワークの訓練のために何が構成要素となるのか[16]。

　その会議は、この目的に基づいて研究し、1928年に報告書を採択、受理し、その研究成果を1929年に発表した。そこでは訪問教師の特有な資質を以下のように述べている。

① 全体として学校内における訪問教師の位置と管理部門との関係に関する知識。
② 生徒の問題と郊外関係についての担任教師の心理に関する知識。
③ 訪問教師の児童や親との関係における学校との結び付きの利用の価値と限界の認識。
④ その児童だという注目心を喚起せず、また授業を妨害せずに当該児童を観察する能力。
⑤ グループの他のメンバーによるスティグマを受けることなく、グループの一員として児童に深くかかわっていける能力。

⑥　学校として親の批判に対処しうる能力。
⑦　能力別クラス、転学、進級といった特別な学校制度に関する知識。
⑧　自信のない児童や内気な児童などに段階的な課題を促進することによって、教師の児童へのかかわりを個別化していくなかで、教師間の協同を保障していく能力。
⑨　教師に対して段階的、部分的な改善を説明しうる能力。
⑩　学校管理当局の姿勢や学校の必要性に応じた記録をとる能力[17]。

　これらは、訪問教師が学校において子どもにかかわっていく上で必要とされる能力である。このような技能を身につけるため、訪問教師は、より専門的な教育を受けることを求められるようになった。それにより、訪問教師教育に関連する講座が数多く開講された。カルバートはこのことを次のように述べている。

　「1929年夏において、全米訪問教師委員会によってある程度資金を融通された訪問教師活動のコースが、13の有名大学および単科大学のサマースクールにおいて開講された。これらの大学のほとんどは、財政上の支援がなくても、今後、このコースを継続するつもりであり、その目的は、訪問教師活動のために教師を教育することではなく、子どもに対して独自に働きかけるために教師を手助けすることであった[18]。」

　このように第1次世界大戦後における訪問教師活動は、一時、戦後恐慌の影響を受けたものの、精神衛生運動に関心をもったコモンウェルス基金の支援を受けて再び発展していった。ミルフォード会議においてジェネリック・ケースワークの研究がなされたことにより、訪問教師は自身の専門性を広げるために、ソーシャルケースワーク理論に基づいて支援することに関心をもつようになった。多くの大学で訪問教師の教育講座が開講さ

れた。

しかし、1929年の10月24日に起こった世界大恐慌により状況は一変した。

第3節　訪問教師の役割

ソーシャルワーク論のなかに医学理論が導入され、訪問教師分野も臨床的ケースワークに重点をおいて支援することを求められるようになった。

しかし、実際に訪問教師が行っていたことは個々の内面に焦点をあてるというよりも学校・家庭・地域の連携であった。本節では1920年代における訪問教師の役割を検討する。

（1）1925年の職務分析

カルバートは、1916年に訪問教師が実際にどのような仕事をしているのかを明らかにするために調査を行って職能を定義した。オッペンハイマーはこれをより詳細なものにするために、1925年にもう一度訪問教師の再調査をした。オッペンハイマーはその調査結果に基づいて、訪問教師サービスの中心的な32の機能を次のようにあらわしている。

① 親に子どもの生育歴、習慣、気性、関心のあるものについて訪ねること。
② 子どもを取り巻く社会環境、家庭および近隣を分析すること。
③ 子どもの奨学金、品行などが学校側の基準よりも劣るという兆候をあらわしたとき、親の協力を得るために親と協議すること。
④ 家庭状況を調整しようと試みること（それによって、より好ましい状況が、勉強、品行、出席と関心に関係してもたらされるだろう）。
⑤ 母親が、子どもにとって社会的不利と精神的負担にならないような

仕事の仕方ができるように支援すること。
⑥　外国人の親および無知な親に学業成績の意義のみならず、学校の目的と理想を説明すること。
⑦　知的障害があるのではないかと疑われたとき、心理士のために、家族歴、子どもの生育歴と社会的データを確保すること。
⑧　うまく順応できない子どものために、学校でよりよく適応できるように支援すること。
⑨　知的障害の疑いのある子どもが心理判定を受けるように仕向けていくこと。
⑩　非常に困難な問題がある症例の場合に、心理士の承認を得てから専門的精神医学判定を受けるようにすること。
⑪　子どもをより良く理解するために役立つデータのすべてを校長と教師にもたらすこと。
⑫　教育的過程をより効果的にするのに役立つ、個人的で社会的なデータを校長と教師たちのために確保すること。
⑬　現在、困難な状況にある親が支援を受けることのできる地域機関を彼らに知らせること。
⑭　家族が支援を必要とするとき、救済機関の協力を言及し、それを確保すること。
⑮　病気が家族において見い出されたとき、訪問看護師と病院のサービスを確保すること。
⑯　伝染病の疑いがある症例の場合に、看護師または保健所に報告すること。
⑰　子どもがメガネを得ることを含む内科的・外科的な治療を受けるように看護師が親を説得する際に助けとなること。
⑱　看護師が本務以外の仕事のために、診療所に連れて行けないとき（たとえば重度の身体障害がある場合）は、子どもを特別の診療所に

連れて行くか、他の人に連れて行ってもらうようにすること。
⑲　学校に残るべきである前途有望な子どもが、奨学金を受給できるように助けること。
⑳　小さな子どもを抱えて働く母親を、必要に応じて託児所に差し向けること。
㉑　仕事を必要とする家族が、合法的な機関を通じて職場を確保するのを助けること。
㉒　不適切な非行の原因を見い出すように努め、状況を改善するように努力すること。
㉓　親と非行について話し合い、子どもの関心を変革するように努め、また子どもが不品行な仲間たちとの関係を断つように助けること。
㉔　ありうるべき非行を予防するために、余暇機関、図書館、非行少年指導員と非行少女指導員との協力を確保すること。
㉕　子どもの非行が深刻な場合には、少年裁判所または児童虐待予防団体へ差し向けること。
㉖　少年裁判所の保護監察官とできる限り協力すること。
㉗　不適切な保護がなされている症例は、児童福祉機関に差し向けること。
㉘　不道徳な地域の影響を適切な組織に報告すること。
㉙　労働許可書を求める子どもの家庭状況を調査すること。
㉚　家庭が精神的支援を必要とするとき、宗教団体の支援を確保すること。
㉛　専門機関のすべての処遇において、学校側を代表すること。
㉜　断続的な出席の原因を調査すること[19)]。

この結果から、学校ソーシャルワーカーの業務は、子どもおよびその家族と学校・地域の諸資源とを調整すること、学校と地域の諸資源の連携を

図ることであるということができる。最初の訪問教師の理念が根強く残っていることを意味する。つまり、個々の内面よりも環境に焦点をあてることが重要と考えている訪問教師が多いということである。

オッペンハイマーはこの調査結果に基づいて、訪問教師にとって重要な職能は、子どもが学校で困っているときの根本原因となっているものを明らかにし、それを取り除くことにより、改善に導くことであるということを明らかにしている。たとえば学校側に原因がある場合、施策の改善に努める必要があるということである。この点はカウンセリングの視点との大きな違いである。

コスティンはオッペンハイマーの調査から、「訪問教師が個々の子どもの個人的な生活関連の問題のことで援助をするために、訪問教師と子どもの一対一で行われる絶えず途切れることのない関係において行っている取り組みは、重要視されていなかった」と分析している[20]。言い換えれば、訪問教師は、通常、授業中以外の時間に子どもにかかわったりすることもあるが、彼らが重点的に働きかけるのは、家庭・地域および彼に影響を及ぼす学校状況であったということである。

アレン・ミヤーズもまた、その調査から当時の訪問教師が学校・家庭・地域の結び付きを重要視していたことを指摘している[21]。

この結果から、3者はいずれも訪問教師というのは、学校のなかでは子どもの学校外生活と社会環境について最もよく知っている専門家であると指摘しており、同専門職が個々の内面に焦点をあてた支援よりも環境調整に焦点をあてた取り組みをしていたと述べている。ケースワーク論のなかでは、フロイトの精神分析理論に基づく個々に焦点をあてた臨床的ケースワークが発展していたが、訪問教師は不安の原因となる環境調整を重視するソーシャルケースワークを行っていたということができる。

リッチモンドは、1880年代末から社会福祉に関連する仕事に就いている。彼女は仕事をするなかで、1910年代後半から1920年代にかけて、ソーシャ

ルケースワークの理論体系化を図った。すなわち、1917 年に『社会診断』、1922 年に『ソーシャルケースワークとは何か』を出版したのである。彼女は 1922 年の文献においてソーシャルケースワークを次のように定義している。

「ソーシャルケースワークとは、人間とその社会環境との間を個々に応じて、意識的に調整することによって、パーソナリティの発展を図ろうとするさまざまな過程からなるものである[22]。」

この定義から、ソーシャルケースワークを行う上で基本となるのはクライエントと環境の調整であり、最終目標はパーソナリティの発達であることがわかる。しかし、彼女がいうパーソナリティの発達とは、岡本が述べるように、あくまでも社会的要因とクライエントとの間の環境調整を通して達成されるものである[23]。そのため、当時のソーシャルケースワークは、クライエントの心理的な問題は環境に基づくと考えられ、環境調整に重点をおいたものであったといえる。これは当時、訪問教師と呼ばれていた学校ソーシャルワーカーが行っていたことと共通する。そのようなことから訪問教師は、ソーシャルワーク関連職員であるといえる。

ソーシャルケースワークは、当時、精神医学・心理学による個人の内面に焦点をあてた理論が構築されていた。ミルフォード会議において、訪問教師の機能が定義されたが、デモンストレーション以後の訪問教師は、個人の内面に焦点をあてて援助を行うというよりも、問題が発生した環境を改善することに焦点をあてて支援をしていたという方が望ましい。

オッペンハイマーの調査結果から、訪問教師は子どもの就学において妨げとなるものを取り除くために、主として次のようなことを行っていたことがわかる。

① 子どもに影響を及ぼす家族・環境と連携すること。
② 子どもと資源を調整すること。
③ 問題の原因を探ること（情報の収集）。

このように、訪問教師サービスは、一時期、コモンウェルス基金主催のデモンストレーションによって個人の内面に目を向けて支援することを求められたが、この取り組みが終了した後は、引き続き子どもおよびその家族と学校・地域の諸資源との調整役、学校と地域の諸資源との連携役をすることに努めていたといえる。

（2） 1920年代における状況

訪問教師が担当するケースおよび支援の方法は次の通りである。

1）担当ケース

1920年代の学校ソーシャルワーク分野は、コモンウェルス基金が行った取り組みによって全国規模に発展した。基金は非行問題に関心をもっていたため、訪問教師も非行問題にかかわるようになった。このことから訪問教師は、就学奨励指導員ではないかと誤解されながら支援することが多かった。この基金により、彼らは就学問題をもつ子どもたちだけでなく、学校で課題のある行動を起こしている子どもたち、情緒不安定の子どもたち、成績不振の子どもたち、親に大切にされていないというサインをみせている子どもたちにもかかわるようになっていった。訪問教師は多様な問題にかかわっていくようになったということである。訪問教師の担当ケースは次の通りである。

① 行動上、人格上の問題をもつ子どもたち
　　それは、学校内外で不品行、つまり非行に走っていること、みすぼ

らしいこと、引き込もっていること、または神経質であることというような傾向をみせている子どもたちのことである。
② 勉強に関する問題を抱えている子どもたち
　それは、再履修をしなければならない子どもたち、知的な障害をもっているために特別な支援を要する子どもたち、学業不振の子どもたち、そして優れた才能をもっているために付加的な学習の機会を必要とする子どもたちのことである。
③ 家庭で大切にされていない子どもたち
　それは、虐待を受けている子どもたち、保護されていない子どもたちのことである。子どもたちがこのような状況にあるとき、訪問教師は、虐待をする、保護を放棄してしまっている大人、すなわち親と密接にかかわることにより、その状況を矯正するように努める必要がある[24]。

　このように多様な問題を抱える子どもたちにかかわるようになっていった訪問教師は、多くの地区でその価値が認められるようになった。
　訪問教師サービスが導入された当初は、都市の密集地域に限定して支援が行われていたが、デモンストレーションの結果、他の学区においてもこの活動が導入されることになった。訪問教師は、恵まれない子どもとかかわることに限定されるのではなく、裕福な家庭の子弟が集まる私学においても雇われるようになった。イリノイ州のウィネトカ、ニュージャージー州のモントクレール、サミットのような比較的裕福な家庭が多い地域の公立学校群においても雇われるようになった。訪問教師の取り組みは、私立学校において雇われるほど有効な取り組みであったということができる。
　ここから訪問教師の仕事は、労働搾取される子どもを学校へ行くようにするために支援していくことから、義務教育の徹底と社会の安定により、就学問題をもつ子どもだけでなく多様な問題をもつ子どもたちにもかかわ

るようになったことがわかる。訪問教師は、コモンウェルス基金による活動によってその存在が認められるようになり、全国規模に発展していったといえよう。基金は訪問教師発展に多大な貢献をしたのである。

2）訪問教師の地位

この時期の訪問教師は、学校長の会議に参加するように促されることが多くなった。農村郡の相談所では、教育長の補佐役をするように促される者もいた。この当時、学校内での訪問教師は、通常、心理士や職業カウンセラーのような専門家と同等の地位にあり、教育に関係する集団およびソーシャルワークに関係する集団にも深く関与するように仕向けられ、両者の会議や学会にも参加するように促された。訪問教師は、多様な知識をもつ専門家になることが求められたのである。

そのようなことから、全米訪問教師委員会は、訪問教師の地位と給料を定めるようになった。委員会は、訪問教師が高等学校教諭がもらう給料と同程度のものをもらうことが望ましいと考えた。このように1920年代の訪問教師は、その地位向上にも努めようとした時期であるということができる。

3）支援の方法

カルバートは、1920年代の訪問教師というのは、子どもおよびその家族と学校・地域の諸資源との調整役、学校と地域の諸資源との連携役を担う専門家、代弁役を担う専門家であると述べ具体的に次のように定義づけている。

① 学校に子どものことを説明すること。
　　すなわち、子どもが関心をもっていること、学校外での行動、彼の特別な能力、彼の精神的・身体的な障害、そして彼の好ましくない家

庭状況を学校側に説明することである。
② 家庭に学校のことを説明すること。
　すなわち、学校が提供する機会、学校が求めること、学校が強く要求していると思われるもの、学校側が子どもの発育に関心をもっているということ、学校が教師と親のチームワークが必要であると考えていることを家族に説明することである。
③ 子どもと社会機関とを結び付けること。
　すなわち、子どもと子ども指導相談所、子どもと家族機関、子どもと奨学資金源、子どもと子ども保護事務所を結び付けることである。
④ 子どもとレクリエーション資源とを結び付けること。
　すなわち、子どもと運動場、子どもとスカウト隊、子どもと休日の遠足およびキャンプ、そして子どもとクラブとを結び付けることである。
⑤ よりよい理解を引き出すこと。
　すなわち、親が学校と子どもを理解するように、教師が子どもの問題と親の態度を理解するように、そして子どもが自身の困難を理解するように仕向けることである[25]。

　上述より、訪問教師は、学校と家庭が子どものことを知るように、家庭が学校と子どもを知るように、また子どもが自分の抱えている問題を理解するように支援することがその役割であることがわかる。子どもたちに問題が生じた場合、社会資源と彼らを結び付けるようにする。すなわち、子どもの教育受給が安定したものとなるために、個人と資源の調整、資源の連携によってその解決を図るということである。また、上述④の記述から、この時期のグループワークはソーシャルワーク専門職の一部であると考えられていなかったが、訪問教師はグループワークにも目を向けるようになったことがわかる。

第4章　全国的規模への拡大

　さらに、カルバートはこの当時の訪問教師が行う取り組みを次のように述べている。

① 　通常はケースワークを行うが、場合によってはグループワークを行うこともある。
② 　創造性を吐き出したい、建設的な余暇活動をしたいと願う子どもたちのためにクラブを組織し、多くの相談所においてそれぞれの子どもの問題を憂慮するために開かれる教師会議に出席する。
③ 　プログラム委員会にかかわったり、親と教師の勉強会を指導したりして、学校におけるＰＴＡに積極的に関与する[26]。

　ここから訪問教師は、個人だけでなく集団に焦点をあてて支援をしていることがわかる。彼らは、集団活動による効果を十分理解していたといえよう。

（3）　訪問教師活動の独自性

　この時期の訪問教師に関する研究では、専門職の必要性、すなわちこの機能の独自性が検討されるようになった。訪問教師は、他専門分野の機能と自らの機能を比較することにより、自らの必要性を強調した。

　その当時、出席関連の仕事をしていた訪問教師と似通った専門職に就学奨励指導員という専門職があった。両者の役割を区別することについては、各州においてかなりの困難をきたしている。取り締まり機能を有する就学奨励指導員は、すべての時間を子どもの学校および地域生活に関連する問題に時間を費やすことのできる訪問教師に取って代わられるべきだと考えられることが多くなってきた。

　就学奨励指導員も訪問教師も問題を抱えている子どもを処遇するという点では共通している。訪問教師と就学奨励指導員とはいかなる違いがある

のかを改めて考え、区別することは非常に困難である。両者の区別は地区によってあいまいである。

竹内は学校不適応児童生徒を処遇する専門家について次のように述べている。

「学校で問題を起こす児童や学生に対するサーヴィスは、決して学校社会事業（スクールソーシャルワーク）に限られてはいない。学校社会事業の起源も実は、無届け欠席学童の『出席奨励事業　attendance work』に発している。そして長い間『訪問教師』は、衣食や、学用品の問題から、欠席を続けている者に対する経済的補助、また不健康や病気の問題がある者に対する医療的サーヴィスなどをなし来った。学校での問題を生ずるものの種別が多種多様になるのに応じて、学校に於ける社会奉仕事業も、またその種類や量が増加したのである[27]。」

以上のように、竹内も訪問教師と就学奨励指導員の仕事は、非常に類似していると考えている。両者の区別が困難ななかでオッペンハイマーは、当時の訪問教師と就学奨励指導員の役割の違いを明確にしようと試みている。詳細は 1) 2) 3) 4) の通りである[28]。

1)　ボストンとニューヨーク市について

この2都市では、訪問教師と就学奨励指導員が行う子どもの出席に関係する仕事が重複することのないように、その役割を明確に区別することに努められた。就学奨励指導員は、警察権能に属する矯正機能を有するために、学校へ行かないまたは行くことができない子どもの行為のみに目を向けて登校を促し、従わない場合に親を起訴することを仕事とした。

一方、訪問教師は、この当時子どもの出席関係の仕事をすることが多かったが、実際には彼らは子どもの問題の原因を探り、解決を図ることを

仕事とした。ニューヨーク市では、教育委員会に雇われている訪問教師は、就学奨励指導員の機能を侵害しないような方針を定められ、それを厳守するように促された。

　しかし、訪問教師が実際にそれを守ることには困難をきたした。彼らは、学校側の要求により、多くの遅刻と不規則な出席のケースを取り上げて処遇することを強いられた。学校自体が、出席に関係するケースを訪問教師が取りあげて関与するように望んだのである。ボストンとニューヨーク市では、両者の区別が試みられたが、学校側が訪問教師に対し、出席関係のケースにかかわることを強く求めたため、実際には訪問教師と就学奨励指導員の両者を区別することは困難であったということができる。

2）カンザスシティとシカゴについて

　これらの都市では、訪問教師と就学奨励指導員は、それぞれに別個の部門となっているが、密接に協力して働かなければならないことが義務づけられた。両都市の訪問教師は、子どもの遅刻と断続的な出席の問題に関与するが、起訴しなければならないほど深刻な場合は、就学奨励指導員に差し向けることが求められた。就学奨励指導員は、家庭の協力があれば改善に向かうと考えられる場合に、ケースに訪問教師を差し向けることが求められた。マントヴァーノン、ニューロッシェル、モントクレア、ユーティカ、ホワイトプレーンズ、ウスター、ジャクソンヴィル（イリノイ州）、メーソンシティ（アイオワ州）、デモイン、オクラホマシティでも、カンザスシティとシカゴ同様に訪問教師が就学奨励指導の多くを取り扱うことを求められた。多くの都市が、カンザスシティとシカゴの方式と同種の方法を取り入れて訪問教師と就学奨励指導員を区別しようと考えたのである。

3）ミネアポリスとロチェスターについて

　この両都市においては、就学奨励指導員と訪問教師が仕事をするなかで、役割を区別しようと試みている。ミネアポリスにおける計画では、13人の訪問教師と5人の就学奨励指導員が、就学奨励指導および調査部門という部所に配置された。そのうちの1人の家庭訪問員（訪問教師）は8つの高等学校を担当した。そして5人の訪問教師は、13の小学校を担当した。そのなかの1人は、指導主事代行に任命され、中央事務所に配置された。訪問教師は、各学校で専門的な仕事をしようと努めたのである。家庭訪問員（高等学校における訪問教師）と小学校における訪問教師は、校舎内で出席指導に関係する仕事のほとんどに関心をもっていた。訪問教師は、裁判所に訴訟をすることが必要と考えられるような深刻な問題が見受けられる場合には、就学奨励指導員に差し向けて両者の区別をしようと努めた。就学奨励指導員は地区当局に所属していた。

　ロチェスター方式は、ミネアポリス方式とは異なり、就学奨励指導員と訪問教師が別個の部門に配置された。ロチェスター方式では、大半の就学奨励関連事業を訪問教師部門に移行させること、学童数の増加に伴い、訪問教師の数を増やすこと、そして就学奨励に関係する警察の仕事をする就学奨励指導員を最小限度にとどめることを考えて配置された。ロチェスターにおいては、4人の就学奨励指導員と13人の訪問教師が雇われた。訪問教師は義務教育法違反の場合に、裁判所の訴訟をもたらす就学奨励指導員にそのケースを学校の代理として引き渡した。

　一方で、問題が深刻化していない、解決する余地のあるずる休みのケースは、訪問教師が取り扱うようにし、裁判所に訴えずに処遇した。ロチェスターにおける訪問教師は、裁判所に訴訟を提起しないという方針を固めて、訴訟が必要な場合は、就学奨励指導員または児童虐待防止協会のどちらかに差し向けた。もし訪問教師が学校に存在しない場合は、就学奨励指

導員が就学奨励関連ケースのすべてを取り扱っていた。両都市とも、法の権限を行使しなければならない深刻なケースを就学奨励指導員が扱うように仕向けているといえる。

4） 就学奨励指導員と訪問教師との違い

　上述のことから、就学奨励指導員と訪問教師を区別するとすれば、前者は、学校に行かないまたは行くことができない子どもたちを逮捕して起訴するという役割、すなわち矯正の役割を担っている。一方、後者は、非行に走る可能性のある子ども、または不登校およびずる休みをする可能性のある子ども、問題をもつすべての子どもを、早期に発見して個別に彼らの学習権を保障する役割、すなわち予防も含めて支援する役割を担っているということができる。

　リッチモンドは、『ソーシャルケースワークとは何か』（1922年）のなかで当時の訪問教師活動について次のように述べている。

「訪問教師活動は、もちろん学校における健康診断と知能検査、職業指導、その他多面にわたる個別化への取り組みに密接に関係しているが、しかし何にもまして、いまだ十分に使われていない道に通じるような学校と家庭を結ぶ戦略地点を占めている。……訪問教師は、ソーシャルワーカーであるが、できれば教室での教育経験を若干でももった者がよい。訪問教師は、学業不振、不健康、不品行、遅刻、無断欠席あるいは不幸な家庭状態などのために学校から報告を受けた一定の数の生徒に対して、困難の原因となる要因を発見し、よりよい調整を図るよう試みようとする。訪問教師が最も頻繁に用いる方策には、個人としての影響力を駆使すること、両親の協力を勝ち取ること、多様な社会機関の助力を求めること、レクリエーションの便宜を利用すること、子どもの環境を変更することなどがあるのを知って、驚くにはあたらない。これらがすべてソーシャル・ケース・ワー

カーによって最も頻繁に用いられている方策であることを、われわれは繰り返しみてきている[29]。」

　リッチモンドは、訪問教師が、①学校・地域の諸資源を連携する役割、②子どもおよびその家族と学校・地域の諸資源とを調整し、子ども個人の内面の発達を図る役割、③グループワークをする役割、を担うと述べている。訪問教師は、学校・家庭・地域が連携することにより子どもの問題を解決に導こうとしていたということである。
　オッペンハイマーは、訪問教師と就学奨励指導員の両方が存在する学校におけるアンケートを持ち出し、両者の関係を指摘している。訪問教師が行わなければならないことは次の通りである。

① 訪問教師が就学奨励指導員管轄のもとにあると判断するようなケースを就学奨励指導員に差し向けること。
② 就学奨励指導員によって社会機関の助けが必要であるとして訪問教師に差し向けられた家庭を調査すること。
③ 就学奨励指導員と長引いた両者にかかわっているケースについて協議すること。
④ 遅刻と断続的な出席の原因を調査すること。
⑤ 国勢調査局において登録されていないと考えられる家族の名前を報告すること[30]。

　ここから、訪問教師というのは、就学奨励指導員と密に協力しなければならないということがわかる。
　また、オッペンハイマーは、訪問教師が就学奨励指導員に代わって、それぞれの学校において就学奨励関連事業をしなければならない理由を次のように指摘している。

① 不登校の背後にある根本的な困難は、その問題に応じるように訓練された訪問教師が取り扱うべきであると考えられるため。
② 就学奨励関連の問題は、訪問教師が取り扱う機能の範囲内にある不適応に通常含まれると考えられるため。
③ 訪問教師の仕事のやり方は、学校精神に調和するものであると考えられるため。
④ 学校のなかには2つの職能のワーカーに資金を払う学校がほとんどないだろうと考えられるため。
⑤ 仕事をはっきりと区別しないと親の心には仕事の重複と混乱が生じるだろうと考えられるため。
⑥ ロチェスター、ミネアポリスをはじめとする多くの地域が、就学奨励関係の仕事を訪問教師、就学奨励指導員と再分配することにおいて、訪問教師の方が多くのことを分配しているだろうと考えられるため（訪問教師が、就学奨励関連の仕事をも引き受けるための試みがなされる前に、立証された結果より）[31]。

出席とずる休みに関係する研究では、問題を予防し、早期発見をする訪問教師サービスが必要であることを強調していた。義務教育法を実施するのに使われる警察権力に重点がおかれている就学奨励指導員を非難していた者もあるし、就学奨励指導員の必要性を強調している者もあった。学校開校時に休んでいる子どもをさがし出し、取り締まることが最も重要であると考える州においては、就学奨励指導員に備えた州法が存在し、そこでは就学奨励指導員の仕事のやり方、すなわち取り締まり（違反者を裁判にかける）を重視していた。ニューヨーク市の調査ではなるべく就学奨励指導員に頼らないようにしていたことが次のように見受けられる。

「目下のところ、組織され、行われている義務出席サービスは、登校の義

務づけに関する警察機能の遂行に、その機能を大いに限定している。その調査はずる休み、不規則な出席を直接的に説明し、阻止することのほうが、深い原因を発見したり処遇したりすることよりも主として優先的である。……訪問教師によって調査されたおよそ1,000ケースのうちの15%のみが就学奨励指導員に差し向けられると考えられるものであった。大多数の子どもの問題に関係する訴えは、初期のずる休みであった。そえゆえに、訪問教師は不規則な出席と学校における不適応の根底にある家庭と学校の両方の問題を発見し防止する努力をし、それによってずる休みをその根底で阻止した[32]。」

これは、子どもたちの問題の多くが、環境に関連するものであるため、環境調整を行わなければ彼らの問題を解決することは不可能であることを示唆している。

フィラデルフィア義務教育局長であるギデオン（Gideon,H.J.）は、訪問教師と就学奨励指導員は別の専門職であるべきだと述べている。

「就学奨励指導員とスクールカウンセラー（訪問教師）は同じ仕事をすべきではない。地区には、法律を施行する就学奨励指導員の小集団を通常は、いつも備えなければならないだろう。各学校は、親と教師の両方によって認められる学校の一部であるスクールカウンセラーを雇うべきである。就学奨励指導員は、しばしば権力に訴えることを強いられるので、本当の意味のスクールカウンセラーとなることはできない。その2種類の仕事が完全に別個のものに分けられることができればそれらはより良いものになるだろう[33]。」

このギデオンは、訪問教師機能の重要性を十分に認識していたということができよう。これは、ギデオンが「教育長は、訪問教師が単なる就学奨

励指導員とならないようにその仕事を保護すること、就学奨励指導員が行う事務的または日常の仕事を課すことによって訪問教師本来の仕事ができないようにされてしまうことは得策ではないこと、不登校をずる休みの矯正というよりもむしろその予防という視点をもって子どもにかかわることに訪問教師の存在意義があること」を指摘していることからもわかる[34]。

　また、全米訪問教師委員会のメンバーの1人も、訪問教師がいずれの就学奨励関連事業に対しても責任を負うことのないように求めてきた。このメンバーは、子どもたちにとって登校することが重要であることを認識していなかったわけではないし、不規則な出席を、軽視していたわけでもなかった。この当時、訪問教師サービスの必要性は、明確にされていたわけではなかったため、毎日の出席が重要であると考えている担任教師にその価値を認めるように仕向けていくことは困難を極めた。このことから、同メンバーは、訪問教師活動が学校制度下の、すなわち教育委員会が雇っている訪問教師にしか提供できない特定サービスであることを明らかにし、定義することが必要であると考えるようになった。仮に、出席を重視する学校で訪問教師が就学奨励に関連する問題にかかわっているとする。そうするなかで、もし子どもの月間出席日数が足りない場合、彼女に非難を集中させることになる。このような非難は、訪問教師の存在意義を左右する極めて深刻な事態をもたらしかねない。訪問教師は、それよりももっと他のことに目を向けることの方が得策である。そのために、メンバーは、上述のように考えたということができる。

　そのメンバーは、また、訪問教師が学校に不満を抱いているためにずる休みをする子どもたちよりもむしろ開校時には休まず出席する、そして問題を起こさずおとなしい、先生のお気に入りとなっている白昼夢をみる子ども、運動場からとりとめもなく教室に入り、読書するように指示されればその与えられた本を読むような、他の子どもとの調和を好まない、非社会的な子どもの方に目を向けることが必要であるとも考えていた。たとえ

ば、子どもが家庭の理由で家にとどめられることから起こる不規則な出席よりも、上述のような問題の方が、危険な兆候であるということである。そしてこのような問題を抱える子どもたちのために、多くの訪問教師はケースワークをいかにして適用するのかを明確にすることに関心をもった。彼らは、必要に応じてカウンセリングの技法を用いて子どもたちにかかわっていった。そして、この考え方はさらに広がっていった[35]。出席を重視する学校教師がこれらを重要な問題であると認識するかどうかは不明である。訪問教師が就学奨励関連の事業のほとんどを担うことは、学校に通う問題をもった子どもに目を向けることを少なくさせたために、メンバーはそうすることを批判したのである。言い換えれば、日々の仕事に追われて、本来の仕事ができないということである。

　たとえばシカゴでは、①子どもを学校に戻すことを職務とする就学奨励指導員の導入、②反抗的な親の起訴およびずる休みをする扱いにくい少年たちの問題児矯正学校（the Parental School）への送致が法で規定されていた。

　アボットとブレッキンリッジは、同都市で、学校へ行かないまたは行くことができない子どもの問題に関する調査を行った。彼らは、①の規定に関する調査から次のような意見を述べている。

「ニューヨークは、1913年に100人のみの指導員（すなわち7,000人の子どもごとに1人の指導員）を配置しただけであったので、人員が非常に不足していると感じられた。シカゴ当局は、53人のみの指導員（すなわち8,419人ごとに1人の指導員）を雇っていただけであるが、公私立学校でずる休みの子どもの割合が在籍する生徒の1%に満たないため、その仕事は適切になされたという感じを受けた[36]。」

　彼らは、この地区で雇われていた就学奨励指導員の数が非常に少ないが、

ずる休みを起こす子どもがほとんどいないため、この人数で十分に仕事をこなすことができたと述べている。確かに、子どもの就学問題のみに目を向けて処遇するにはこの人数で事足りるだろう。子どもは就学問題だけでなくその他にも多くの問題を抱えていることが多い。同指導員の職務だけでは、子どもの真の問題を解決していくことは不可能である。学校へ行かないという行為のみに目を向けて関与するだけでは、子どもは再び問題を起こす可能性がある。子どもの問題行動の原因を明らかにし、それらを解決されることがないかぎり、この就学奨励指導員の仕事は意味をなさない。

彼らはまた、②の規定に関する調査から次のように述べている。

「昨日、子どもを学校から遠ざけた影響力に対処することなく、今日その子どもを学校に戻すことは、子どもが明日または後日、再び休むであろうことを意味し、その時に彼が学校部局の指導員によって発見されるかどうかはわからない。親を起訴することは、子どもの出席において一時の改善をもたらす可能性はあるが、一方でもし親が子どもの学校教育に関して起訴されるぐらいに無知であるとしたら、親は子どもに対して負う義務を理解し、遂行するために別な種類の支援をすることをおそらく必要とするだろう。さらに家庭環境において、子どもの態度や通学に改善の見込みがないという理由で問題児矯正学校に子どもを移送すること、また、それから数か月して彼がやる気をなくしてきたその環境に彼を戻すことは多大な浪費であるということがあらわされてきた。それは悪循環のよくある話である[37]。」

彼らは子どもの問題行動の背景を知り、それらを改善する必要があると述べている。つまり、ずる休みをする子どもを学校に連れ戻すこと、そして従わない場合に罰を科することは無意味であると考えている。就学奨励指導員の仕事だけでは、問題を根本的に解決することができないというこ

とである。

　これは、訪問教師の仕事が重視される必要があることを裏づける。訪問教師は、学校におけるソーシャルワーカーと呼ばれ、効果的に支援をするために、個々のケースを理解し、専門的に処遇することを意味するケースワークによる支援を行い、場合によって地域資源を提供していき、子どもの問題解決を図っていったのである。訪問教師サービスは、就学奨励指導員ができない職務を担っているということができよう。地域に働きかけるコミュニティワークも行っている。

　訪問教師の仕事は、最初は子どものずる休みや不登校を改善するためにはじめられ、後には問題をもつすべての子どもにかかわることが期待された。しかし、訪問教師は主として子どもの出席問題にかかわることが多く、就学奨励指導員と重複する仕事をしていた。訪問教師と就学奨励指導員の役割の区別は地区によってあいまいであり統一がとれていなかった。

　また、当時訪問教師と呼ばれた学校ソーシャルワーカーとスクールカウンセラーの区別[38]についても曖昧であった。どちらかというと、ソーシャルワークを行うなかで、必要に迫られたときにカウンセリングの技法を駆使しているといえる。

　上述のことから、訪問教師とは予防する機能をもって子どもが抱える不適応の原因を明確にしかかわっていく専門家であり、就学奨励指導員とは矯正する機能をもって義務教育法違反という行為に目を向け、取り締まる警察権能に属する専門家であることがわかる。

　両者はともに学校ソーシャルワーカーであると考えている研究者もいるが、その役割は地区によりさまざまであった。また、この役割を厳格に区別しようと試みている都市もあった。これらのことをふまえて訪問教師と就学奨励指導員の違いを検討すると表4－3－1のようにあらわすことができる。

　このようななかで、訪問教師は就学奨励指導員の他にも教師、養護教

論[39]、職業カウンセラー、教務主任などとも絶えず協力して子どもの問題にかかわっていったのである。

表4−3−1　訪問教師と就学奨励指導員の違い

訪問教師		就学奨励指導員
	予防 ——————————— 矯正	
	社会的背景重視 ——————— 不適応行動重視	

筆者作成

小結

　第1次世界大戦の影響により精神衛生運動が発展し、訪問教師分野もその影響を多大に受けた。精神衛生運動に関心をもつコモンウェルス基金が訪問教師分野に対して財政支援を行った3年の間、訪問教師は主に臨床的ケースワークを用いて援助を行った。これにより、訪問教師活動が人々に知られるようになり、全国的規模に発展していったのである。その基金の支援が終わった後も訪問教師活動を続ける地区が数多くあった。デモンストレーションにより、訪問教師の効果が認められたのである。

　また、訪問教師の役割において、理論上は臨床的なケースワークが重視されたが、その基金が行う支援終了後にオッペンハイマーが行った1925年の調査では、訪問教師は主として子どもおよびその家族と学校・地域の諸資源との調整役、学校と地域の諸資源との連携係であるという結果が出されている。3か年にわたるデモンストレーションの終了後、訪問教師は、子どもを取り巻く環境というものを重視したということができる。訪問教師は、環境要因に伴い心理的な問題が出てくるということを認識したのである。

　そして、訪問教師と就学奨励指導員について検討すると、不就学児童生徒に対して援助をするために各地で就学奨励指導員が導入されたが、取り締まり機能を有するため、問題の根本的な解決をするには限界があったことがわかった。すなわち、彼らは学校におけるソーシャルワーカーとなることはできないということである。

　このようなことから、この時期は訪問教師サービスの重要性がさらに明確にされた時期であるということができる。

注記

1) 精神衛生運動については、江畑敬介「精神保健についての基本知識」精神保健福祉士養成セミナー編『精神保健』へるす出版　2000年　6頁　及び森田啓吾「児童精神保健とは何か」島田照三　森田啓吾　横山桂子編『児童精神保健』ミネルヴァ書房　1991年　4頁；Oppenheimer,J.J.(1925), *Visiting Teacher Movement, with Special Reference to Administrative Relationships*, 2nded., Joint Committee on Methods of Preventing Delinquency, p.31 参照。
2) Pratt,G.K.(1929-1930),"Mental Hygiene", *Social Work Year Book*,1, Russell Sage Foundation, pp.267 － 268.
3) Costin,L.B.(1970), "School Social Work", *Encyclopedia of Social Work*,16, National Association of Social Workers, p.1149 参照。
4) Ibid., p.1149.
5) Allen-Meares,P., Washington,R.O. & Welsh,B.L.(1986), *Social Work Services in Schools*, Prentice Hall Inc, p.20.
6) Taft,J.(1923), *The Relation of the School of Mental Health of the Average Child,Proceedings of the National Conference of Social Work*, University of Chicago Press, p.398, cit., Ibid., p.20; Lela B. Costin(1969), op.cit., pp.444 － 445.
7) コモンウェルス基金とは

　　私設財団（A Private Foundation）であり、非行に走っている子ども、学校・家庭または近隣環境においてうまくやっていくことができない子ども、扱いにくい子ども、不適応を起こす子ども、初めて少年裁判所へいく前にくる子ども（彼にとって最も主要な唯一の要求は、自身が正確に、そして適切に理解されるということである）のための基金として出現してきた。それは、彼の問題、困難、動機づけは、正しく理解される、言い換えれば、何が彼にとって最も望ましいことであるかを決定することは詳細な知識にもとづくことをあらわしてきた。（Annual Report, 1922, Commonwealth Fund, January, 1923., p.10, cit., Oppenheimer,J.J.(1925), op.cit., p.10.）
8) Annual Report, 1922, Commonwealth Fund, January, 1923., cit., Ibid., pp.9 － 10.
9) Ibid., p.10 参照。
10) Costin,L.B.(1969), "A Historical Review of School Social Work", *Social*

Casework, 50, Family Service Association of America, p.443.
11) Oppenheimer,J.(1925), op.cit., p.11.
12) Culbert,J.F.(1929-1930), "Visiting Teachers", *Social York Year Book*,1, Russell Sage Foundation, pp.467 － 468 参照。
13) Oppenheimer,J.(1925), op.cit., p.12.
14) Leonard,S.(1945), "Social and Health Work in the Schools", *Social Work Year Book*,8, Russell Sage Foundation, pp.428 － 429.
15) Culbert,J.F.(1929-1930), op.cit., p.468 参照。
16) 全米ソーシャルワーカー協会／竹内一夫　清水隆則　小田兼三訳『ソーシャル・ケースワーク　ジェネリックとスペシフィック－ミルフォード会議報告－』相川書房　1997 年　5 － 6 頁。
17) 同上、54 － 55 頁。
18) Culbert,J.F.(1929-1930), op.cit., pp.468 － 469.
19) Oppenheimer,J.(1925), op.cit., pp.121 － 126.
20) Costin,L.B.(1969), op.cit., p.444.
21) Allen-Meares,P., Washington,R.O. & Welsh,B.L.(1986), op.cit., p.19 参照。
22) 丹野真紀子『ケースワークと介護』一橋出版　1998 年　22 頁。
23) 岡本民夫『ケースワーク研究』ミネルヴァ書房　1985 年　35 頁参照。
24) Culbert,J.F.(1929-1930), op.cit., pp.466 － 467.
25) Culbert,J.F.(1933), "Visiting Teachers", *Social Work Year Book*,2, Russel Sage Foundation, p.535.
26) Ibid., p.535.
27) 竹内愛二『科学的社会事業入門』黎明書房　1955 年　126 － 127 頁。
28) Oppenheimer,J.(1925), op.cit., pp.75 － 83 参照。
29) リッチモンド, M. E. ／小松源助訳『ソーシャルケースワークとは何か』中央法規　1991 年　123 － 124 頁。
30) Oppenheimer,J.J.(1925), op.cit., p.77.
31) Ibid., p.82.
32) Commission on School Inquiry, Board of Estimate and Appointment, City of New York Interim Report, pp.47 － 48, cit., Ibid., p.78.
33) White-Williams Foundation(1923), Report of Joint Conference of Board of Superintendents and Committee on Counseling and Training, cit., Ibid., p.80.

34) The Child Welfare Bureau of Lincoln, Nebr., in which the Psychologist, Vocational Counselor, Attendance Officer and Visiting Teacher Cooperate, in Worthy of Consideration, cit., Ibid., pp.81 – 82 参照。
35) Ibid., pp.81 – 83 参照。
36) Abbott,E. and Breckinridge,S.(1917), *Truancy and Non-Attendance in the Chicago Schools: A Study of the Social Aspects of Compulsory Education and Child Labor Legislation of Illinois*, University of Chicago Press, p.226.
37) Ibid., pp.226 – 227.
38) 現在のアメリカにおける学校カウンセリングについて
　アメリカ学校制度におけるカウンセラーは、教育関係の専門家として位置づけられている。我が国では、生徒指導も教科教員が担うことが一般的であるが、アメリカでは、教科教員と生徒指導教員が分業化されている。スクールカウンセラーは、生徒指導教員として位置づけられている。我が国で、ホームルームにあたるような時間に、学習と生活に関するガイダンスをすることが主な職務である。(友久久雄編『学校カウンセリング入門』ミネルヴァ書房2000年　129 – 130 頁参照。)
39) 訪問教師と養護教諭の関係
　健康に関する問題がある子どもたちは、訪問教師よりも養護教諭に差し向けられることが多いが、訪問教師が行動上の問題を研究する際に、ある種の健康状況が一助となる要因であるということをしばしば理解し、またそうではないかと考えたりすることもある。そこで訪問教師は、ケースにおけるこの面を、子どもが適切な医療行為を得るように取り計らう養護教諭がするように仕向けるのである。特別な理由で、訪問教師は健康状況に対する責任を負うこともある。同様に養護教諭がケースワークを必要とする問題に直面するときには、養護教諭が訪問教師にそのケースを差し向ける。(Culbert,J.F.(1933), op.cit., p.535.)

第5章
目標の変換

1920年代の社会は、比較的安定していたため訪問教師分野は発展した。しかし、1929年の恐慌により状況が一変した。本章では、恐慌時、ニューディール政策時の訪問教師の役割を検討する。

第1節　発展の停滞

（1）　1929年の世界大恐慌

第1次世界大戦後、戦後恐慌があったが、科学技術が進歩したことにより、再び経済は持ち直し、1922年には景気が戻った。電力の需要が広がり、自動車産業も拡張した。これはフォード（Ford,H.）が導入した規格化と合理化によるものであった。それから分割払い方式が広まることによって景気は上向いた。また、ラジオ情報を聞くことができるようになり、そこでは株情報も放送された。そのため、ラジオの利用者が増え、株は1928年と1929年の間にかなり上昇した。その他にも冷蔵庫産業が大拡張した。この好景気は、1926年には変化の兆しが見え隠れしていた。1927年に過度の過剰投機への転機が訪れた。それに伴って連邦準備局が信用拡張を行った。同局は、ニューヨーク連邦準備銀行の再割引率を4%から3.5%に引き下げ、それと同時に公開市場での政府発行有価証券の買い入れを指図した。1927年にこのような取り組みがなされたため、1926年の不況は一応抑えることができた。

第5章　目標の変換

　1927年に信用が拡張されることにより、株式市場が上向きになると期待されたとき、多くの人々が有価証券を買い求めるようになった。投資信託がこの時期に出現し、増えていった。その間、連邦準備局は加盟銀行に対して「連邦準備信用設備を直接にも間接にも、投機信用の成長を助長するように利用するのを差し控えよ」という指令（1929年2月7日の連邦準備局通報[1]）を出した。

　株式投機ブームは1927年以降に加熱し、株式市場を自動調整する機能を狂わせて、株価を沸騰させることになった。そして同年にハリケーンによるフロリダの地価暴落、そして1928年に消費支出が低下しはじめたことによる製造業者の在庫増加が起こった。工業生産力が消費者の購買力をはるかに上回ったのである。同年に、ハーバート・フーヴァー大統領が「貧困に対する最終的勝利は間近い」と宣言し、翌1929年3月の大統領の就任式においてもアメリカは急速に貧困に対する対策がなされ、解決しつつあると述べている[2]。紀平が引用するラスコフ, J. J. もまた「ひと月に15ドルを貯蓄して健全な普通株に投資すれば、20年後には80万ドルの価値にもなる」というような楽観的な見方をしている[3]。

　しかし、1929年10月24日木曜日にウォール街で恐慌が起こることになった。いわゆる"暗黒の木曜日"と呼ばれる日がやってきたのである。ニューヨーク株式取引所の株価が大崩落したことにより、1920年代の好景気は終わった。その状況は1930年代に持ち越されることになった。1929年の1年間に695の銀行が倒産し、また、1930年には1,352行が、1931年には2,294行が倒産した。この時期は紀平も指摘するように「大恐慌の中でも最も激しい動揺と下降がみられた時期であった」のである[4]。それに伴って、工場の閉鎖が相次ぎ、失業者があふれることになった。恐慌前の失業者の見積もりは50万人くらいであったが、1929年末には400万人になり、1933年の春には1,500万人に達していた[5]。この恐慌により、人々の生活は困難を極めることになった。当時の状況についてボイヤー（Boyer, R.O.）、

155

モレー（Morais,H.M.）は以下のように述べている。

「全国民の3分の1を占める4,000万人の男や女や子どもが、工業その他から正常な所得をちっとも得ないで暮らしていたが、彼らの一人ひとりが、それぞれの背後に苦痛と絶望の物語をもっていた。だが、たぶん一番苦しんだのは子どもたちだったろう。労働省の児童局によれば、1932年の8月には20万人にのぼる子どもが食べ物を求めて国中至るところをさまよっていた。フーヴァー大統領自身が、『この国には少なくとも1,000万人の十分に発育していない子どもがいる』と述べた。1932年には、市立病院のスポークスマンは、『今週われわれは、明らかに飢餓状態にあると診断されうる4人の子どもを収容した。ゴミ捨て場の空き缶をなめていたところを発見された1人の子どもは、当病院に収容した後に死んだ』と書いた[6]。」

ここからもわかるように、子どもの保護に対する取り組みは、深刻化した子どもの問題に適切な処置をとることができなかったのである。

このような混乱のなかで1930年に第3回ホワイトハウス会議が開催され、そこで1924年のジュネーブ宣言の影響を受けたアメリカ児童憲章が制定された。フーヴァー大統領は、この会議で「すべての子どものために、個々の能力を見い出して発展させることを通じて、その子どもの一生涯に備える教育をすること、そして教育と就職ガイダンスを通じて、子どもに最大限の満足感をもたらす生計に備えての教育をすること、すべての子どものために、満足のいく親子関係、家庭管理、市民権に備えるような授業と学習をすること」を誓った[7]。彼は、この時期、恐慌が起こっていたが子どもの教育は徹底しなければならないと述べた。すなわち、子どもの権利が尊重されるために生活環境を整えなければならないということである。フーヴァーは、それにうまく対処できなかった。

スキドモア（Skidmore,R.A.）、サッカレー（Thackeray,M.T.）はこのこと

について次のように述べている。

「すべての人々が保護するすべての子どもたちへの教育は、一般的に受け入れられた目的であり、1930年以前、そしてそれ以降のホワイトハウス会議によって繰り返され、そして立派な政治家、普通の政治家、議員、学校管理者、ごく普通の一般のアメリカ人によって発せられる。……すべての子どもが、学校の設備と通常の資源およびその標準的なカリキュラムを利用できるとは限らない。障害をもった子どものために、しばしば特別な準備が求められる。訪問教師は、教育の恩恵を、家に引き込もった子どもにもたらすと同時に特別な教師および職員は、目のみえない、耳の聴こえない、知的障害の子どもに対して働きかけるために必要とされる。とりわけ、アメリカの夢を実現するために、教師、物理療法士、整形外科医、障害をもった子どもにかかわる専門家、ソーシャルワーカー、親および地域が、子どもたちが、教育能力を実際にもつということ、アメリカにおける教育の機会が、すべての子どもの生活において実現されるということを信じ、認識することは重要である。学校のなかには、その必要性を理解し、すべての子どもに備えようとするところもある。これらの学校および学校制度は、職員のためにさまざまな専門家を雇ってきた。この中心的な熟練者の一部となる専門家のなかに、学校ソーシャルワーカー（訪問教師）がある[8]。」

彼らは、子どもに対する教育を徹底させるために生活面に視点をあてた支援を行うことが訪問教師に求められたと述べている。

（2） ニューディール政策

1） 初期のニューディール政策

　1928年に大統領に就任したフーヴァーは、この翌年の1929年に起こった大恐慌に対して適切な対処ができなかった。そのため、彼が大統領でいる間、この状況は悪化した。1932年に大統領に就任したフランクリン・D・ルウズベルトは、この深刻な不況を改善するために努めた。それにより、連邦政府は貧困家庭に支援を提供するようになった。ルウズベルトは、大恐慌が生み出した諸問題に対処するためのプログラム、すなわち救済（Relief）、回復（Recovery）、改革（Reform）という3つの目的をもったニューディール政策を打ち出したのである[9]。

　恐慌の影響により、失業者数の見積もりは1,500万人にのぼっていた（アメリカの失業調査は1937年にはじまった）。多くの銀行が倒産したことにより、金融危機は頂点に達した。同大統領は、1933年3月9日に国会を召集し、6月16日まで開会して（後に百日議会（the Hundred Days）と呼ばれる[10]）この状態に対処しようと努めた。国会は、この百日議会で、農業救済のための農業調整と農事信用法、失業者救済のための民間自然保全部隊植林救済法、連邦緊急救済法およびテネシー川流域開発公社法、産業復興のための全国産業復興法、通貨と金融改革のための緊急銀行救済法、連邦保障法および銀行法（1933年のグラス・スティーガル法）を制定した[11]。

　このニューディール政策のなかで最も大きな影響を及ぼしたのは、福祉に関する法律であった。政府は1933年から1935年にかけて制定された法律に基づいて、貧困で苦しんでいる家族を支援していった。この福祉に関する法律は、収入が少ない貧困階層を救済しようということに配慮が払われていた[12]。このことから、アメリカは福祉国家となっていった。それ以後、孤児に対しての援助や食糧の切符を与えるというような福祉に関する

法律が制定された。子どもたちの教育に目を向けるなら、まず、生活の安定を図る取り組みから行う必要があると国家が認識した結果といえる。

2）第2次ニューディール政策

　初期のニューディール政策（1933～1935年）は、大恐慌の影響を受けた社会状況を改善するために計画されたもの、すなわち大不況を克服するために計画されたものであった。第2次ニューディール政策（1935～1939年）は長期社会改革を目標としたものであった。第2次政策では1935年にはじめて失業対策、老齢および遺族年金、連邦法規によるさまざまな社会保障（Social Security）を取り入れた社会保障法（Social Security Act）が制定された。労働者が自分で選んだ組合を通じて団体交渉をする権利が保障される全国労働関係法（National Labor Relations Act）が制定された。1938年には労働時間を週40時間に定め、最低賃金を規定し、工場での児童労働を禁止する公正労働基準法（Fair Labor Standards Act）が制定され、ワグナー法を補足することになった。ルウズベルトが1935年6月19日に国会への教書で「わが国の歳入法はいろいろの点で、少数者が不正に得をするように運営されており、富と経済力の不当な集中を阻止するためにほとんど何もしていない」と述べたことにより、1935年から1937年の歳入法（Revenue Act）による累進所得税が導入されることになった[13]。国民住宅法（National Housing Act）により、連邦住宅公社（U. S. Housing Authority）が設立された。これはスラムをなくすために考えられたものであり、団地を建てるために計画を立てる地方公共機関への貸しつけを許可するものであった。

　これらの立法は社会的見地から重要なものであった。改革案は消費を増やすことにより、不況に対抗し、経済拡張に刺激を与えた。それゆえ、公共保障制度と公共事業計画は、自動クッションや自動安定装置というような名称で呼ばれることもあった。これらは、景気下降を和らげ、経済変動

を安定させた。

しかし、1941年にアメリカが第2次世界大戦に参戦するに伴い、社会と経済の改革は中断された。このような状況があったが、戦後のトルーマン政府は、ニューディールとほぼ同じ方針のフェアディール（Fair Deal）政策を打ち出した。これにより、ルウズベルト政策は戦後も継続していくこととなった。

3） 社会福祉分野における対策

① 失業者・貧困者対策

ルウズベルト大統領は、全国産業復興法を制定することによって金融分野をはじめとするさまざまな混乱に対処した。大統領は失業問題について対応するために、公共事業局や民間事業局を設置し、連邦政府による直営、または州政府か地方政府に補助金を与えるとともに、失業対策についての取り組みを（公共事業）を実施させた。古川は、この取り組みについて次のように述べている。

「失業救済は一般の労働者のみならず仕事のない作家、音楽家、演劇家、教師などについてもこれを雇用し、地方偉人伝記の作成、不況地域の巡業にあたらせ、救済費を上回る賃金を支給した。失業した教師については、不況地域に保育所を設置して雇用を提供するとともに、母親の就労を促進する事業が創出させた。

これらの公共事業局や民間事業局による失業救済事業には、雇用によって支給される賃金や大規模な土木事業の実施による資材需要の拡大などを通じて景気回復を刺激することが期待されていた。失業対策事業による購買力の拡大が景気回復に役立つとする『ポンプの呼び水政策』である。しかしながら失業対策事業の経済効果は期待されたほどのものにはならなかった[14]。」

ニューディール政策は、救済方法が不十分であり、課題を抱えたまま政策が実施されることとなったということである。

② 社会保障法の制定

古川は上述のように批判する一方で、この施策に一定の評価を与えている。

「失業救済政策や貧困救済政策の施策は、経済的自由主義と州権主義の伝統の強いアメリカにおいて、はじめて連邦政府が経済過程や国民の生活に積極的に介入し、そこで一定の役割を果たすことを明確にしたものである。またそこでこの成果をあげることができた。しかしながら、それらはあくまでも臨時的、応急的な措置であり、ルウズベルト政権を維持するためにはさらに恒久的な制度の構築が必要とされた[15]。」

ルウズベルトは、労働者、失業者、農民、貧困な高齢者や母子家庭、黒人などの社会的弱者の側に立ち、国民生活の安定をめざす恒久的な施策の実現を決意した。失業者以外の社会的弱者（貧困者、高齢者、貧困母子家庭など）については、1934年6月に、経済保障委員会が設置されることにより、救済制度についての検討がなされはじめた。子どもへの対策についても、連邦、州および地方の協力によって公的サービス[16]がなされなければならないことを強調した。これらは社会保障法制定の際にすべて組み入れられた。

「社会保険、公的扶助、社会福祉サービス」の3部門から構成されたこの制度は、当初経済保障法案と呼ばれていたが、法案準備から議会審議の過程において社会保障法と改名され、1935年8月に成立されることとなった。

ルウズベルトは労働者の経済的、社会的立場を強化するための施策として全国労働関係法（1935年）、公正労働基準法（1938年）を導入した。両

者とも労働者の経済的政治的同権化を推進しようとした。前者は労働者の対資本家交渉力を強化することを通じて、後者は連邦政府が労働にかかわる最低基準を設置することを通じて、労働者の経済的政治的立場の補強、労働にかかわる権利の擁護に関連づけられることが期待された。失業者に対しては事業促進局が設置され、公共事業局と民間事業局の事業に基づいて雇用がなされた。それとともに、雇用した失業者が民間雇用へ復帰できるように努められた。

4） ニューディール政策時のソーシャルワーク論

1930年代のケースワーク分野では、機能主義学派のケースワークが出現した。同学派は、クライエントを側面的に支援することがワーカーの仕事であると考えていた。グループワーク分野では、理論体系化が図られた。この時期のグループワークは、まだ、ソーシャルワーク関係の技術であるとは定義されていなかった。

1920年代では、ソーシャルワーカーが社会改良計画や公的な機関の取り組みに関与することはなく、ケースワークの技術を民間の施設（セツルメントなど）で使ったり、資金集めをしようと試みる福祉審議会で国民を支援していた。ソーシャルワーカーの大半は、民間の諸機関が何とか福祉の危機を乗り超えることができると考えていた。それにより、政府が主となって取り組む社会改良を快く思っていなかった。彼らは、世界大恐慌により、その有用性を認識することとなった。

この大恐慌以後は福祉機関に救済を求める人々が増大した。慈善行為は沈滞し、1929年から1932年にかけて多くの社会福祉機関の財源が破綻した。ニューヨーク市では、3分の1の機関がなくなった。このような失業や貧困問題の増加は、州政府すらも対処することができなかった。これにより、連邦政府が社会福祉に関する活動に関与することとなった。

1935年に社会保障法が制定され、貧困に対して公的な支援が行われるこ

ととなった。このニューディール政策によって、ソーシャルワーカーは自らの役割を専門化しようと試みるようになった。彼らは、経済的問題よりも人間関係を扱うようになったのである。彼らは、心理学や精神医学に基づくソーシャルワークを行ったのである。

ほとんどのソーシャルワーカーは、民間の施設において働いていたが、1920年代には専門職としての役割、すなわち臨床的役割を強調するようになっていた。また大恐慌後の1930年代では、多くのアメリカ国民が失業し貧困状態でったために、公的施設で働くことが多くなった。ソーシャルワーカーたちは、主として個々に焦点をあてて取り組みをもたらしていくよりも衣食住の供給、すなわち情緒的な問題よりは経済的な問題をもつ人々に対するサービスをするようになっていった。ジャンソンは、その状況を次のように述べている。

「ソーシャルワーカーが、クライエントの抱えている実際的な問題の処理を手助けする場合、ニューディール政策においてはケースワーク理論でいうエゴに一層関心が払われた。従来の精神分析にみられた専門職の党派性というものは残っていたが、1920年代にあったように、それがソーシャルワーカー全体を支配するものではなかった。…… 1930年代には、ニューディール政策で実施される計画に憤慨し、専門職がこれを雇用する行政側の意向によって選定されるべきではないとする指導者を擁した、やや急進的な専門家の一派があらわれた。……しかし1937年までには、彼らの大半が体制側についてしまったので、抵抗はなくなってしまった[17]。」

この恐慌の間、訪問教師活動は、ソーシャルワーク分野と同じように衣食住の供給が主であった。経済が持ち直すと、訪問教師は専門性を高めるために、自身の役割を変えようと試みた。彼らは、人間関係に視点をおい

たかかわりをしようとした。訪問教師は、当時の臨床的ケースワーク理論を一層取り入れるようなったということである。その後、第2次世界大戦に参戦するまで、訪問教師分野は医学モデルに基づいて発展していくことになる。

第2節　施策の改正

（1）　コモンウェルス基金による支援の取り下げ

　大恐慌は、物理的経済的不安定をもたらしただけではなく、精神的文化的価値観を無力化してしまうほどの悪影響を及ぼし、人々に多くの困難を与えた。これによって失業を余儀なくされ、貧困で苦しむこととなった労働者たちは、生存権をはじめとするさまざまな諸権利を得るために立ちあがらざるを得なかった。そのなかに青少年の教育問題もあった。
　柳は、恐慌と教育の関係について以下のように述べている。

「恐慌と教育との関係は複雑である。1つの社会的機能としての教育が資本主義体制のなかに組み込まれているが、恐慌を契機にして、あい矛盾する政策が表面化してくる。すなわち、直接の不況切り抜け対策として、非生産的な文化活動とみられる教育の経費を節約する教育財政緊縮政策が持ち出される。……しかし他方では、膨大な青年の失業をはじめ、社会階級的矛盾の激化を背景として、教育のもつ社会政策的重要性が認識され、その主導権の獲得をめざして、教育への権力的志向が強化されていく[18]。」

　柳は、不況時は教育財源が削減されたが、一方で、その必要性が叫ばれたと述べている。教育は社会状況に左右されるということである。社会の安定、生活の安定がなければ、たとえ教育の充実を図ったとしても意味を

なさないのである。

また、柳が引用する雑誌『学校と社会』(1933年2月25日)の「経済危機と教育危機」では以下のように述べられている。

「児童生徒の約4分の1は、栄養不足に悩み、救済基金に頼っている。その人数は、1週間に1,000名程増加している。無数の家庭では失業し、銀行の破産と投機によって貯金をはたき、空腹と飢餓におびえている。理想的道徳的混乱と摩擦が広範に広がり、渦巻いている。……多くの人たちは、気まぐれで無慈悲な社会体制にすっかり恐怖心をもち、何千何万という青年の大群が職を求めて全国を放浪している。……われわれの無償制公教育が、公然と攻撃されている。無慈悲な予算削減は猛烈を極め、多くの学校は、減少した教員組織をもって急増する多数の子どもを指導しなければならない[19]。」

ここから、1929年の世界大恐慌の影響は、教育上の予算の削減を余儀なくされたことがわかる。訪問教師サービスは、それまで量が増え、質的にも高まり、専門性を確立しつつあったが、大恐慌により大幅に減らされた。最悪の場合は廃止されるような事態に陥った。

この時期の子ども保護に関することを検討するために連邦児童局が「要救護児童および放置児童の保護における現下の緊急事態に関する会議 (Conference on Present Emergencies in the Care of Dependent and Neglected Children)」を開催し、子ども福祉分野は大恐慌の影響を多大に受けているとの報告をした。そこでは子ども保護の取り組みが破綻した主原因を次のように述べている。

① 多くの地域で公的・私的機関による要保護児童の支援に割りあてられる州や地方の支出金が減少したこと。

②　要保護児童への支援に対する寄付金が減少したこと。
③　親が要救護状態に陥ったため、児童扶養のための費用を出すことができなくなったこと[20]。

　このような状態においても訪問教師が、子ども一人ひとりへの働きかけをすることは、効果のある支援であると考えられていた。コモンウェルス基金が主催する3か年にわたるデモンストレーションの間に、試験的な実施の場とならなかった都市においても、訪問教師サービスが学校群（150）に組み入れられた。1930年までには、ニューヨーク州のニューヨーク市、シラキューズ、ロチェスター、ニュージャージー州のニューアーク、オレゴン州のポートランド、ミシガン州のデトロイト、ミズーリ州のカンザスシティ、カンザス州のウィチタ、オハイオ州のクリーブランド、シンシナティ、ミネソタ州のミネアポリス、そしてカリフォルニア州のサンディエゴでも訪問教師部局が設置されていた[21]。そしてまた31州の主要な地域で244人の委託された訪問教師が雇われた。ホワイト・ウィリアムズ財団は、デモンストレーションの間から、訪問教師サービスが公立学校に引き継がれた時期まで、ワーカーの教育と国中の学校にとって価値のある原理と基準を発展させた。コモンウェルス基金が1930年6月に支援を取り下げたが、21のセンターでサービスを継続した[22]。不況時において教育に関連する予算は減らされたが、訪問教師サービスを続けるところもあった。訪問教師活動の有用性が、学校において認められたことのあらわれである。
　失業者が増加したことにより、社会は混乱し、子どもたちもその影響を多大に受け、苦しい生活を余儀なくされた。子どもたちは空腹であったり、身にまとうものがなかったり、住む場所を失うという状況に陥れられた。子どもたちは学校に対して、物理的なニーズを訴えるようになった。学校側はそれを受けて、訪問教師に対してこの子どもたちの衣食住にまつわるニーズに答えるよう強く求めた。かくして、訪問教師は、教育関連の予算

が減少するなかで、教育遂行のための生活支援を行ったのである。

（2） 連邦政府による資金援助

初期のニューディール政策は、緊急救済のために制定されたものであった。この政策には次のようなことが含まれていた。

① 打撃を受けた金融・銀行制度を再建すること。
② 崩壊に瀕した企業に大きな貸し付けと義援金を与えて救済すること。
③ 民間資本の投資を促進すること。
④ インフレ傾向を助長し、下落した物価を引きあげること。
⑤ 作付け面積を減らし、収穫物の破棄によって農業の過剰生産を打開すること。
⑥ 公共事業をおこして雇用を増やし、大衆の購買力を増大させること。
⑦ 飢餓に瀕した失業者に最低限の救済を与えること[23]。

柳は、教育分野がニューディール政策をどのように受けとめたかを次のように述べている。

「教育政策や教育思想の面では、ニューディールの新しい社会理念を高く評価し、従来の教育体制に鋭い批判を浴びせ、社会構造の課題と結び付けて教育改革運動を進めるようになった。まさしく大恐慌を契機として、アメリカ教育は、歴史上はじめて体制矛盾に挑戦しつつ、社会変革的ビジョンをもって教育理論を追求し、その歴史的・社会的役割を自覚するようになったのである。『学校は新しい教育秩序をつくりうるか』というカウンツの問題提起こそ、1930年代における教育の価値転換の導火線となったものであり、広い意味でのニューディール政策の歴史的課題の理論的先取りとみることができるだろう[24]。」

柳の見解から、アメリカにおいて教育の重要性がニューディール政策を機にさらに叫ばれるようになったことがわかる。

　このことから教育の分野では、子どもたちは義務教育法と児童労働法のもとで学習権保障のために、学校に登校することを強制されるため、さまざまな子どもが集まる集団において、個々の要求に応じるように体制を整えなくてはいけないということが認識されるようになってきた。生物学の分野では、伝統的な法律をうまく理解するように、そして子ども時代は、それぞれの子どもの生まれついてもっている能力を向上させるために、整えられた環境によって機会を提供されなければならないと考えられてきた。社会学の分野では、学校が子どもにとってどのような場であるか、すなわち価値を見い出すために近隣、集団、人種の影響力についての知識を提供してきた。心理学の分野では、それぞれの子どもが、さまざまな能力をもつ個人として理解されなければならないことの根拠を明らかにしてきた。子どものニーズに応じる環境を創り出すために学校の責任を強調してきたのである。精神衛生の分野では、すべての子どもたちが幸福で望ましい大人になるための素養を身につける、子ども時代の環境と経験のなかにある要求を正しく理解しようと努めた。

　訪問教師は数多くの学問分野のうち、精神衛生分野に対して強い関心をもち、その影響を多大に受けた。訪問教師サービスは、学校において行われる、必要と考えられるサービスとして発展させられてきた。それは子どもたちが必要とする建設的な経験をもたらすために支援する専門職となった。これはさまざまな問題をもつ子どもに対してかかわっていくために、訪問教師サービスが必要であるということを示唆している。このことは、ジャニヴァー（Janiver,C.）が、「アメリカの訪問教師サービスは、さまざまな考え方の中で学校の変革された原理において、子どもに関与する収斂の起源となってきた」と述べていることからもわかる[25]。

（3） 個々の内面に焦点をあてたケースワークの強調

　連邦政府は長引いた不況に憂慮し、各地域の貧困家庭に支援を提供するようになった。それにより、訪問教師は困っている子どもに心理的な支援を与えるようになった。彼らは、子どもおよびその家族と学校・地域の諸資源との調整、学校と地域の諸資源との連携という役割を減少させ、子ども一人ひとりの内面に焦点をあてた治療的援助を行うようになった。コモンウェルス基金は、1921年から1924年までの3年にわたって、訪問教師の導入についての調査を行った。この取り組みは、戦中の国内に精神衛生が停滞したことによって非行が増加したことの影響を受け、その非行を防止するためになされた。

　それは、評価される一方で、訪問教師のサービスにマイナスイメージを与えた。それゆえ、訪問教師は非行行為をする子どもに焦点をあてることを拒否することが多かった。これは、訪問教師が、就学奨励指導員が行っているような矯正的機能を有すると誤解されることがたびたびあったからである。

　ホール（Hall,G.E.）は、このことについて次のように述べている。

「訪問教師は権威的なイメージや出席を強制するというような法律執行義務に関与しているのではないかと他者に考えられることを避けるため、すなわち自身のイメージを改善するために、自分たちの役割は幸福で健全な子ども時代を支えることと考えた。またそうすることによって、訪問教師はいかなるマイナスイメージをも避け、あらゆる種類の家庭から登校する子どもたちに働きかけることができるようにするために、それほど恵まれていない学区において仕事をする前に、数多くある都市の比較的良好で平均的な学区または裕福な学区（税金が取れる地区）で自分たちの仕事を確立しようと考えた[26]。」

訪問教師は、上述のように比較的裕福な地区で学校不適応の子どもたちの心理面の課題にかかわっていくようになり、環境調整をする仕事を減少させていった。このようななかで訪問教師は、子どもたちの個々の内面に焦点を当てたケースワークをするようになっていったのである。かくして、訪問教師は適切な環境で心理面に課題を抱える多様な子どもにかかわっていくようになった。

　身体障害、知的障害等の問題を抱える子どもたちは、学校教育に順応することが困難である。このような場合に訪問教師は、子どもたちと親が各自でさまざまな支援を受けることができるように情報提供をするなどして側面的に支援をする。子どもたちは、学校出席法と学校教育の基準のもとで支援を受ける必要がある。そのとき、訪問教師は、このような法や基準を訪問教師個人が変えることができないことを子どもたちに伝える。訪問教師は、それにしたがって支援することが望ましいと考えているのである。

　訪問教師が行うサービスは、困難があれば解決に導くことにより、子どもたちの学業成就を可能にさせていくことである。その場合、この時代では、主として面接を行い、子どもの内面に関心を向けていくことが主張された。

　また先述の法や基準は、訪問教師が変えることを望んでも変えられないと述べたが、これはある意味で訪問教師がその仕事をする上で役に立つといえる。

　エヴァレット（Everett,E.M.）は、このことについて次のように指摘している。

「実は、学校規範と合格点は、訪問教師に差し向けられる可能性があるさまざまな要求を制限するので、訪問教師にとって役立つものとなる。（さまざまな要求を制限するということ、それは季節の変化と同じくらい不変的なものであるから、個人に関係のない、そして避けられないものとして

の合格点を子どもたちが受け入れるのを助けることに訪問教師が専念することができるように、また、争いや回避において子どもたちの力をむだにしてしまうよりもむしろそれを成長に向けることに訪問教師が専念できるようにさせるのである)[27]。」

言い換えれば、訪問教師が一定の基準のもとで一人ひとりの子どもに平等にかかわっていかなければならない、すなわち差別はできないということである。またこのエヴァレットは次のようなことを指摘している。

「このことが、義務教育法と学業成就を変えてはならない－変えるべきではない－ということを意味するのではない。それらは、いずれは変わるだろうが、子どもたちがそれらと争うことによって変わるのではなく、また訪問教師がそれらを無視したり、批評したりすることによって変わるのでもない[28]。」

すなわち、義務教育法や学業成就の基準は上層部が変えるものであるということである。エヴァレットは、それらの法や基準が訪問教師の仕事を限定し、学校の職員として存在する訪問教師の居場所を確認することにとって価値があるので、それらを受容する必要があると述べている。

そのようななかで訪問教師は、子ども一人ひとりの要求を学校に知らせ、学校が彼らの要求を満たすように、また学習状況を提供していない場合に、学校が個々の要求を知るように促すことになるのである。

また非行問題にかかわる場合でも同じである。仮に訪問教師が非行問題に重点的に関与しているとする。訪問教師がそのようなことをすると、就学奨励指導員ではないかと誤解されてしまうことがある。効果があがらない場合は、非難の的になってしまう。このことからも、非行問題のみをとらえて解決することは困難であるため、訪問教師は非行防止の花形として

導入されてはいけないことがわかる。この時代の訪問教師のなかには、臨床的ケースワークに限定して仕事をすることが得策と主張する者もあった。

エヴァレットは、「もしソーシャルワークが非行防止のプログラムの一部として学校に導入されることになるとしたら、そしてその際に一般的支援と関心が伴うソーシャルワークがその局面に集中した状態で援助を行われるとしたら、ソーシャルワークが開始期から不利な立場になるだろう」と指摘している[29]。

これは、学校ソーシャルワークは、子どもが気軽に学校ソーシャルワーカーのアドバイスを受けることができるようにすることが必要であることを意味している。訪問教師が、学校内でできないことは他の機関に紹介をする、そしてどんなことでも相談にのる存在であるということである。言い換えれば、非行防止は訪問教師の取り組みのなかの一環であるということである。

さらに、エヴァレットは「都市の学校制度に長年かかわってきた結果、職業的責任を人間としてできるかぎり上手に学校のなかでケースワークの仕事をしていくことに限定することによって、最も望ましい支援ができると考えている」と述べている[30]。

コスティンは、初期のセツルメントワーカーの陳述では、「訪問教師が子どもにかかわり影響を及ぼすように、学校で重んじられた行動様式と学業成就の形態を批判するようになることを強く求めてきた」が、エヴァレットは「訪問教師が今ある学校規範を認めるべきであるということを主張しており、またケースワーク分野以外の広範囲地域の責任を引き受ける一部の訪問教師のやり方に反対している」と述べた[31]。

一方、レイノルズ（Reynols,B.C.）は次のように述べている。

「教師が作成する学校カリキュラムが毎年、数千という学校不適応者を出しているとしたら、訪問教師に不適応問題を起こす子ども一人ひとりに

働きかけるように仕向けるのは馬鹿げているだろう。カリキュラムを改善してはどうだろうか、そして一挙に、問題を解決してしまってはどうか[32]。」

　学校の方針にしたがっているだけでは、子どもの本質的問題を解決するのは不可能であるということである。アレン・ミヤーズらは、レイノルズを「困っている子どもが経験する問題は、すべて子どもの個性や背景に内在しているとは限らないし、学校はその子どもの問題源になっているかもしれないということをはじめて認めた研究者である」と指摘している[33]。
　またトール（Towle, C.）は、訪問教師が当時主流であった臨床的ケースワークを主として行うようにすべきだと述べている。内容は次の通りである。

「訪問教師は、ケースワークの範囲を超える状況に固執することは無意味であることを認める段階に達しているだけでなく、これらの場合にソーシャルワークの不十分さを明らかにするという自身の社会的責任を認識する段階にある。それは、訪問教師の関心と努力がソーシャルアクションに向けられるためである。私は、学校において訪問教師が、たびたび学校ができないことに対して子どものための埋め合わせをすることを頼まれるということを想像しうる。ある種の教育設備がないので、子どものニーズが満たされておらず、訪問教師はケースワークの問題として引き受けることを頼まれるだろう。なぜそうすることを求められるのかというと、ある種の行動を学校がうまく処理することができないことによって引き起こされてきたからである。そのような場合に、訪問教師は、ケースワークの限界を知らせ、教育上の処遇問題を明らかにするための責任を負う[34]。」

　コスティンはこの見解に対して、トールが「技術や技法の強化をするこ

とに自身の関心を向けたと同様に、ソーシャルケースワークの役割と可能性を理解するために必要となる注意事項を提示した」と述べている[35]。

また、アレン・ミヤーズは、トールを「ソーシャルケースワークの可能性を広い社会的な観点からみることを訪問教師に勧めた専門家である」と評価している[36]。

これらのことを検討すると、まずエヴァレットは、専門性を増すためには、訪問教師活動は臨床的ケースワークに限定するべきであり、今ある学校規範を認めるべきであると考えている。エヴァレットは学校システムを受け入れる方がよい、あまり仕事の範囲を広げてはいけないと述べている。

そして、レイノルズは、子どもが不適応を起こす原因は、学校にもあると考えなければならないと述べている。

また、トールは、訪問教師が役割を定めていなければ学校で単なる雑用係になってしまう恐れがあるため、ケースワークの強化と教育上の問題の明確化が必要であると考えている。

3者に共通していることは、訪問教師が専門性を高めるために、当時の一般的なケースワーク論のなかで述べられる臨床的ケースワークの技法に重点をおいて支援しなければならないと考えたことである。1930年代の訪問教師は、ミルフォード会議での報告の影響およびニューディール政策の影響によって診断主義的傾向のあるケースワークを取り入れて専門性を高めようと試み、子どもおよびその家族と学校・地域の諸資源との調整をする役割、学校と地域の諸資源との連携をする役割から、臨床的ケースワークの技法を限定的に用いて行う支援に変わっていった。すなわち、学校においてカウンセリング的な支援を行うケースワーカーという役割を果たすようになっていったということができる。

（4） 専門協会による会員資格の改正

1）協会の会員資格

　1919年に組織化された全米訪問教師協会は、1929年にアメリカ訪問教師協会という名称に変更された。また1937年の年次集会においては、会員資格の変革を検討し、1938年以降に協会は、会員になるために必要とされる資格を次のように変更した。

① 　精神衛生、社会精神医学、および児童福祉に関連する基本的な研究を認可されたソーシャルワークの学校で少なくとも1年間の間、累進研究をしている者。
② 　学校でうまく機能し、市と州が出している訪問教師のための免許状を得るための必要条件を満たすことを可能にさせるために、教育に関連する科目を十分に履修し、単位を取得している者。
③ 　熟練ソーシャルワーカーの指導のもとで少なくとも1年の間、ソーシャルケースワークに関する経験をしている者[37]。

　この会員資格を検討してみると、少なくとも1年の教員経験が必要、と以前は明記されていたが、今回の会員規約では求められていない。以前は、訪問教師サービスを行う専門家にとって、教員経験があるということは望ましいと考えられた。今後はこのサービスを専門的なものにしていくために、これに関する教育を受けるため、この経験を得ることはますます困難になると考えられるゆえ、この条件を取り除くことになった。言い換えると、この経験を求めると、訪問教師サービスの分野は、訪問教師の仕事を行うソーシャルワークの優れた専門家を得ることができないということである。1つの専門分野に集中して教育を受けるのでなければ、優れた専門

職は得られないということである。1人の支援者が、教育者でありソーシャルワーカーであることはできないのである。このことからも、学校でソーシャルワークの仕事をする専門家は、ソーシャルワークを専門的に勉強してきた者であることが望ましいといえる。協会は、このような考え方に基づいて教員経験を取り除いたということができる。

2） 協会への加入状況

　公立学校群で訪問教師の仕事をしている人は非常に多い。彼らの多くは、訪問教師として仕事をするだけの実力をもっているが、この協会会員になるための資格を有していなかった。それゆえに、協会に加入しない人が多かった。カリフォルニア州、コネチカット州、マサチューセッツ州、ニュージャージー州、ニューヨーク州、オハイオ州でこの仕事はかなり発達していた。1930年の子どもの健康と保護に関するホワイトハウス会議によって提示された学童500人ごとに訪問教師1人という提案に、学校群は対応することができなかった。実際には、2,000人くらいの子どもごとに1人の訪問教師を配置されることになった。また訪問教師のほとんどは、1920年代に引き続き小中学校で働き、通常は高等学校教諭が得る給料と同等の給料を得ていた[38]。

　この当時、訪問教師の地位は高かったが人数は不足していたのである。

（5） 地区の運営状況

　訪問教師サービスを導入しているニューヨーク州のロチェスターでは、専門的なサービスは、子どもサービス調整官のもとで、理事が伴う7部門に組織されていた。カリフォルニア州のサンディエゴでは、かつて訪問教師サービスを行っていた専門家が、学校の子どもガイダンス局の局長を努めていた。同局長の指導のもと、3人の訪問教師が任命された。その3人は、主として小学校において働き、要請に応じて他の学校でサービスをし

た。同局はまた、ソーシャルワークの訓練を受けた2人の就学奨励指導のスーパーバイザーと心理学的なテストを行うための訓練を受けた助手が伴う1人の心理士を雇った。その局の指導のもとに、住み込みの家庭教師および言語修正教師を雇った。ニューヨーク市公立学校群では、子どもガイダンス局が設置された。この局は、ニューディール政策がはじまった1932年から臨床および教育活動をはじめた。その局は、精神科医、心理士、ソーシャルワーカーのスタッフが配置されていた。スーパーバイザーからなる本部勤務の職員が配置され、その支部が、校長、教頭、親、子どもの実際状況に密接にかかわるために、都市の至る所に設置された。局の仕事は、3部門（臨床または子ども研究部門、教育部門、社会部門）で組織されていた。個々の子どもは、あまり深刻でない問題を抱える場合も、集中的で長期的な処遇を有する問題がある場合も、局のところへ差し向けられた。局は、莫大な教育上の仕事を、教師と親の協力を得て行った。局はまた、学校とさまざまな地域機関との間のより良い理解をもたらすための責任をも負った[39]。

　訪問教師は、最初は、不就学状況にある原因を調べてかかわっていくことが主であった。ニューディール政策で貧困対策や子どもの労働問題の対策がなされるにつれ、さまざまな問題をもつ子どもにケースワークを行うようになった。彼らは、教師の話を聞いていない子ども、学業不振の子ども、やる気のない子ども、友人と遊べない子ども、知的障害の子どもをはじめとしてさまざまな問題を抱える子どもにかかわるようになった。

第3節　訪問教師の役割

　ウォルカー（Walker,W.）は、訪問教師と就学奨励指導員の関係を子どもガイダンス局の1932年から1937年の5年間の報告から抜粋し、次のように紹介している。

「訪問教師と就学奨励指導員の組み合わせは、多くの学校管理者が妥当なものだと考えている。この種の融合は、いくらかの都市において生じてきた。ミネアポリスでは、この2分野が合併されており、その結果、28人の訪問教師が、今現在、公立学校と教区立学校の両方で勤務している学校精神科医によって監督されている子ども研究部門のもとで働いている。この組み合わせは、重要な予防措置がなされるとしたら、ある種のメリットがあるだろう。ワーカーのための専門資格は、ソーシャルケースワークの分野で専門教育が要求されるため、高く保たれなければならない。より集中的なケースワークサービスを行うワーカーは、しばしば就学奨励指導員に期待されてきた莫大な量の仕事をするように要求することはできない。本来、ソーシャルケースワーク分野に属するとは考えられないある種の職務は、就学奨励指導員によって担われてきた。学校の一斉調査および規定通りの調査は、調査専門の事務員の派遣によってなされなければならないであろうし、おそらくいつも必要とされる最低限度の裁判所での取り組みがいかにしてなされるべきかについてはいくらかの疑問がある。両者の役割はいまだにはっきりしていない[40]。」

1930年代の訪問教師もまた1920年代と同様、教育、精神衛生、ソーシャルワーク等の影響を受けながら、問題をもつ子どもたちにかかわっていた。その役割は、特に臨床的ケースワークの影響を受けることにより、初期の子どもおよびその家族と学校・地域の諸資源との調整、学校と地域の諸資源との連携という役割、すなわち学校・家庭・地域の連携という役割から離れていった。

(1) 1930年代の訪問教師の役割

レオナルド（Leonald,S.）は、この時期における訪問教師の役割を次の1) 2) 3) 4) のように述べている[41]。

第5章　目標の変換

1）　問題をもつ子ども一人ひとりを理解すること

　訪問教師は、子どもの問題を理解するために、まず、子ども一人ひとりに自身の役割を受け入れてもらうようにする。それは、訪問教師が勉強を教える教師とは別の存在であり、また子どもが不適応を起こしたとしても、懲戒を与える存在ではないということを知らせることである。そして彼らは校内を離れずに、さまざまなことを理解することができるような重要な資料（これは、幼稚園での集団に対する子どもの最初の反応、養護教諭からの子どもの健康歴、体育教師が知るかぎりの子どものチームワーク、心理判定員によって評価されるかぎりの子どもの能力など）を収集し、学校集団を通して、その子どもが学年が上がるにつれてどのようになってきたかというデータを得る。さらに子ども理解を深めるために家庭の親とも接触する。これらに基づいて、訪問教師はまた、家庭と学校の両方から得た情報をまとめ、処遇計画をつくるために精神科医や他の専門家との会議でそれを利用する。そうすることで、サービスを受けることが必要と考えられるために差し向けられる子ども一人ひとりを理解する。
　この時期の訪問教師はこのことを強調した。

2）　学校の訪問教師事務所で毎日子どもたちを観察すること

　訪問教師は、子どもが他の子どもと協力できるような自信と意欲をもって学校に戻るように仕向けるために子どもたちを観察する。彼らは子どもが自由に話すことができるように仕向け、子どもの行動原因だけでなく集団の仲間にとけこむことおよびその権利について説明する。彼らは、子ども自身が家庭か学校のどちらかで特別な努力をしてきたということを他者に報告する。
　訪問教師は、子どもの代弁者となるために子どもを毎日観察しているのである。

179

3）社会機関との協力関係を築くこと

これは、訪問教師が家族機関、子ども機関、同種の機関との連携を図るということである。この連携を図るために、訪問教師は学校内でレクリエーションの集団活動を発達、促進させ、相談を受ける場所以外の場、すなわちセツルメント、クラブ、キャンプに協力し、親と教師のために学校のなかに精神衛生プログラムを導入し、州教師会議や、ソーシャルワーカーの会議で訪問教師サービスの部門を企て、師範学校、大学の教育学部およびソーシャルワークの大学院で課程を開く。

すなわち、訪問教師はケースワーク分野以外のサービスをするために、社会機関との協力をしているのである。

4）教師に対する教育的働きかけに重点をおくこと

精神衛生上の問題が広がるにつれ、子どもの不適応は、貧困と恵まれない状況に単に付随するだけでなく恵まれた家族の間においても見い出された。子どもの問題は、恵まれた学校においても広がっていった。

このように、訪問教師の仕事が増加したため、教師に対しても働きかけるのである。

ここからも、当時の訪問教師が、子どもの内面に焦点をあてるようになったことがわかる。以下のエヴァレットが述べる訪問教師の活動例の内容からもそのことが読みとれる。

「グレースは、学習意欲に乏しく、また学級において孤立する状況が続いていた。学級担任は、状況の改善に努めたがうまくいかなかったため、訪問教師に相談した。訪問教師は、面接室でグレースの内面に焦点をあててかかわったり、また余暇活動の場を紹介したりした。彼女が最初に面接室に来たときは、投げやりな態度であったが、訪問教師は彼女を受容するよ

1) 問題をもつ子ども一人ひとりを理解すること

訪問教師は、子どもの問題を理解するために、まず、子ども一人ひとりに自身の役割を受け入れてもらうようにする。それは、訪問教師が勉強を教える教師とは別の存在であり、また子どもが不適応を起こしたとしても、懲戒を与える存在ではないということを知らせることである。そして彼らは校内を離れずに、さまざまなことを理解することができるような重要な資料（これは、幼稚園での集団に対する子どもの最初の反応、養護教諭からの子どもの健康歴、体育教師が知るかぎりの子どものチームワーク、心理判定員によって評価されるかぎりの子どもの能力など）を収集し、学校集団を通して、その子どもが学年が上がるにつれてどのようになってきたかというデータを得る。さらに子ども理解を深めるために家庭の親とも接触する。これらに基づいて、訪問教師はまた、家庭と学校の両方から得た情報をまとめ、処遇計画をつくるために精神科医や他の専門家との会議でそれを利用する。そうすることで、サービスを受けることが必要と考えられるために差し向けられる子ども一人ひとりを理解する。

この時期の訪問教師はこのことを強調した。

2) 学校の訪問教師事務所で毎日子どもたちを観察すること

訪問教師は、子どもが他の子どもと協力できるような自信と意欲をもって学校に戻るように仕向けるために子どもたちを観察する。彼らは子どもが自由に話すことができるように仕向け、子どもの行動原因だけでなく集団の仲間にとけこむことおよびその権利について説明する。彼らは、子ども自身が家庭か学校のどちらかで特別な努力をしてきたということを他者に報告する。

訪問教師は、子どもの代弁者となるために子どもを毎日観察しているのである。

3） 社会機関との協力関係を築くこと

　これは、訪問教師が家族機関、子ども機関、同種の機関との連携を図るということである。この連携を図るために、訪問教師は学校内でレクリエーションの集団活動を発達、促進させ、相談を受ける場所以外の場、すなわちセツルメント、クラブ、キャンプに協力し、親と教師のために学校のなかに精神衛生プログラムを導入し、州教師会議や、ソーシャルワーカーの会議で訪問教師サービスの部門を企て、師範学校、大学の教育学部およびソーシャルワークの大学院で課程を開く。

　すなわち、訪問教師はケースワーク分野以外のサービスをするために、社会機関との協力をしているのである。

4） 教師に対する教育的働きかけに重点をおくこと

　精神衛生上の問題が広がるにつれ、子どもの不適応は、貧困と恵まれない状況に単に付随するだけでなく恵まれた家族の間においても見い出された。子どもの問題は、恵まれた学校においても広がっていった。

　このように、訪問教師の仕事が増加したため、教師に対しても働きかけるのである。

　ここからも、当時の訪問教師が、子どもの内面に焦点をあてるようになったことがわかる。以下のエヴァレットが述べる訪問教師の活動例の内容からもそのことが読みとれる。

「グレースは、学習意欲に乏しく、また学級において孤立する状況が続いていた。学級担任は、状況の改善に努めたがうまくいかなかったため、訪問教師に相談した。訪問教師は、面接室でグレースの内面に焦点をあててかかわったり、また余暇活動の場を紹介したりした。彼女が最初に面接室に来たときは、投げやりな態度であったが、訪問教師は彼女を受容するよ

うに努めた。訪問教師は、彼女と話をするなかで、彼女には父がいないということを知り、そのことで悩んでいるということを理解した。そこで、担任に彼女の心の内を明らかにし、彼女のことを理解するように促した。担任は、このことを知り、グレースが無関心で横柄な子どもというよりも困惑した不幸な子どもだと考えるようになった。担任は彼女を受け入れることができるようになり、そうすることで、彼女の状況が改善に向かった[42]。」

　この事例の内容から、訪問教師は主として子どもの心の内面に目を向けて援助を行っていることが、よりはっきりとわかる。訪問教師分野は臨床的ケースワークを行っているといえよう。訪問教師の役割は、初期においてなされた「子どもおよびその家族と学校・地域の諸資源との調整、学校と地域の諸資源との連携」という点に重点をおく役割から離れていったのである。

（2）支援の方法

　訪問教師は、1920年代以前は、子どもおよびその家族と学校・地域の諸資源との調整、学校と地域の諸資源との連携をすることが主であったが、1929年の世界大恐慌以後は、衣食住の供給が主であった。しかし、1932年のニューディール政策において貧困対策がなされて以後、訪問教師は自身の仕事をより専門的なものにするために、臨床的ケースワークに重点をおいて援助を行うことが望ましいと考えるようになってきた。それにより、訪問教師の役割は初期の役割からは徐々に変わっていった。

　そして、1940年以後になるとますます臨床的ケースワークでの援助に重点が置かれるようになった。アメリカ訪問教師協会も専門性を高めるためにアメリカ学校ソーシャルワーカー協会と改め、その協会名を変更するようになった。協会は、訪問教師活動から学校ソーシャルワークへと名称変

更をすることにより、訪問教師の取り組みがソーシャルワーク関連のものであることを明確にしようと試みたということができる。

ソーシャルケースワーカーになるための訓練を学校で受けてきた訪問教師は、教育と精神衛生の分野に関心をもつことが多かった。通常は教職員集団に所属するが、教育委員会のもとに統一のとれた集団に所属することもあった。そこで、訪問教師は、問題行動が環境にあるかもしれないと考えることを強調する必要性を訴えはじめた。訪問教師は、子どもが起こす目に見える問題を単なる兆候ととらえ、背景に何らかの原因があると考えることを強調した。

また、訪問教師は身体的、社会的、情緒的な問題をもつ子どもにかかわるだけでなく、しばしば処遇計画において、家庭・学校・地域に対して働きかけようとした。竹内は、訪問教師がケースワーク、グループワークをはじめとするソーシャルワークの技法を取り入れて支援することが必要であるということを述べている。詳細は以下の通りである。

「学校社会事業（スクールソーシャルワーク）は、現実的にはケースワークとして、当該児童、または学生と、あるいは彼らの問題に関係ある人々との面接によってなされるものであるが、もし同様な問題や、或いはその解決のための共通の資源を有するものを集めてなしたら、グループワークをなすことになり、また学校当局や教師たちや、或いは他の諸種のサービスとの連絡・共同をなす場合と、学校と、その所在の地域社会及びその住民に対して、主として学校社会事業に関するパブリックリレーションズ活動をなす場合にコミュニティーオーガニゼーションをなすことになるということは詳論するまでもないことである[43]。」

つまり、訪問教師は、子どもの生活面の課題をとらえてその環境を整えるための学校ソーシャルワーカーということである。

うに努めた。訪問教師は、彼女と話をするなかで、彼女には父がいないということを知り、そのことで悩んでいるということを理解した。そこで、担任に彼女の心の内を明らかにし、彼女のことを理解するように促した。担任は、このことを知り、グレースが無関心で横柄な子どもというよりも困惑した不幸な子どもだと考えるようになった。担任は彼女を受け入れることができるようになり、そうすることで、彼女の状況が改善に向かった[42]。」

この事例の内容から、訪問教師は主として子どもの心の内面に目を向けて援助を行っていることが、よりはっきりとわかる。訪問教師分野は臨床的ケースワークを行っているといえよう。訪問教師の役割は、初期においてなされた「子どもおよびその家族と学校・地域の諸資源との調整、学校と地域の諸資源との連携」という点に重点をおく役割から離れていったのである。

（2）支援の方法

訪問教師は、1920年代以前は、子どもおよびその家族と学校・地域の諸資源との調整、学校と地域の諸資源との連携をすることが主であったが、1929年の世界大恐慌以後は、衣食住の供給が主であった。しかし、1932年のニューディール政策において貧困対策がなされて以後、訪問教師は自身の仕事をより専門的なものにするために、臨床的ケースワークに重点をおいて援助を行うことが望ましいと考えるようになってきた。それにより、訪問教師の役割は初期の役割からは徐々に変わっていった。

そして、1940年以後になるとますます臨床的ケースワークでの援助に重点が置かれるようになった。アメリカ訪問教師協会も専門性を高めるためにアメリカ学校ソーシャルワーカー協会と改め、その協会名を変更するようになった。協会は、訪問教師活動から学校ソーシャルワークへと名称変

更をすることにより、訪問教師の取り組みがソーシャルワーク関連のものであることを明確にしようと試みたということができる。

ソーシャルケースワーカーになるための訓練を学校で受けてきた訪問教師は、教育と精神衛生の分野に関心をもつことが多かった。通常は教職員集団に所属するが、教育委員会のもとに統一のとれた集団に所属することもあった。そこで、訪問教師は、問題行動が環境にあるかもしれないと考えることを強調する必要性を訴えはじめた。訪問教師は、子どもが起こす目に見える問題を単なる兆候ととらえ、背景に何らかの原因があると考えることを強調した。

また、訪問教師は身体的、社会的、情緒的な問題をもつ子どもにかかわるだけでなく、しばしば処遇計画において、家庭・学校・地域に対して働きかけようとした。竹内は、訪問教師がケースワーク、グループワークをはじめとするソーシャルワークの技法を取り入れて支援することが必要であるということを述べている。詳細は以下の通りである。

「学校社会事業（スクールソーシャルワーク）は、現実的にはケースワークとして、当該児童、または学生と、あるいは彼らの問題に関係ある人々との面接によってなされるものであるが、もし同様な問題や、或いはその解決のための共通の資源を有するものを集めてなしたら、グループワークをなすことになり、また学校当局や教師たちや、或いは他の諸種のサービスとの連絡・共同をなす場合と、学校と、その所在の地域社会及びその住民に対して、主として学校社会事業に関するパブリックリレーションズ活動をなす場合にコミュニティーオーガニゼーションをなすことになるということは評論するまでもないことである[43]。」

つまり、訪問教師は、子どもの生活面の課題をとらえてその環境を整えるための学校ソーシャルワーカーということである。

小結

　今まで、子どもの福祉に関する取り組みは、民間団体と州レベルでのものであったが、社会保障法の制定により、子どもへの対策が連邦レベルでの課題として検討されるようになった。これによって子ども福祉が成立したということができる。公的機関が子どもたちに物理的支援をするようになり、訪問教師もその活動内容を変えていくこととなった。

　大恐慌の間の訪問教師活動は減少したが、ニューディール政策により、社会保障法が制定されたことで徐々に回復した。そして、訪問教師が自分の専門性を確実なものにするために、臨床的ケースワークを強調するようになった。

　この時期における訪問教師の役割は、子どもおよびその家族と学校・地域の諸資源との調整、それら諸資源を結び付けることから個人の内面に焦点をあてた援助、すなわち臨床的ケースワークを主として行うことに変えるよう主張された。実際には、臨床的ケースワークに限定して子どもにかかわることは、問題解決する上で不十分であるために、さまざまな援助技法が取り入れられていることを忘れてはならないが、この時期の訪問教師活動は、人と環境の相互作用の調整を図るという視点から、人格の発達へと支援の視点が傾いた。そこで、訪問教師にとってのこの時期を、目標変換の時期と位置づけることができる。

注記

1) 中島文雄編『英米制度・習慣事典』秀文インターナショナル　1979年　400頁。
2) 常松　洋「1920年代と大衆文化」野村達朗編『アメリカの合衆国の歴史』ミネルヴァ書房　1998年　193頁。
3) 紀平英作「戦間期と第二次世界大戦」有賀　貞編『世界歴史体系　アメリカ史2』山川出版社　2000年　238頁。
4) 同上　240頁。
5) 常松　洋　上掲　193頁参照。
6) ボイヤー，R. O.・モレー，H. M. ／雪山慶正訳『アメリカ労働運動の歴史Ⅱ』岩波書店　1959年　122 - 123頁。
7) White House Conference(1930), Appleton-Century-Crofts, p.47, cit., Skidmore,R.A., Thackeray,M.G.(1964)., *Introduction to Social Work*, Appleton-Century-Crofts, p.88．
8) Ibid., pp.88 - 89．
9) ドレーク，R. B.・清水忠重『アメリカ合衆国小史』柳原書店　1995年　143頁参照。
10) 中島文雄編　上掲　418頁。
11) 同上　419頁。
12) ドレーク，R. B.・清水忠重　上掲　143 - 147頁参照。
13) 同上　421頁。
14) 古川孝順「社会福祉の歴史」窪田暁子・古川孝順・岡本民夫編『世界の社会福祉⑨』旬報社　2000年　46 - 47頁。
15) 同上　47頁。
16) 公的サービスについて
① 在宅要扶養児童の保護。
② 孤児、放置児童およびその環境が身体的ならびに社会的発達を阻害するような状況にある児童にたいする社会福祉サービス。
③ 肢体不自由児にたいするサービスを含めた母性及び児童の保健のためのサービス。

（古川孝順「児童福祉の成立」古川孝順　浜野一郎　松矢勝宏『児童福祉の成立と展開－その特質と戦後日本の児童問題』川島書店　1975 年　54 頁。）

17）ジャンソン，B. S. ／島崎義孝訳『アメリカ社会福祉政策史』相川書房 1997 年　272 頁。

18）柳　久雄「恐慌期のアメリカ教育－社会矛盾への対応」世界教育史研究会編『世界教育史体系 18　アメリカ教育史Ⅱ』講談社　1976 年　52 頁。

19）Cremin,L.A.(1961), The Transformation of the School,　－　。同上　52 － 53 頁より引用。

20）古川孝順　上掲　52 頁参照。

21）Leonard,S.(1945), "School Social Work", *Social Work Year Book*,8, Russell Sage Foundation, pp.428 － 429 参照。

22）Poole,F., Wilson,C.C.(1947), "School Social Work", *Social Work Year Book*, 9, Russell Sage Foundation, p.492 参照。

23）柳　久雄　上掲　59 － 60 頁。

24）同上　61 頁。

25）Janiver,C.(1937), "Visiting Teachers", *Social Work Year Book*,4, Russell Sage Foundation, p.527.

26）Hall,G.E.(1936), "Changing Concepts in Visiting Teacher Work", *Visiting Teachers Bulletin*, cit., Costin,L.B.(1969) "A Historical Review of School Social Work", *Social Casework*,50, Family Service Association of America, p.445.

27）Everet,E.M.(1938), "The Importance of Social Work in a School Program",*The Family*,19, Family Welfare Association of America, pp.5 － 6.

28）Ibid., p.6.

29）Ibid., p.6.

30）Ibid., pp.6 － 7.

31）Costin,L.B.(1969), "A Historical Review of School Social Work",*Social CaseWork*, 50, Family Service Association of America, p.446.

32）Reynolds,B.C.(1935), "Social Case Work: What is it? What is its Place in the World Today?", *The Family*,16, p.238, cit., Allen- Meares,P., Washington,R.O. & Welsh,B.L.(1986), *Social Work Services in Schools*, Prentice-Hall Inc., p.21; Costin,L.B.(1969), op.cit., p.446.

33）Allen-Meares,P., Washington,R.O. & Welsh,B.L.(1986), op.cit., p.21.

34) Towle,C.(1936), "Discussion of Changing Concept in Visiting Teacher Work", *Visiting Teachers Bulletin,*12, pp.15 − 16, cit., Allen-Meares,P., Washington,R.O. & Welsh,B.L.(1986), op.cit., p.21; Costin,L.B.(1969), op.cit., p.446.
35) Costin,L.B.(1969), op.cit., p.445.
36) Allen-Meares,P., Washington,R.O. & Welsh,B.L.(1986), op.cit., p.21.
37) Walker,W.(1941), "Visiting Teachers", *Social Work Year Book,*6, Russell Sage Foundation, pp.514 − 515.
38) Walker,W.(1943), "Visiting Teachers", *Social Work Year Book,*7, Russell Sage Foundation, p.487 参照。
39) Leonald,S.(1935), "Visiting Teachers", *Social Work Year Book,*3, Russell Sage Foundation, p.534.
40) Walker,W.(1941), op.cit., p.515.
41) Leonald,S.(1935), op.cit., pp.534 − 535 参照。
42) Everett,E.M.(1938), "The Inportance of Social Work in a School Problem", *The Family,*19, Welfare Association of America, p.4 参照。
43) 竹内愛二『科学的社会事業入門』黎明書房　1955 年　132 頁。

（古川孝順「児童福祉の成立」古川孝順　浜野一郎　松矢勝宏『児童福祉の成立と展開－その特質と戦後日本の児童問題』川島書店　1975 年　54 頁。）
17）ジャンソン，B. S. ／島崎義孝訳『アメリカ社会福祉政策史』相川書房 1997 年　272 頁。
18）柳　久雄「恐慌期のアメリカ教育－社会矛盾への対応」世界教育史研究会編『世界教育史体系 18　アメリカ教育史Ⅱ』講談社　1976 年　52 頁。
19）Cremin,L.A.(1961), The Transformation of the School,　－　。同上　52 － 53 頁より引用。
20）古川孝順　上掲　52 頁参照。
21）Leonard,S.(1945), "School Social Work", *Social Work Year Book*,8, Russell Sage Foundation, pp.428 － 429 参照。
22）Poole,F., Wilson,C.C.(1947), "School Social Work", *Social Work Year Book*, 9, Russell Sage Foundation, p.492 参照。
23）柳　久雄　上掲　59 － 60 頁。
24）同上　61 頁。
25）Janiver,C.(1937), "Visiting Teachers", *Social Work Year Book*,4, Russell Sage Foundation, p.527.
26）Hall,G.E.(1936), "Changing Concepts in Visiting Teacher Work", *Visiting Teachers Bulletin*, cit., Costin,L.B.(1969) "A Historical Review of School Social Work", *Social Casework*,50, Family Service Association of America, p.445.
27）Everet,E.M.(1938), "The Importance of Social Work in a School Program",*The Family*,19, Family Welfare Association of America, pp.5 － 6.
28）Ibid., p.6.
29）Ibid., p.6.
30）Ibid., pp.6 － 7.
31）Costin,L.B.(1969), "A Historical Review of School Social Work",*Social CaseWork*, 50, Family Service Association of America, p.446.
32）Reynolds,B.C.(1935), "Social Case Work: What is it? What is its Place in the World Today?", *The Family*,16, p.238, cit., Allen- Meares,P., Washington,R.O. & Welsh,B.L.(1986), *Social Work Services in Schools*, Prentice-Hall Inc., p.21; Costin,L.B.(1969), op.cit., p.446.
33）Allen-Meares,P., Washington,R.O. & Welsh,B.L.(1986), op.cit., p.21.

34) Towle,C.(1936),"Discussion of Changing Concept in Visiting Teacher Work", *Visiting Teachers Bulletin,*12, pp.15 – 16, cit., Allen-Meares,P., Washington,R.O. & Welsh,B.L.(1986), op.cit., p.21; Costin,L.B.(1969), op.cit., p.446.
35) Costin,L.B.(1969), op.cit., p.445.
36) Allen-Meares,P., Washington,R.O. & Welsh,B.L.(1986), op.cit., p.21.
37) Walker,W.(1941), "Visiting Teachers", *Social Work Year Book,*6, Russell Sage Foundation, pp.514 – 515.
38) Walker,W.(1943), "Visiting Teachers", *Social Work Year Book,*7, Russell Sage Foundation, p.487 参照。
39) Leonald,S.(1935), "Visiting Teachers", *Social Work Year Book,*3, Russell Sage Foundation, p.534.
40) Walker,W.(1941), op.cit., p.515.
41) Leonald,S.(1935), op.cit., pp.534 – 535 参照。
42) Everett,E.M.(1938), "The Inportance of Social Work in a School Problem", *The Family,*19, Welfare Association of America, p.4 参照。
43) 竹内愛二『科学的社会事業入門』黎明書房　1955 年　132 頁。

第Ⅲ部

第2次世界大戦後の
学校ソーシャルワーク
(模索期)

　第Ⅲ部では、アメリカ訪問教師協会が、その名称をアメリカ学校ソーシャルワーカー協会、また全米学校ソーシャルワーカー協会に変更した理由についての考察を試み、この時期の学校ソーシャルワーカー（以後訪問教師のことを学校ソーシャルワーカーと記す）の役割について検討する。

第6章
訪問教師から学校ソーシャルワーカーへ

　本章では、第2次世界大戦後、学校ソーシャルワーク分野において臨床的ケースワークがさらに強調されだしたことについて述べる。さらに、そうすることが必要とされた理由について検討する。

第1節　第2次世界大戦の影響

（1）　戦時中の社会状況

　アメリカは、ニューディール政策により、1930年代後半の不景気の状況が少しずつ解消されていった。1939年における第2次世界大戦の勃発により、アメリカ経済は安定したものとなり、向上をもたらした。1930年代の深刻な社会問題は失業であったが、戦争が広がるなかで、逆に労働力不足がそれに取って代わるようになった。労働力の不足は、黒人の賃労者化をもたらした。それまで黒人労働者の数は、5万人程度であったが、1941年には125万人と一気に跳ね上がった。また男子労働の増加に伴い、婦人労働者数も増加し、1940年には1,300万人であったのが、1944年には1,910万人に増えていた[1]。それまでは、労働することを求められていなかった学齢期の子どもたちも、再び軍需産業に携わることを求められるようになった。このような状況のなかで、家族生活は、しだいに崩壊していき、また教師不足等のさまざまな理由により、子どもたちの非行問題がますます深刻になっていった。

アルト（Alt,H.）は、戦争が及ぼす悪影響で子どもがどのような状況におかれるかということを次のように述べている。

「父親が、軍隊に入隊しているまたは他の地域で働いているために家庭にいない。働く母親が増加し、一方で、非常に頻繁に、不健全な状況のもとで、子どものためにまえもって禁止された産業で働く子どもが増加するため、結果として親の指導と監督を弱めることになり、出席、職業訓練に支障が生じることになる。
　通常の地域関係が崩壊し、行為制限の崩壊が付随して起こるため、軍需関連産業が集められた中核地域へ、家族が広範囲にわたって移住してくるということ－行為制限の崩壊とは、適切でない住宅施設と子どもにとってあまりにも密集しすぎる不適切な、社会的、保護的施設、そして酒場、バー、売春宿のような商業的娯楽施設利用の多大な増加に由来する[2]。」

つまり、子どもたちは、学ぶための安定した環境におかれなくなってしまったため、生活を乱すこととなり、反社会的行動を学ぶようになるということである。
　ここから、第2次世界大戦で経済は繁栄したが、その一方で多様な社会問題を引き起こしたことがわかる。生活環境の悪化により、子どもの非行が増えたのである。
　また、この戦争によって、ソーシャルワーカーが徴兵されるようになり、慈善組織が兵隊の処遇をするように求められた。これにより、それまで子どもの非行にかかわっていた政府の機関や任意団体の職員は数を減らすことになり、状況は悪化した。地域サービスは質が低下し、量が減少した。言い換えれば、戦争によって子どもの問題を取り扱うために利用できうる資源が減少し、質が低下したのである。このことから、さまざまな生活関連課題を抱える子どもの対策は不十分なものとなってしまった。

ビーアド夫妻（Beard,C.A.&Beard,M.R.）は、当時の悲惨な状況を以下のように指摘している。

「非常に多くの母親が、昼間なり夜間なり長時間にわたって、家庭を離れて働いていたから、家族生活が崩壊したばかりでなく、大勢の年端もゆかぬ子どもたちまでが自活の道を求めて街頭に投げ出されていった。年頃になった子どもたちは、続々と学校をやめて、法外な賃金の工場で働き、もはや学校に戻ることをいやがってすっかり自活の道に入ってしまった。子どもたちが教師や両親に監督されないため、少年の非行や犯罪は、アメリカ社会の道徳的基礎を危うくするまでに増大した[3]。」

ビーアド夫妻は、第２次世界大戦により家庭崩壊、児童労働、不就学、非行等の問題が引き起こされたと述べている。この戦争により、子どもの非行が増加したが、それに対応する専門家が不足したため、社会環境は悪化していった。

アルトは以下のように述べている。

「戦争が開始されてから、少年非行の増加は、少女による非行の増加が少年のケースと比べて多いという事実とともにすでに言及されてきた。その増加は、人口が増加している地域の方が大きく、大都市よりも田舎の地域および小さい町の方が少ない。その増加は、すべて10代の集団のなかで生じてきたが、14歳以上の年齢集団の子どもたちにおいて最もはっきりとみえてきた。黒人の子どもが白人の子どもよりも集団数で比較すると、頻繁に法廷に出頭するが、1940年から1942年までの２年間における白人の子どもの増加率は、実質的には黒人の子どもの非行増加率よりも大きい。連邦調査局（the Federal Bureau of Investigation）は、ある種特定の罪で逮捕された21歳以下の少女の割合が、1942年には1941年以上に増加したとい

うことを報告する。かくして売春と商業的悪徳（commericialized vice）によって起訴された子どもの数が64％増加した。そして別の性犯罪で起訴された子どもの数が104％に増加した[4]。」

ビーアド夫妻と同様に、アルトも子どもの非行問題が増加したと述べている。このことからも治安の悪化が深刻化していることがわかる。

さらに出征や田園地方での新工場建設のために、家族から離れて働く単身赴任の人が増加した。これにより家族関係は崩壊していった。

しかし、第2次世界大戦への参戦国のなかで、アメリカは工業の全生産設備の多くを軍事生産に回していた。このことにより、アメリカのみがその産業に打撃を受けることなく無傷でくぐり抜けることができた。

ドレーク・清水は、当時のアメリカの状況について次のように述べている。

「アメリカの製造業は『民主主義の兵器庫』となりおびただしい数の航空機、船舶、弾丸、弾薬、爆弾を合衆国と連合国軍のために製造した。戦争末期には、合衆国は約百隻の空母をはじめ、おびただしい数の潜水艦や航空機を就役させるに至っていた[5]。」

戦争中のアメリカは、景気回復をもたらしたが、その一方で子どもの問題を増加させた。これは、戦後において問題を抱える子どもたちに対する対策を練ることを必要とさせるのであった。

（2） 戦後の社会状況

1945年8月15日に、日本の無条件降伏によって戦争が終結した。それに伴い、アメリカは再び戦時体制の経済から、平和を基礎とした経済へ、すなわち戦前の経済状況へと変化させなければならなかった。

この時期に1,160万人の兵隊が復員した。これによって1944年には67万人であった失業者の数が1945年には104万人、1946年には227万人、1947年には214万2,000人にまで膨れ上がった。労働時間は週40時間に軽減されたが、戦時中の残業賃がなくなったため、労働者は苦しい生活を強いられることになった。価格統制がなされたが、生活必需品の値段が高騰し、人々はその影響を受けることとなった[6]。

　そしてアメリカは、原子爆弾を使用したことに関する処理および冷戦による緊張に直面させられることになった。このような経済的、また社会的変化の影響により、適切な住居の不足、高い離婚率、少年や成人の犯罪が増加する等の問題が顕著に出てきた。そのような社会状況の影響を多大に受ける子どもたちに対し、学校ソーシャルワーカーが個々に焦点をあてて問題状況の改善を図るという役割が重視されるようになった。

（3）　ソーシャルワーク論の動向

　1940年代に、訪問教師は一般的に学校ソーシャルワーカーという名称に取って代わられることになった。それは、過去に非行対策に関心をもったコモンウェルス基金の支援によって活動していたこともあり、彼らが就学奨励指導員のような仕事をすると誤解されたこともあったため、臨床的ケースワークに限定して活動すべきだとの声があったからであるといえる。これにより、訪問教師は初期の役割（子どもおよびその家族と学校・地域の諸資源の調整役、それら資源の連携役）を減少させ、臨床的ケースワークを主として行うようになった。

　実際にはそのケースワークだけでなく、グループワークやコミュニティワークなどソーシャルワークのなかに含まれるすべての技術を用いて活動をしていた。上述のような技法を用いて学校で支援することを明らかにするために訪問教師は、学校ソーシャルワーカーと呼ばれるようなった。

　1940年代において、ソーシャルワーク関連の専門家は、ケースワークの

技術を高めようと模索した。訪問教師も、この臨床的ケースワークを主として行うことを求めるようになったが、この時期のソーシャルケースワーク分野では、多様な議論がなされていた。

この時期のケースワーク領域では、診断主義ケースワーク、機能主義ケースワークの2つの潮流があった。前者はフロイト（Freud,S.）理論に基づく力動精神医学（dynamic psychiatry）の原理を応用したものである[7]。この診断主義ケースワークは、リッチモンドのケースワーク論の上にフロイトの精神分析理論を加えた医学モデルに基づくものであった。医学モデルの特徴は次の通りである。

① 問題状況を訴える者、もしくは人々の常識や社会的規範から逸脱している者の存在を不可欠なものと考えること。
② 問題を引き起こす原因が必ず存在すると考えること。
③ 発見された原因の治療・除去によって問題を解決することが必要と考えていること（対症療法的発想）。
④ 個人に焦点をおいているということ。
⑤ 人間はさまざまな部分から成り立っていると基本的に考えているということ（アプローチの専門化と対象の分別化[8]）。

後者は少数派であったが、岡本が述べるように「ランク（Rank,O.）の意志心理学をベースにして、クライエントを主体にした援助方法を重視し、ワーカーを含めた施設・機関等の機能を最大限に活用できるような場と機会を用意することを強調した」ものであった[9]。

フロイトは、無意識にまで関心を向けていたが、ランクは意志のみに関心を向けてクライエントにかかわっていた。ここから、クライエントが抱える生活関連課題はクライエント個人の問題とみなされていたことがわかる。ケースワークは、支援のなかで評価されたが、社会背景を見落としが

ちであったのである。

　訪問教師は、1930年代以降からソーシャルワーク教育を専門的に受けることを望まれるようになり、このようなケースワークの動きに影響を受けるようになった。この状況のなかで、アメリカ訪問教師協会は、自身の仕事を他者に明示するため、また、専門性を高めるため、アメリカ学校ソーシャルワーカー協会という名称に変更していくようになった。その後、訪問教師は、一般的に学校ソーシャルワーカーという名称で知られることになるのである。

第2節　全米学校ソーシャルワーカー協会

（1）　協会の目的と会員資格

　1919年に組織化された全米訪問教師協会は、1942年にアメリカ学校ソーシャルワーカー協会（the American Association of School Social Workers)、また1945年に法人組織化されて、全米学校ソーシャルワーカー協会（the National Association of School Social Workers）という名称に変更された。協会が法人組織化されたことにより、組織の目的が述べられ、また会員になるための資格の幅も広がり、組織が徐々に整えられていった。協会の目的は次の通りである。

① 学校の社会サービスの質を向上すること。
② 社会サービスの必要性を理解すること。
③ 実践するときに影響を及ぼす他の職員、専門教育、組織および管理者のための基準を定義し、掲げるのを助けること。
④ 実践に関連する一連の知識と技術を拡大すること。
⑤ 小中学校の教育課程に精神衛生の原理を適用できるように助けるこ

と[10]。

　ここから、協会は、サービスの質を高めるために組織されたことがわかる。⑤は、学校ソーシャルワーカーが第2次世界大戦後、子どもの情緒面に働きかけていくことを重視していることがよくあらわれている。
　協会の会員資格は次の通りである。

① 　上級会員…公認の大学院で、ソーシャルワークの専門教育を少なくとも1年間受け、教員経験または学校ソーシャルワーカーとしての経験を経た者。
② 　正会員…現役の学校ソーシャルワーカー。
③ 　準会員と賛助会員…協会が掲げる目的を推進するのを助けることに関心を示す者、すなわち一般の人々[11]。

　ここから、上級会員になるためにはかなりの知識と経験が必要であることがわかる。学校ソーシャルワーカーの役割が学校において重要であることのあらわれといえよう。

（2）　協会への加入状況

　1940年の協会会員数は、29州の62都市で209人であり[12]、1942年には戦争中ということもあり、28州の63都市で158人[13]に減少した。アメリカ学校ソーシャルワーカー協会に名称を変更した後、会員数は徐々に増え、法人組織化された1945年までには約250人[14]となり、さらに1949年には約500人[15]となった。これは、学校関係者の学校ソーシャルワークに対する認識が高まってきた結果といえよう。

（3） 運営状況

　協会は幹部局を整備し、学校ソーシャルワークと関連分野に関係する資料に基づいて、3か月に1度会報を出版し、望ましい方針と効果的な実践を発展させるための調査と研究を行ってきた[16]。学校ソーシャルワークの望ましい専門教育を見い出すために、1940年から分析が開始され、1948年には基準が組み立てられ、1949年には全米協会（the National Association）の要請で、学校ソーシャルワークの専門教育をするための認可団体として活動することに賛成を求めた[17]。

　まず(1)協会の目的について検討してみると、協会は学校ソーシャルワーカーがこの時期には、社会センターとしての学校を築きあげること、他の専門職に自らの役割を理解してもらうように努めることを重視している。当時、臨床的ケースワークが社会的評価を得ていたため、以前よりも重要視するようになり、それを積極的に取り入れようと努めるように仕向けている。

　次に協会の会員資格について検討してみると、シッキーマ（Sikkema,M.）は、「現在のところ、協会は訓練の機会と専門基準を研究し、案の通過に努めており、そして学校ソーシャルワークを理解するように促している」と述べている[18]。1945年に規定された会員になるための資格は、3段階に分けられ、一般の人々も入会することができるように定められた。シッキーマがいうように、協会は多くの人々が学校ソーシャルワークの分野を理解することができるように仕向けていることがわかる。

　そして(2)協会への加入状況について検討してみると、一般の人々にも会員になるように促していることから、徐々にその数が増えていることがわかる。これは、人々の学校ソーシャルワークに対する関心が増えたことを意味する。

最後に(3)協会の運営状況を検討してみると、この活動も会報を出したり、会議をするなどして、学校ソーシャルワークの理解の幅を広げるように仕向けていることがわかる。

すなわち、協会は、この当時の多様で深刻な生活関連問題に対応するために、学校ソーシャルワーク分野が必要であることを述べているということができる。学校ソーシャルワークは、このように試行錯誤がなされるなかで発展していくのである。

（4） 地区の運営状況

1） 雇用状況

1930年代の不況の間、学校ソーシャルワーク分野における活動は、他のソーシャルワーク専門職と同様に、衣食住の供給が主であったが、それ以後は、ソーシャルワーク分野の発展と同様に急速に発展した。学校ソーシャルワーク分野は、アメリカの多くの学校群にとって徐々に不可欠なものとなってきた。その分野における州基準が多くの州によってつくられることになった。学校側が学校ソーシャルワークサービスの必要性を認識し、そしてこのサービスが州法によって支援されることになった。

学校ソーシャルワークは最初、中等学校で導入された。幼少期の教育が重要視されるようになり小学校でも導入されることになった。その後、教育プロセスの予防精神保健の要素として、小学校レベルで集中的に用いられるようになった。1944年に全米教育局（the United States Office of Education）が調査を行った。局が人口1万人以上の1,100の都市を対象にして行った調査では、748都市からの返答のうち266都市が約1,000人の常勤ソーシャルワーカーを雇っていることを明らかにした。102都市は他の学校職員によって、学校ソーシャルワークが続けられていたことを明示した。多くの都市が、学校ソーシャルワークサービスを導入していないと報

告し、翌年に学校ソーシャルワーカーを雇う予定をしていると答えた[19]。

また1943年から1947年までの間に、ジョージア州、イリノイ州、ルイジアナ州、メリーランド州、ミシガン州、バージニア州、ワシントン州およびプエルトリコ自治連邦区が、このサービスを開始するために、全州的な計画を立ててきた[20]。

ミシガン州では、1年間で約100人の学校ソーシャルワーカーが雇われた。バージニア州においては、1945年9月の新学期がはじまるまでには、約70人の学校ソーシャルワーカーが雇われていた。ジョージア州では、1945年に学校ソーシャルワーカーの雇用を促進するための立法が制定された。この時期には、150人の学校ソーシャルワーカーが常勤で雇われていた。ルイジアナ州では、学校ソーシャルワーカーが教区に雇われるべきであるということが法で制定された[21]。南部、中西部、南西部、西部の多くの地元の学校群は、このサービスを取り入れることによって、東部より多大な発展をあらわしていた[22]。

これまで教師は、不登校の子どもを取り巻く社会背景上の問題を理解し、そしてずる休みを問題の兆候としてとらえることに対してサービスをする専門家が必要であると述べてきた。こうすることを助けるのが学校ソーシャルワーカーである。ここから、学校職員は、学校ソーシャルワーク分野について理解しようと努めた。彼らは、学校が何をすべきか、何ができるかを考えることによって、学校ソーシャルワークの必要性を認識するようになった。戦後であったため、非行が増加した。教師はそれを予防するために、学校プログラムにソーシャルワークサービスを取り入れる必要性を呼びかけるようになった。教師と親は、すべての子どもの学習意欲を満たすため、学校で支援する専門的サービスの1つとして、学校ソーシャルワーカーが存在しうることを理解するようになった。次に、学校ソーシャルワーカーの雇用状況についてみていくこととする。

1954年において、ポール（Poole,F.）は、学校ソーシャルワーカーの雇

用について以下のように述べている。

「学校のソーシャルワーカーは、学校ソーシャルワーカー、訪問教師、家庭および学校カウンセラーなどのさまざまな名称を与えられ、そして、彼らの職務定義は、各地区ごとにある程度異なっている。彼らは、多様な方針をもっている学校群のなかに組み入れられてきた。学校で、学校ソーシャルワーカーは、独立部門に配置されたり、ガイダンス部門や特別なサービスのなかに配置されていたりする。特に農村群のなかでは、教育長（the superintendent of schools）と同等の責任を負う学校ソーシャルワーカーもある。そのサービスは、多様なサービスを組み合わせる管理構造のもとにあるが、このように多くの学校群で、専門的なソーシャルワーカーが、そのサービスを指導するために雇われるのである[23]。」

学校ソーシャルワーカーが学校で雇われるようになったが、名称が各州によって異なるためその職務には差があるということである。

2）雇用増加の要因

ポール、ウィルソン（Wilson,C.C.）は、学校ソーシャルワーカーが増加した要因を次のように記している。

① 学校側が、若者の直面している問題を減少させるように、学校ソーシャルワーカーに対して働きかけることが重要であると認識したこと。
② 多様な教育上、社会上、文化上、経済上の背景をもつ人々が軍需生産地域の学校にたくさん流入してきたこと。
③ 南部の諸州が義務教育法（compulsory attendance laws）の実施と義務就学年齢を拡大することに関して関心をもったこと（この分野の発展において一番大きな要因である）。

④　少年非行の問題が増加したこと。

⑤　学校ソーシャルワーカーが、子ども、親、地域および学校に対して働きかけるので、若者の問題を予防するのを助けるサービス専門家だと考えられたこと。

⑥　教育関係者が全米教育事務所（the United States Office of Education）、全米子ども局（the United States Children's Bureau）、全米学校ソーシャルワーカー協会と多くのソーシャルワークの大学院に対して援助を求めたこと（教育関係者の多くは、家族および地域の生活で存在する不安な状況は、学校へ通う子どもたちにとって社会サービスを必要にさせると信じているからである[24]）。

すなわち、環境の悪化が学校ソーシャルワーカーの増加に関連しているということができる。

（5）　学校ソーシャルワーカーの地位

学校ソーシャルワーカーの資格、責務および給料については州によってさまざまである。学校ソーシャルワーカーの地位を確たるものにするために、それらを均一にすることが望ましいと考えられることになる。

シッキーマは以下のように述べている。

「1945年の間、学校管理者、州の教育長官、教育学部およびソーシャルワークの学部の代表者および学校ソーシャルワーカーから成り立った委員会は、全米教育事務所の支援のもとで、学校ソーシャルワーカーであることを証明するための資格をつくろうと考えた。また支払われる給料は、学校ソーシャルワーク分野以外の資格をもち専門的経験をもっていると考えられる学校職員の給料と見合うものでなければならないと考えられ、1947年以降に、学校ソーシャルワーカーの給料は、専門的な資質と責任が類似

する他の学校職員と同等のものになってきたのである[25]。」

　ここから、学校側に学校ソーシャルワーカーの地位を向上させるために、その役割の重要性を認識させるために給与保障をなされたことがわかる。
　この考え方は現在に至るまで続いている。

第３節　学校ソーシャルワーカーの役割

（１）　戦後の学校ソーシャルワーカーの役割

　第２次世界大戦後の学校ソーシャルワーカーの役割は、1930年代と同様に４つにまとめてあらわされている。

① ソーシャルケースワークの技法を用いることによって困難に直面している子どもたちを助けること。
② 子どもたちが直面している困難の原因をつきとめて改善する方法を発見し、利用しようと試みること。
③ 学校と家庭の親を理解すること。
④ 地域の社会機関に働きかけ、学校とこれら機関の間の連携係として活動すること[26]。

　つまり、学校ソーシャルワーカーは1930年代と同様に臨床的ケースワークを遂行するために調査を行い、資源を結び付けながら環境調整を図っているのである。
　学校ソーシャルワーク計画を法制化する州教育部門は、資格をもつ学校ソーシャルワーカーの必要性を知っていたが、このような専門家をほとんど雇っていなかった。このようななかで、学校ソーシャルワーカーに求め

られる資格と技術が専門的なものであることを明確化されるようになった。専門的なサービスは、大都市では学校群の指導者のもとで調整、研究がなされ、そしてこれが行われるにしたがい、学校ソーシャルワーカーの役割を明確にすることが望まれるようになった。その理由としては、学校には多くの類似した専門家が働いているからである。そのようななかで自身の役割を確立しない場合、専門的なサービスを行うというよりは、責任を伴わない雑用係になってしまう。それを避けるためにも、訪問教師分野において当時主流であった臨床的ケースワークが強調されたということができる。

（2） ソーシャルケースワークへの傾斜

1940年代における学校ソーシャルワーカーは、その役割を臨床的な取り組みに、特に一対一でかかわるケースワークに限定して子どもにかかわることを主な役割としていた。学校という場ですでに定められていることにしたがいながら活動することが望ましいと考えられるようになったのである。学校規定にしたがい、子どもの教育受給権を妨げる生活課題を見い出し、学校と家庭と地域を結び付けることの必要性に対して理解を促した。

しかし、当時主流であったソーシャルケースワークに限定して支援をするだけでは、学校に問題があった場合に子どもを適応に導くことができない。学校ソーシャルワークは、子どもたちの生活関連問題を解決に導く際に学校へも働きかける必要がある。

シッキーマは、1949年に、学校ソーシャルワーカーが行うサービスについて以下のように述べている。

「子どもと親に対するケースワークサービスは、学校ソーシャルワーカーが行うサービスの中心的なものである。仲間関係を通して、すなわち職能関係を通して教師と学校管理者が学校運営をするなかで、より深く人

間行動を理解するのを助けることも同様に重要である。教師と学校職員は人間行動の意味を長い間学んできたが、カリキュラムの構成とプランニングをほとんど学んでこなかった。……ソーシャルワーカーは、学校職員のメンバーとして教育のプロセスが、教材を教えることから、子どもたちを教えることへ移行するにつれ、この重要な要求に応じるようにするための特有の助力を提供することができる[27]。」

シッキーマは「ケースワークサービス」と「教育関係者への子ども理解に対する働きかけ」は、学校ソーシャルワーカーにとって、ともに重要な職務であると述べている。すなわち、教師の子ども理解を促すことなしに問題解決はあり得ないということである。

また「カリキュラムの構成やプランニングの作成」にも学校ソーシャルワーカーが関与することをますます望まれるようになってきたことも述べている。言い換えれば、教師が子どものためにどのようなものを取り入れればよいかを知る上で、学校ソーシャルワーカーの協力を得ることは第三者の意見を取り入れることになるので重要なことであるということである。

また、ポールも、1949年に「学校ソーシャルワーカーは、学校職員のメンバーとして学校プログラムを発展させるなかで、方針と手順を組み立てるのを助けるために、運営管理者と他のメンバーとともに参加する」と述べている[28]。すなわち、彼らは、施策策定と運営に関与するということである。

このことから、学校ソーシャルワーカーは、ミクロレベルからマクロレベルに至るまでの多様な支援をしていることがわかる。このような状態を避けるために、専門職としての定義づけが必要であり、子どもに適切に働きかけるために責任を負う仕事、ケースワークを見い出さなければならないということが述べられ出した。

学校ソーシャルワークサービスをケースワークに限定すべきであるとの

第 6 章　訪問教師から学校ソーシャルワーカーへ

声が高まるなかで、ポールは次のように述べている。

「学校での子どもへのケースワークは、この現場において特有であるが、より良い理解を得てケースワーク過程の一般的原則に関係づけなければならないというある種の特色がある。学校は、子どもにとっては、そのほとんどが自分の環境であり、そのなかで彼らは、ほぼ独立している。子どもは、学校経験を利用することに対する責任の大きな部分を担う。子どもがこの環境で何らかの困難に出くわしたら、ワーカーは子どもがそれを解決するための責任がとれるように支援する。ワーカーは、学校にとっては、問題を抱える子どもが困難を理解するのを助ける存在である。ワーカーは、子どもには問題がどのように映っているのかを解明することができるようにするために、彼らを助けるのである。援助プロセスを通じて、子どもに対するソーシャルワーカーの働きかけは、彼が適切に責任を負うことができる問題に対して、自身で取り組んでいけるように援助することに向けられる[29]。」

ポールはこの時期の学校ソーシャルワーカーが、子ども個人の内面に焦点をあてて援助をする専門家であることの必要性を述べている。すなわち、彼らは、子どもが自身で困難を克服できるように促す支援者でなければならないということである。ポールも、当時主流であった臨床的ケースワークを重視していたことがわかる。これらを検討すると、この時期における学校ソーシャルワーカーは、自らの役割を確立するために模索していたということができる。

小結

　本章では、戦後、学校ソーシャルワーカーは、専門性を確立するためにさらなる思考錯誤を繰り返していたことを明らかにした。学校ソーシャルワーカーは、学校ケースワーカーであるべきだとの声が1930年代以降から高まった。戦後はさらにその声が活発になった。この後、学校ソーシャルワーカーは、臨床的ケースワークに重点をおいて支援していくことを求めるようになった。

　学校ソーシャルワーカーという名称は、1942年に協会が全米訪問教師協会から全米学校ソーシャルワーカー協会へとその名称を変更したことから、一般的に用いられるようになった。このことを機に、学校ソーシャルワーカーは、当時ケースワーク論において主流であった臨床的ケースワークの影響を受け、その技法を用いて子どもを援助することを求めるようになった。この状況は、1960年代になるまで続く。これは、臨床的ケースワークが学校ソーシャルワーカーの地位向上につながると考えたからである。学校に多くの類似した専門職が存在するため、独自性を見い出そうとしたからである。自らの役割を確立しなければ専門職ではなく雑用係とみなされてしまう。学校ソーシャルワーカーは、それを避けるために、個々に焦点をあてた取り組みに限定して子どもを支援していかなくてはならなかったのである。

第 6 章　訪問教師から学校ソーシャルワーカーへ

注記

1）一番ケ瀬康子『アメリカ社会福祉発達史』光生館　1989 年　230 頁。
2）Alt,H.(1945),"Juvenile Behavior Problems", *Social Work Year Book*,8, Russell Sage Foundation, p.223.
3）ビーアド，C. A.・ビーアド，M. R. ／岸村金次郎・松本重治訳『アメリカ合衆国歴史』岩波書店　1956 年　648 頁。上掲　一番ケ瀬康子　230 − 231 頁にも引用されている。
4）Alt,H.(1945), op.cit., p.223.
5）ドレーク，R. B.・清水忠重『アメリカ合衆国小史』柳原書店　1995 年　163 − 164 頁。
6）上掲　一番ケ瀬康子　246 頁参照。
7）リード，K. E. ／大利一雄訳『グループワークの歴史−人格形成から社会的処遇へ−』勁草書房　1999 年　139 頁。
8）秋山薊二「実践モデル」太田義弘・佐藤豊道編『ソーシャル・ワーク　過程とその展開』海声社　1989 年　83 頁。
9）岡本民夫「ケースワークの歴史」武田　健・荒川義子編『臨床ケースワーク』川島書店　1991 年　7 頁。
10）Sikkema,M.(1949),"School Social Work", *Social Work Year Book*,10, Russell Sage Foundation, p.461.
11）Ibid., pp.461 − 462.
12）Walker,W.(1941),"Visiting Teachers", *Social Work Year Book*,6, Russell Sage Foundation, p.514.
13）Walker,W.(1943),"School Social Workers", *Social Work Year Book*,7, Russell Sage Foundation, pp.486 − 487.
14）Leonald,S(1945),"School Social Workers", *Social Work Year Book*,8, Russell Sage Foundation, p.429.
15）Sikkema,M.(1949), op.cit., p.461.
16）Ibid., p.462.
17）Sikkema,M.(1951),"School Social Work", *Social Work Year Book*,11, American Association of Social Workers, p.448.

18) Sikkema,M.(1949), op.cit., p.462.
19) Poole,F., Wilson,C.C.(1947), "School Social Work", *Social Work Year Book*,9, Russell Sage Foundation, pp.492 - 493 参照。
20) Sikkema,M.(1949), op.cit., p.461.
21) Poole,F., Wilson,C.C.(1947), op.cit., pp.492 - 493 参照。
22) Sikkema,M.(1949), op.cit., p.461.
23) Poole,F.(1954), "School Social Work", *Social Work Year Book*,12, American Association of Social Workers, p.468.
24) Poole,F., Wilson,C.C.(1947), op.cit., p.493.
25) Sikkema,M.(1949), op.cit., p.462.
26) Poole,F., Wilson,C.C.(1947), op.cit., pp.493 - 494: Sikkema,M.(1949), op.cit., p.463.
27) Sikkema,M.(1949), "An Analysis of the Structure and Practice of School Social Work Today", *Social Service Review*,23, University of Chicago Press, p.447.
28) Poole,F.(1949), "An Analysis of Characteristics of School Social Work", *Social Service Review*,23, University of Chicago Press, p.456.
29) Ibid., pp.456 - 457.

第7章
ソーシャルワーク専門職の統合

　本章では全米学校ソーシャルワーカー協会が全米ソーシャルワーカー協会に合併されたこと、一般的なケースワーク論においては多様な実践アプローチの理論体系化が図られたが、学校ソーシャルワーク分野では、伝統的な臨床的ケースワークを重点的に行っていたことを明らかにした。また、彼らが臨床的ケースワークを重視した理由についても検討している。

第1節　社会の繁栄

（1）　朝鮮戦争の影響

1）　経済の繁栄

　第2次世界大戦後においても子どもの非行問題など、第1次世界大戦後と同様の問題が生じている。1950年における朝鮮戦争の勃発がきっかけで、アメリカ経済は再び回復の兆しをみせた。国庫によって補助される軍需産業が拡大した。オートメーション化が進むことにより、労働者の生産性は急速に向上した。1950年代は「新たな繁栄」の時代となったのである。
　この時期の繁栄は、1920年代よりもはるかに大きなものであった。この1920年代の繁栄は1929年が頂点であったが、1956年の国民総生産はその2倍強、個人の可処分所得も2倍強、1人あたりの個人可処分所得は約6割増えた。1929年に比べて繁栄の規模は非常に大きかった。1950年代の

繁栄は、ビッグビジネスの手に牛耳られていた。一番ケ瀬が述べるように「独占価格による国民生活の支配、そして大量生産に伴う企業の大がかりな宣伝は、その国内市場を広げ、月賦販売などのいわゆる賦払信用をますます発達せしめ、国民の生活構造を画一化していった」ということである[1]。その傾向は、企業の集中化、独占化によって、より顕著なものになっていった。

2) 朝鮮戦争終了後の状況

この戦争が勃発して以後の1950年から1953年の終了時に、アメリカ経済は再び繁栄した。この戦争が終了した後も、冷戦の影響により繁栄は継続した。1953年から1954年の間の失業者数は360万人と減少したが、1957年から1958年には、逆に570万人となった[2]。失業者の問題が根強く残っていたと言わざるを得ない。この時期のアメリカは好景気であったが、多くの課題を抱えていたのである。

一方で、アメリカ社会が経済的に安定することにより、学校ソーシャルワーク分野は、自身の専門性について考え、取り組むことができるようになった。学校ソーシャルワーカーは、1940年代と同様に自らの役割を専門的なものにするために、臨床的ケースワークの技法を積極的に取り入れるようになっていった。

（2） 黒人差別の影響

戦後、1950年代のアメリカ社会は比較的安定していた。この安定は、1960年代にも続くと政府関係者によって予想されていた。貧困という問題は徐々に減少していき、また1954年5月17日の公立学校における黒人の子どもに対する差別撤廃に関する判決がきっかけで、黒人の子どもに対する差別もなくなっていくであろうという期待もあった。公立学校における黒人差別撤廃に関する判決文は次の通りである。

「今日、教育は、児童に文化的諸価値を知らしめる点において、またのちに専門教育を受ける時の準備という点において、そしてまた環境に正常に順応していくことを助長するという点において、主要なる1つの手段である。

このような時代において、いかなる児童であれ、もし教育の機会が与えられないならば、彼が立派に人生に処してゆくことは当然には期待できないであろう。教育の機会は、州がその機会を与えることになっている場合には、すべての者に対し、平等の条件を享受しうるようにしなければならない権利である。

われわれは、それゆえ、ここに提起されている問題、すなわち義務教育において児童を、単に人種の違いだけを根拠にした差別扱いすることが、たとえ物質的な諸施設その他『目で見える』諸条件は平等であっても、少数グループの児童から教育を受ける平等の機会を奪うことになるのではないかという問題に到達するのである。われわれは、それは平等の機会を奪うものであると信ずる[3]。」

判決文は、人種差別をすることで被差別者はスティグマを負うことになり、将来の社会生活に備えることができなくなってしまうので、子どもたちを人種の違いだけで差別をしてはならないことが述べられている。教育を受けるということは、子どもの将来の基礎となると読み取ることができる。

しかし実際には、これら2つの問題は根強く残った。1960年代になっても貧困問題は解消されていない、国の富は平等に分配されていない、子どもたちが平等に学校教育を受けていない、そして全国民に対する社会正義がいまだに整っていない等の問題が根強く残っていた。アメリカで生活をしている黒人たちは、このような不平等や社会正義の欠如に関して不満を募らせていった。黒人たちは、自らが何の策も講じることができないとい

うこと、自身の人間としての尊厳が重んじられないということに対して考えはじめた。彼らは、有色人種の全国協会、学生非暴力調整委員会等の組織をつくることにより、自らで活動をしはじめた。黒人たちはこのような組織に所属することによって、自らの権利と義務を追求していった。

しかし、黒人の社会進出を良く思わない人々が彼らに対して危害を加えるという事件が数多く出現してきた。白人が黒人に対して危害を加えたり、また、黒人に肩入れする白人に対して危害を加えるという事件が出現したのである。この時期には、黒人暴動が起こった[4]。

さらに公民権運動が起こったため、白人の学生、黒人の学生の両方がその影響を受け、学生運動に参加していくことになった。このため、ケネディ大統領の後に就任したリンドン・ジョンソン大統領（テキサス州出身）は、1964年7月に人種差別に反対することを組み込んだ公民権法を可決させた。翌年には投票権法を可決させた。彼はこのような貧困状況を打開するために、「貧困戦争」と呼んで公民権法の他、減税法を成立させ、政治的解決を促すことに努め、国内の安定のために多様な施策を打ち出したのである。社会福祉に関連する分野では、老人への医療保障の問題、連邦政府の教育援助問題の解決を図った。ベトナム戦争がはじまるまでは、ジョンソンが主張する「偉大な社会」は軌道にのり実現されつつあったが、ベトナム戦争への介入により、国内施策は混乱をきたしてしまった。学生運動の焦点は、ベトナム戦争の影響により、公民権問題から戦争遂行に用いられる政府の資金配分問題へと移っていった。学生のなかには、ソーシャルワークという分野が自身の立場に適合することを見い出し、ソーシャルワーク大学院で勉強する者も出てきた。

（3） 公立学校の状況

この時期の公立学校は、なにかと非難の的となることが多かった。このため公立学校は、ソーシャルワーカー、ガイダンスカウンセラー等の学校

関係職員とともにこの学校の変革についてかなり討論をした。教育の機会均等が昔から叫ばれてきたが、この時期も人種差別や公教育分野では、少数民族の子どもたちへの差別があり、教職員は彼らが悪い成績をとることを当然のことと考えていたこともあり、子どもの学習意欲は一層低下していった。このようななかで、親は、学校から疎遠になっていると感じた。学校に対して要求をしたいと訴える親もあった。

　1960年代は、アメリカ国内で複雑な教育問題が露呈していたが、学校ソーシャルワーカーは、そのなかでもケースワークに重点をおいて支援することを望んだ。このことは、後に述べるコスティンの職務分析によくあらわれている。

第2節　ソーシャルワーク論の動向

（1）　ソーシャルケースワーク

　1950年代には、多くの研究者がソーシャルケースワークのあり方に関しての新しい方向性を模索した。

　マイルズ（Miles,A.）は、フロイト理論の影響を受けた心理学的、精神医学的ケースワークを批判した。リッチモンドのソーシャルケースワーク論に基づく社会環境の調整に重点をおかねばならないと考え、「リッチモンドに帰れ」と主張した。個人と環境の相互関係にも目を向けなければならないということである。それにより、シェッツ（Schetz,F.）は、社会環境の影響を再評価することに努めた。すなわち、ケースワークの社会・文化的条件を重要視したのである。かくしてこの時期のケースワーク理論は、岡本が述べるように、「ケースワークとしての特徴を再獲得しようという模索がみられた」ということができる[5]。

　また、この時期は1940年代に論争がなされたフロイト派の診断主義

ケースワークとランク派の機能主義ケースワークをも折衷することが試みられた。

パールマン（Perlman,H.）やアプテッカー（Aptekar,H.）らは、両者を統合しようと試みた。パールマンは、診断主義派であるが機能主義派の理論を取り入れた。新しいケースワーク論を考案するために、社会的役割を利用した。アプテッカーは、機能主義派であったが診断主義派の理論を取り入れた。機能主義と診断主義との対立をもたらしたフロイトとランクの考え方を検討したのである。アプテッカーは、力動論に基づいてケースワークを論じた。

このことに関して、岡本は「この両者の統合化への努力は、診断・機能の両派を統合させることに必ずしも成功していないが、その後のケースワーク論にインパクトを与えたものと評価されている」と指摘している[6]。

このようななかで、ソーシャルワーク関連の専門職は、自らの役割を明確にするために統一した専門協会をつくることになった。1960年代では、前述にもあるように人種問題と貧困問題が露呈し、それに対する対策がクローズアップされた。ここから、ソーシャルワーク関連の専門職が、社会問題に目を向けず、個々の内面に焦点をあてた治療的ケースワークに傾斜し過ぎることに対して批判が生まれた。ケースワーク分野は、厳しい状況に立たされた。学校ソーシャルワークの分野も同様であった。

今まで用いられていたケースワーク理論だけでは限界があると指摘され、リッチモンドが定義したような人と環境の調整に重点をおくソーシャルケースワークが必要であると改めて考えられるようになった。このことに対して和気は次のように述べている。

「フロイトらの精神分析を実践の基盤とするソーシャルワークの方法、すなわち個人の内部に巣くう病理を突き止め、専門家が治療を施す『医学モデル』は、大きな方向転換を余儀なくされる。そしてこの『医学モデル』

にかわって、個人や社会が抱える問題を広く社会生活面から捉え、そのニーズを社会資源に積極的に結び付けて解決していこうとするソーシャルワークの方法が、『生活モデル』として支持されていくことになる[7]。」

それに伴い、人間科学の発展を基盤とするソーシャルケースワークの理論化がなされはじめた。このことについて、松本は次のように述べている。

「1969年のシカゴ大学で開かれた故トゥル女史記念シンポジウムでは、代表的な実践アプローチとして7つのアプローチが選び出されたが、その後の発展により、2つのアプローチを追加した……9つのアプローチが現在のアメリカで伝統的ケースワークに替わる代表的なケースワーク実践モデルとして各地、各領域で展開されている[8]。」

この9つとは、①心理社会的アプローチ、②機能的アプローチ、③問題解決アプローチ、④行動変容アプローチ、⑤家族中心アプローチ、⑥危機介入アプローチ、⑦成人社会化アプローチ、⑧課題中心アプローチおよび、⑨実存主義アプローチのことである。このような各種のアプローチが用いられはじめた。

①は伝統的な診断主義ケースワークの系統を引き継ぎ、調査・診断・処遇のプロセスを通して人格の発達と問題解決をめざすものであり、②はワーカーの所属機関において可能な機能を用いてクライエントの成長をもたらすものであり、③はパールマンが述べた4つのPの枠組みに基づいてクライエント自身で問題に対処することができるようにするものである。そして④は学習理論に基づいて問題行動を改善しようとするものであり、⑤は支援を求めようとしない家族への計画的な接近により解決をめざすものであり、⑥は情緒問題に対して短期的な支援によって危機状況を克服するものである。⑦は不適応の原因を社会学習の不十分さによるものと考え、

社会的役割や責任を学ぶことをめざすものであり、⑧はクライエント自身が解決を望んでいる課題に集中して短期間で処遇するものであり、⑨はクライエントが直面する問題の意味を発見させながら人間の個性を発展させようとするものである[9]。これらのアプローチは、焦点をあてる問題や支援の対象を定めない①②③④⑧⑨と、それらを限定する⑤⑥⑦とに分けることができる。これらの理論では個人およびその家族とそれらを取り巻く環境のみが対象とされるので、施策などに目を向けることは少ない。言い換えれば、各モデルはソーシャルワークのなかの一部にすぎないということである。今後、社会変革にも目を向けた幅広い視点を取り入れて検討することが課題とされた。

（2） グループワーク

またグループワークにおいても、ケースワークと同じように理論の細分化がなされた。1960年代においてシュワルツ（Schwartz,W.）は、グループワークには、「医学モデル」「科学モデル」「組織モデル」があると述べた。ヴィンター（Vinter,R.）は、グループワークの歴史から「民主的－分散性モデル」「社会化モデル」「更生モデル」が発達してきたと述べた。この時期に脚光を浴びたモデルについて、平山は次のように述べている。

「グループワーク理論の確認をするのに最も注目されたのは、1966年にパーペル（Papell,C.）とロスマン（Rothman,B.）の発表した論文『ソーシャル・グループ・ワーク・モデル－所有と伝統』である。この論文でグループワークには『社会的目標モデル』『矯正モデル』『相互交流モデル』の3つが確認されると主張した[10]。」

社会的目標モデルは集団の社会的能力を高めるために、矯正モデルは集団に参加する個人を治療するために、相互交流モデルは個人と集団が社会

組織との間で互いに利益を得るようにするために用いられるものである。これらのモデルはのちのグループワークの基礎理論となった。このことから、1960年代は、北川が述べるように「社会科学領域で用いられはじめたモデルや理論となる概念を用いて、集団援助技術の理論と実践に関する多様な研究が着手されはじめた時期である」ということができる[11]。

（3） コミュニティ・オーガニゼーション

同分野においても、伝統的モデルでは弱者に対しての効力がはっきりしないという批判があがり、前述の2者と同様に1960年代に理論の細分化が図られた。中村は代表的なものを次のようにあげている。

「ロスマン（Rothman,J.）が1968年に『地域開発モデル』『社会計画モデル』『社会活動法（ソーシャル・アクション）』の3つに分類した[12]。」

地域開発モデルは住民の自助・相互扶助の促進と社会集団の統合化をめざすものであり、社会計画モデルは地域の実質的な課題解決をめざすものであり、社会活動法は権力構造を変化させるものである。

このようにケースワーク、グループワーク、コミュニティオーガニゼーションのなかでも細分化され、独自の理論が発達していくこととなった。これらのすべては、学校ソーシャルワークに多大な影響を及ぼした。

特に、医学モデルから生活モデルへの移行に対し多大な影響を及ぼしたのは、一般システム理論である[13]。一般システム理論は、ソーシャルワークの対象とされてきた個人と社会を相互に依存しあうシステムとみなし、両者を一体的に把握することを可能にするものであった[14]。学校ソーシャルワーク分野も、この波にのって新しいモデルを考えていくこととなる。

（4） ジェネリック・ソーシャルワーク

上述のようにソーシャルワーク理論が専門分化されるようになり多様な問題が生じてきた。秋山はその問題点を4つ指摘している。

① 広範な社会福祉の対象を前提にして、実践の専門技術が進歩するのではなく、社会福祉機関やあるサービスの場を前提とした実践技術の発達や教育が行われたこと。
② ケースワークの科学性が高まるにつれて、グループワークやコミュニティオーガニゼーションが、ケースワークに似た形態をとりはじめたこと。
③ 対象を中心とした実践方法の規定が少なくなってしまったこと（例、老人ホームでのケースワーク・グループワークという見方が主流になり老人ホームのための実践という見方に取って代わるようになった）。
④ ソーシャルワークの援助機関の専門的機能や、そこで働く専門家の専門性だけが優先し、対象者の生活主体としての全体的人間像を見失うことになってしまったこと[15]。

このような問題を克服するためにジェネリック・ソーシャルワークに対する関心が高まった。そこでソーシャルワークの本質をとらえるために、バートレット（Bartlett,H.M）は、『ソーシャルワーク実践の共通基盤』（1970年）を出版した。これは当時多大な注目を集めるものであった。

バートレットの理論をはじめとする統合化のための理論は、3つのタイプがある。

① コンビネーション方式（combination approach）
　例えば、伝統的なケースワーク機能の強化と補充のために行われるや

り方
問題状況に応じてソーシャルワークに属する技術を使いわける。
② 多元的方式（multimethod approach）
専門分化された技術の統合化を図るやり方
バートレットはこの立場でソーシャルワークの本質について考えた。
③ 統一的方式（generic approach, integrated approach, unitary approach）
援助者が行うべきことを模索するやり方（クライエントのニーズに応じて、個人・集団・地域を援助すること）
エコシステムアプローチとしてあらわされた[16]。

①②については、医学モデルの要素が強く、何ら伝統的ソーシャルワーク論の域を超えない。そこで、システム理論・生態学理論を取り入れて理論の構築が図られた。1970年以降のソーシャルワークは、③のやり方が主流になる。すなわち、人と環境を一元的にとらえるというやり方である。これによって、ソーシャルワーカーは、生活面を視点として個人の内面をはじめ社会福祉に関する施策までを含めて関与する技法の理論体系化を図ることとなり、細分化された技術を統合化していくこととなった。

第3節　全米ソーシャルワーカー協会の確立

（1）　7つの専門職の統合

ソーシャルワークに関連する活動の組織的分野は、第2次世界大戦以前は7つに分かれていた。その後これら細分化された分野を統一することに力が注がれるようになった。戦後に法人組織化された全米学校ソーシャルワーカー協会もその波にのることにより、1955年には、1917年に設立された全米ソーシャルワーカー職業安定所（National Social Worker's Exchange）、

1918年に設立されたアメリカ病院ソーシャルワーカー協会（American Association of Hospital Social Workers）、1926年に設立されたアメリカ精神医学ソーシャルワーカー協会（American Association of Psychiatric Social Workers）、1936年に設立されたアメリカグループワーク研究協会（American Association for the Study of Group Work）、1946年に設立されたコミュニティオーガニゼーション協会(Association for the Study of Community Organization）および1949年に設立されたソーシャルワーク調査グループ（Social Work Research Group）とともに合併されることとなった（表7－3－1）[17]。すなわち、全米ソーシャルワーカー協会(the National Association of Social Workers）が結成されたのである。

　これらの協会は、次のような目的をもって全米ソーシャルワーカー協会を設立した。

①　ソーシャルワークの専門職を強化し統合すること。
②　ソーシャルワーク実践を発展させていくこと。
③　健全な社会政策を促進させること[18]。

　このなかで、学校ソーシャルワークに関連する組織は、以前にも述べたが、最初は全米訪問教師協会（1919～1929年）という名称で組織され、その後、アメリカ訪問教師協会（1929～1942年）、アメリカ学校ソーシャルワーカー協会(1942～1945年）、全米学校ソーシャルワーカー協会(1945～1955年）へと引き継がれ、1955年に全米ソーシャルワーカー協会の学校におけるソーシャルワーク部門（学校ソーシャルワークを代表し、それについて説明する組織体）となったのである。
　学校ソーシャルワーク部門の会員になるための資格は次の通りである。

①　学校ソーシャルワークを中心に指導する公認のソーシャルワーク大

表7-3-1　NASW設立の過程

構成団体	→	統合後
全米ソーシャルワーカー職業安定所　1917年設立		
アメリカ病院ソーシャルワーカー協会　1918年設立		
全米訪問教師協会　1919年設立		全米ソーシャルワーカー協会（NASW）　1955年設立
アメリカ精神医学ソーシャルワーカー協会　1926年設立		
アメリカグループワーク研究協会　1936年設立		
アメリカコミュニティオーガニゼーション協会　1946年設立		
ソーシャルワーク調査グループ　1949年設立		

資料　全米ソーシャルワーカー協会／竹内一夫　清水隆則　小田兼三訳『ソーシャルケースワーク―ジェネリックとスペシフィック』相川書房　1997年　145頁。

学院を卒業した者。
② 公認の大学院を卒業した後に現職の学校ソーシャルワーカーとして働いている者。
③ 学校ソーシャルワークに関心のある者[19]。

　初期の会員資格と比較すると、この時期の資格は、以前はソーシャルワーク教育を受けることを求めたが、ソーシャルワーク分野のなかの学校ソーシャルワーク教育を専門的に受けることが望ましいと強調されていた。このことからも学校ソーシャルワーカーは、専門性を高めるために奮闘していたということができよう。

（２） 部門への加入状況

　一連の学校ソーシャルワーカー協会への加入者の数は、戦後徐々に増加していった。そして、1951年の協会会員数は約600人[20]となり、さらに1957年には約1,000人[21]になり、その後もその数は増加していくことになった。これは、学校ソーシャルワークの役割を認めていることのあらわれである。

（３） 運営状況

　全米学校ソーシャルワーカー協会は、アメリカソーシャルワーカー協会と共同で都市および農村地区の12学校群のソーシャルワーク計画について研究し、その調査結果を1953年に発表している。この調査によって、その2つの協会は管理構造、法的基準、職能定義、ワーカーの資格および仕事内容に関係するその当時の計画を分析した。その後、全米ソーシャルワーカー協会に合併された学校ソーシャルワーク部門でも、学校ソーシャルワークの仕事を研究し、それらを改善することを試み続けられていった。1956年にこの部門は、さまざまな規模の学校、都市、農村を含むすべての地域において学校ソーシャルワークを定義するためにワークショップを開催した。そこには50人のソーシャルワーカーが参加し、互いにその役割について話し合った。部門はアメリカ管理者協会（American Association of Social Administration）と協力し、学校ソーシャルワークサービスのより良い運営基準を考えるため、そしてその訓練と資格を再び考えるため、学校管理者と学校ソーシャルワーカーのためのワークショップを開催した。

　その後も、この学校ソーシャルワーク部門は全米ソーシャルワーカー協会の他部門が他分野との共同活動をするのと同様に、ソーシャルワーク教育部門、全米教育協会（the National Education Association）、指導とカリキュラム発展のための協会（Association for Supervision and Curriculum

Development)およびアメリカ教育局（the U. S. Office of Education）のような組織と共同し、ワークショップやカンファレンスの計画を立てている。その会議は、当初はアメリカ教育局の煽動によって組み立てられた子ども、職員関連サービスをする相互専門職調査委員会を代表していた。この委員会は、全米精神衛生学会から多大な補助金を受け、子ども、職員関連サービスと調査の調整をすることを目的として活動した。

学校ソーシャルワーカーは、通常は地元の学区において雇われていたため、学区に自身の活動を報告する義務があった。この時期に、公立学校の多様な子ども関連サービス（ガイダンス、心理学、ソーシャルワーク、保健、出席等のサービス）の調整または指導のために、州教育省が取り決めた仮説的な責務に対して強力な動きがあった。教育省は小学校または中学校ガイダンスサービスを指導し、強調していた。これまでは、子ども・職員関連のサービスは、その48％が心理学的なサービスであり、ソーシャルワークサービスは40％であった。州の多くは、心理学、ソーシャルワーク、就学奨励指導サービスが調整された児童生徒サービス計画のガイダンスに含められるべきだということを認識するようになった。州教育省の多様な児童生徒サービスへの指導は、これらのサービスへの基金を認める連邦法をもたらした。1966年から1967年の学年度に全部で1,560万ドルが、子ども関連サービスを州レベルでの運営管理をするために使われた[22]。各自の取り組みが公を動かすこととなったのである。

（4） 学校ソーシャルワーカーの地位

アメリカ教育局は、1953年に各州の学校ソーシャルワークの認識度について調査している。これは、48州において子ども・職員サービスのための法令共通基盤に基づいて行われたものである。その認識度は、表7－3－2のようにあらわされている。

同教育局は、それぞれの専門職の州認可数と必要数を明らかにしている。

表7−3−2　非教育部門専門職の州認可数および必要数

	就学奨励指導員	養護教諭または医者
地位を認可している州	42	31
地位を必要としている州	23	8
	訪問教師（スクールソーシャルワーク）	
地位を認可している州	7	
地位を必要としている州	2	

資料　Johnson,A.(1965),"Schools(Social Work Practice in)",*Encyclopedia of Social Work*, 15, National Association of Social Workers, p.673.

　当時の48州の一般的な州法では、教育以外で子どもにかかわる専門職を就学奨励指導員、医療関係者、学校ソーシャルワーカーの3つに区分されている。ここから州では学校ソーシャルワーカーよりも就学奨励指導員の方が重要であると考えられていることがわかる。子どもを学校に出席させることが州にとっての大きな課題だったのである。教育委員会が各地区で学校ソーシャルワーカーを認めて雇用しているところは多いが、州での認可は今後の課題ということである。

　この結果から、ジョンソン（Johnson,A.）は「就学奨励指導員が、認可および要求されている地位のリストの頂点を占めているのは、アメリカ国民の特権と義務としてある教育概念に由来する」と述べている[23]。ここからもわかるように州の考え方は、子どもの教育受給権を保障するには出席をもたらすことが大切という考え方が主だったのである。

　調査がなされるなかで、子どもが学校へ行かないまたは行くことができないのは個人の問題ではないことがさらに認識されるようになった。問題の原因は環境にあるということである。このことにより就学奨励指導員は、学校ソーシャルワーカーが行うような仕事を数多くしていたといえる。就学奨励指導員は、ずる休みという行為のみに目を向けるのではなく、それらを兆候としてとらえて原因を探り、援助することが多くなったのである。

就学奨励指導員はあくまで子どもを学校に出席させることを目的とする専門職であり、学校ソーシャルワーカーではない。学校ソーシャルワークの技法が有用であるためにそれを援用しているにすぎない。子どもの生活関連問題の解決を図ることは片手間ではできない。子どもたちの生活面に焦点をあてて支援をする、その役割をする学校ソーシャルワーカーが必要である。

　また、通常1,000人から1,200人の子どもごとに1人の学校ソーシャルワーカーが必要であるということが、さまざまな地区での試験的な実施に基づいて述べられた。

　しかし、実際には、2,000人から2,400人に1人の学校ソーシャルワーカーが配置されるという割合になっていた。この時期でも学校ソーシャルワーカーは、一般社会の理解を得ておらず、人数が不足していたことは明らかである。

　今までは、学校ソーシャルワーカーの資格は、一般的には教員経験または教育に関係するコースでの教育を受け、それとともにソーシャルワークに関する教育を大学院で2年間受けて修士の学位を得ることを求めることが多かった。このことは、結果的に学校ソーシャルワークの専門家を生み出すことを困難にしたため、学区の多くは徐々に教員経験を強調しなくなった。学校ソーシャルワーカーになるために、専門研修として学校ソーシャルワークのフィールドワークがあるソーシャルワーク修士の程度だけを求めるようになった。学校ソーシャルワーカーは、質の高い専門職となるために、修士課程は志願者数よりもはるかに多く設けられるようになった。

　学校ソーシャルワーカーが、教育関係の免許証を取得する必要があるか否かについては、各州の権限にゆだねられていたし、それは、地元の学校委員会があらわす例に基づいて決定された。教師とソーシャルワーカーは、その職能と役割を明確に区別されるようになったということができる。給

料の程度は、学校ソーシャルワーカーに関連する免許証に関係して支払われた。学校ソーシャルワーカーの給料は、教師に支払われる給料と同程度かそれ以上の程度と規定されることが、この取り組みが導入されたときから一般的であった。

そして、1966年度の全米における非教育部門専門職の数は次の通りである。

「地元の学校は、常勤のソーシャルワーカーを4,510人、小学校のガイダンスカウンセラーを3,729人、中学校のガイダンスカウンセラーを35,550人、心理学者を3,821人、就学奨励指導員を4,695人、養護教諭を12,006人（但し公衆衛生部門によって配属される多数の保健婦は除く）を雇っていた[24]。」

このことからも、学校において子ども関連の仕事をする専門家の種類の多いことがよくわかる。学校ソーシャルワーク分野で訪問教師活動が開始された頃から、このソーシャルワーク専門職の独自性に関心が向けられたのは無理もないということができる。戦後、全米学校ソーシャルワーカー協会が、全米ソーシャルワーカー協会へ加入したことによりそれが一層顕著にあらわれてきた。

第4節　学校ソーシャルワーカーの役割と支援の方法

（1）学校ソーシャルワーカーの役割

学校ソーシャルワークの前身である訪問教師活動は、その当初からこの活動の独自性に関心がもたれてきたが、全米学校ソーシャルワーカー協会が全米ソーシャルワーカー協会に加入した後、その関心がさらに高められ

ることとなった。

　スキドモアらは、1964年において事例に基づいて学校ソーシャルワーカーの具体的活動をあらわしている。以下にその内容の一部を紹介する。

「①バイロンは、落第していたので学習意欲をなくし、級友ともなじまない状態が続いた。担任教師はそのことを学校ソーシャルワーカーに相談した。学校ソーシャルワーカーは、すぐさま②彼の家庭を訪問し、家族関係を調査した。また②心理士にも、彼の状態を検討するように頼んだ。学校ソーシャルワーカーは、『母が7人の子どもの世話と学生の夫を支えることを求められていたためにバイロンにまで関心が向かない』ということを見い出した。ワーカーは、家庭での満足を見い出せないことが、『彼が学級においてすぐにあきらめるという状態を引き起こしていた』と分析した。学校ソーシャルワーカーは、調査結果から、バイロンの問題を解決するには、親子関係や本人と学校の調整が必要であることを見い出した。まず、②彼が級友とうまくいくように教師に働きかけた。母に対してはあまり彼に期待し過ぎないように促した。③父に対してはバイロンが関心をもっていることに関して興味を示すように促した。そうすることで彼の行動は改善に向かった[25]。(＿＿線筆者)」

　この当時の学校ソーシャルワーカーの役割は次の1) 2) 3) 4) 5)[26][27][28]の通りである。

1) 子どもが問題を抱えているということを認識すること

　問題を抱える子どもたちは、教師と他の学校職員によって学校ソーシャルワーカーに差し向けられることで同ワーカーの支援を受けに来ることが多い。学校ソーシャルワーカーは、子どもがいかなる問題を抱えているのかを認識する。その原因を見い出すために学校の特質、在学者数、地域と

近隣の状況を調査する。この調査に基づき、学校管理者、教師、特別支援教育指導員と相談をする。

これは、学校ソーシャルワーカーが、この分野のサービスが必要と考えられる個々の子ども、その集団と問題状況を確認することである。

2）　教師と他の学校職員を支援すること

学校ソーシャルワーカーのところへ差し向けられてくる子どもは、多様な問題を抱えている。

教師との連携なしでは子どもを知ることに限界があるため、教師の相談を受けることが、この時期にさらに強調されるようになった。学校ソーシャルワーカーは、学校職員の一部として、子どもの行動の意味を教師と共有する。教師は、学校ソーシャルワーカーに、問題をもっている子どもを差し向けず、自らで解決を試みることもある。ワーカーの方から教師に対して働きかけていくことが必要なときもある。学校ソーシャルワーカーは、教師が学級の子どもに対して働きかけるなかで有効性を見い出すためにこの支援を利用するように仕向ける。

これは学校におけるソーシャルワークサービスが教師の仕事を補い、そして教師および他の学校職員との密接な協力によって継続されなければならないということである。言い換えれば、学校ソーシャルワーカーは、子どもが望ましい教育を受けることができるようにするために、他の学校職員に対して、自らのサービスの内容を明確にし、意志疎通を図らなければならないということである。コスティンは、子どものために他の学校職員らに対してなされる学校ソーシャルワーカーの職務を次のように述べている。

①　子どもが生活する近隣と文化の影響についてよく知っている学校管理者と教師を学校にとどめておくこと。

②　教師−子ども関係の改善を助けるために、特定の子どもや問題状況についての適切な情報を提供すること。
③　子どもが学習することを動機づけられる状況に強く影響する学級や運動場での関係と支援技術について教師と相談すること。
④　紹介されてくる問題、行われてきた経過、次の段階に必要とされることを一定の期間、教師や他の学校職員とともに評価すること。
⑤　子どもの幸せに直接に影響する学校体系と組織立てられた施策に、彼ら問題の兆候と原因の調査において管理者と相談すること。
⑥　地域機関との協力的な仕事上の関係を管理者が進展させるのを手助けすること。
⑦　個々の子どもやその集団のためにすべてを考慮にいれた処遇アプローチを発展させ、調整するために特別支援教育担当職員と相談すること。
⑧　数ある特別サービスのなかで、効果のあるものを向上させるために、学校委員会とかかわること。
⑨　子どもの福祉の分野における現職教育を手助けすること[29]。

3）子どもと親に対して直接的サービスを提供すること

　1940年代と同様、1950年代における学校ソーシャルワーカーも、子どもと親に対して、主として臨床的ケースワークの技法を通じて援助をすることが求められていた。その後、特定の子ども集団に対して働きかけるグループワークの形態を用いられるようになった。
　しかし、学校ソーシャルワーカーは、子どもの個人的な目標と価値観を発展させるため、また、彼らの能力と関心を理解するため支援する必要がある。学校ソーシャルワーカーは、信頼関係の構築を通じて情緒的な支援を提供することに焦点をあてる。学習を妨げるストレスを子ども自身で減少することができるように、自らの生活における身内の人々との関係を理

解するように仕向ける。その後に、子どもの感情を表現させ、統制していくことで学習を手助けする。学校ソーシャルワーカーが、学校と地域から疎外されがちな社会経済的階層の子どもにかかわることである。問題を抱えるこれらの子どもたちは、個性と現実的な向上心はあるが表面には出さないし、出すことができない。彼らは、子どもとの間に信頼関係を築きかかわっていく。学校ソーシャルワーカーは日常生活の問題と将来について、子どもたちが自らで考えることができるように手助けするのである。

彼らは、学校ソーシャルワーク分野以外のサービスが必要とされると判断したとき、親がより良い支援ができる専門機関の資源を理解するように促し、その資源を利用できるように助ける。彼らは、主として臨床的ケースワークでの支援を強調されたが、子どもおよびその家族と学校・地域の諸資源との調整係、学校・地域の諸資源との連絡係の役目をしてきた。

たとえば、学校ソーシャルワーカーは、親たちが子どもの学校生活に対して、関心をもつように仕向ける。彼らは、親が子どものことを実際的に理解していくのを助けるために、親を訪問する。学校ソーシャルワーカーは、子どもの発達について親が理解することと、親の役割を彼らが理解していくために、親集団に対する教育集会を企画し実施する。子どもに対する心配事と学校体制の問題を親が体系づけて考えられるように、親集団に対して働きかけるのである。

4） 学校プログラムに貢献すること

これは、学校ソーシャルワーカーが、職員会議、親の勉強会、現職教育プログラムにおける学校委員会への参加を通じて学校プログラムに貢献することである。彼らはさまざまな会議に参加することにより、子どもが起訴される前、すなわち問題が深刻になる前に解決に向かわせることができるようにするのである。

たとえば、ネーボ(Nebo,J.)は1955年において、学校ソーシャルワーカー

が「制服を着た警察官が学校にやってきて親の同意なしに子どもに質問をするために警察に連れていくという、不健全な学校当局のやり方に反対したことにより、警察と学校当局との一連の会議と個人的な接触を通して変革がなされた」と述べている[30]。

5) 学校と地域の社会機関を結び付けること

　これは、学校ソーシャルワーカーが、学校と他の地域社会機関との間の連携役として重要な役割をすることを意味する。彼らは、福祉機関、公衆衛生、または精神衛生施設についての情報を親に提供する。現存する地域資源を、子どもの家族が利用できるように助ける。彼らは親たちに地域機関を紹介し、それからサービスを受けることができるように家族と地域機関とを連絡調整していく。このように、学校ソーシャルワーカーは、地域資源を用いて問題を改善に導くために手助けするのである。

　学校ソーシャルワーカーは、他の地域機関に学校ソーシャルワークサービスの特質を説明し、学校を代表する存在である。たとえば、子どもの幸せを取り扱わなければならない学校施策を解釈した上で地域に参加するということである。

　先述のバイロンの事例では、学校ソーシャルワーカーが 1) 2) 3) を用いて支援している。理論的には、個別、集団、地域に働きかけることが求められるが、実際には個別支援（ケースワーク）が主流であったといえよう。

（2）　学校ソーシャルワーカーの支援の方法

　学校におけるソーシャルワーカーは、問題を引き起こす原因をさぐり、修正するのを助けるために学校職員と親に関与する。このワーカーは、教師、校長または他の学校職員、親によって紹介を受けたのちに専門的に関与する。学校ソーシャルワーカーのサービスは、教師の行動を補足し、教

師に対して密なる協力をし続ける。紹介を受けるケースのうち最も多い問題は、学業成績の状況、教師－子どもとの関係、友人関係、個人の心理面における葛藤の原因に関係する問題である。これらの問題の兆候は、さまざまな形、たとえば学業成績の低下、社会・情緒・環境が原因で学校を休む、神経質な行動、極端な引っ込み思案で臆病なために、通常、権威に対して挑戦的というかたちであらわれる。このような問題にかかわっていくうちに、学校ソーシャルワーカーは、主として2種類の仕事を請け負うようになった。ジョンソンはこのことに基づいて、表7－4－1[31]のようにあらわしている。

表7－4－1　学校ソーシャルワーカーが請け負う主な仕事

①　特定の子どもに焦点をあてること 　1）　子どもそしてまたは親のためにケースワークサービスを行う。 　2）　困っている子ども集団に定期的にまたは時折に出会う。 　3）　教師または地域組織と協力する。 　4）　子どもの問題について、子どもと直接にかかわらずに教師や他の学校職員と相談をする。 ②　児童福祉に焦点をあてること 　1）　カリキュラムと他の委員会に参加することによって学校行政に参加する。 　2）　親または教師集団の教育計画を指揮する。 　3）　現場の教師として行動することによってソーシャルワーク関係の学生を教育する。 　4）　地域計画主体となる学校を代表する学校－地域間の連絡係になる。

資料　Ibid., p.674

　このことから学校ソーシャルワーカーは、自身の職能を遂行するなかで基礎となるソーシャルワークの過程（主としてケースワーク、グループワークとコミュニティオーガニゼーション）のすべてを利用することが求められているといえる。

　学校ソーシャルワーカーは、問題をもつ子どもの内面に焦点をあてた

サービスを行う。子ども、親、教師、または子どもの状況に影響を及ぼす大人への個別面接によって、学校ソーシャルワーカーは支援関係を築きあげ、その専門知識、技術、技能を利用して支援する。

ジョンソンは、学校におけるソーシャルワーク実践の特色を2点あげている。それは次の通りである。

① 子どもの心理、情緒の成長発達のさまざまな段階での行動基準を理解し、適応・不適応の幅広い行動範囲の知識を他と異なって利用する。
② ワーカーと他者との協力関係において専門サービスを統合するために、学校環境における自分の役割と他職員の役割を理解して、学級、文化、そして経済的地位に関係する幅広い親子関係の知識を他とは異なって利用する[32]。

ワーカーは、一対一でのかかわりと行動見極めの理解にしたがって支援していかなければならないということである。行動見極めの理解とは、職権の利用、学校組織の建設的な利用、時間制限、学校環境のなかの集団に対する働きかけと一緒に決定する場合において、初期病理の早期発見と処遇を導き、精神衛生概念と精神衛生実践の助長において、そして教育に関係のない問題に絶えず効果を発揮する地域の支援者に紹介される過程においての理解である。学校ソーシャルワーカーは、臨床的ケースワークサービスをするために、子どもと親にとって意味がある問題の原因とともに学校環境に存在する。彼らは、学校職員と協力して、ソーシャルワーク専門職として子どもに働きかける。学校ソーシャルワーカーは、子どもの能力、学習にとって障害となる問題と状況に焦点をあてる。彼らは、親に対して働きかけるうちに、問題を見い出すのである。学校ソーシャルワーカーのねらいは、親とその子どもを理解することであり、そのために望ましい学校の目的、権威、成長、学習の機会を利用する。たとえ民主主義的にすべ

ての子どもに教育をするという根本目標がわかっているとしても役割と技法は教師のそれとは異なる[33]。学校ソーシャルワーカーはあくまでも生活面に視点をおいた支援者であり、教育者ではないということである。

（3） コスティンの職務分析

　上述のように、1960年代には多くの研究者が学校ソーシャルワーカーに関する研究を行って役割を定義している。
　1950年代に、ホーリハン（Hourihan,J.）は、ミシガン州の訪問教師の義務と責任に関する研究を行い、学校ソーシャルワーカーの役割を次のように定義した。

　「個々の情緒障害児を助けていくことに関係のある義務と責任に仕事を限定するよう、そして他のケースワーク機関への紹介のためにより多くの注意を払うことによって、個々の子どもについての教師とのより多くの相談を企てることによって、精神医学をより広範囲に利用することによってサービスを広げ、改善すること[34]。」

　ホーリハンも他の多くの研究者と同様に、個々の子どもの内面に焦点をあてた取り組み、すなわち、学校ソーシャルワーカーは臨床的ケースワークに重点をおいて仕事をすべきだと述べている。
　しかし、学校ソーシャルワーカーは、子どもがいかなる問題を抱えているのかを知るために親に働きかけ、必要な場合に他の福祉関連サービス機関に差し向けることで学校教師に子ども理解をもたらすことが多い。
　1960年代に入ってローエン（Rowen,R.）は、ニュージャージー州において、教育長と学校ソーシャルワーカーが、学校ソーシャルワーカーの機能をどのように理解しているのかということを調査した。この調査からローエンは、学校ソーシャルワークという仕事に対する教育長の認識度と学校

ソーシャルワーカー自身の認識度がかなり食い違い、混乱していることを明らかにした。

　州の教育長は学校ソーシャルワーカーに対して、ソーシャルワーク関係の仕事以上のことを望んでいた。すなわち、教育長は学校ソーシャルワーカーが次のような職務を担うと考えていた。

① 　子どもの家庭と地区環境の調査。
② 　精神発達遅滞ではないかと疑われる子どもがいたら、心理学者のために子どもと家族の背景に関する資料集めを手助けすること。
③ 　ケースを他の社会機関に移行させるためにその要約を準備すること。
④ 　地域委員会で仕事をすること、教師集会のために情報を供給すること。
⑤ 　教育活動の効果をあげるために用いられるような校長と教師のための、社会的・個人的なデータを入手すること[35]。

　上述のことを検討すると、教育長は学校ソーシャルワーカーを学校においては単なる雑用係と考えている。このことからも、学校ソーシャルワーカーが、自身の独自性に強い関心を抱いていたことがわかる。学校ソーシャルワーカーの役割認識が、人によってまちまちであることは現場で混乱をきたす。これは現在に至っても残っている問題である。

　この他にも多くの研究者が、学校ソーシャルワーカーと他の学校職員との違いを検討し、学校ソーシャルワーカーの役割が他分野の専門家に正確に理解されていないことを指摘している。

　このようななかでコスティンは、1966年12月1日から1967年3月31日までの間で、40の州とコロンビア特別区において職務に関する調査[36]を行い、学校ソーシャルワーカーの役割を重要なものから並べてあらわしている。これらは次のようにまとめることができる。

① 子どもと親に対してケースワークサービスをすること。
② 取り扱い件数などをマネージメントすること。
③ 学校ソーシャルワークサービスを説明すること。
④ 情緒的な問題をもつ子どもに臨床的処遇をすること。
⑤ 家族と地域機関を結び付けること。
⑥ 子どものことを教師に説明すること。
⑦ 子どもと親に学校のことを説明すること。
⑧ 指導と施策案の作成に関与すること[37]。

具体的には次の通りである。少々長いが学校ソーシャルワーカーの役割を詳細にあらわす質問項目であるために引用する。

①の内容　診断において問題が見い出されると精神医学上、心理学上、ソーシャルケースワーク上の相談を受けさせること；親から、家庭での子どもの状況と生育歴についての情報を得ること；子どもにとっての全般的な処遇アプローチを発展させ、調整するために、他の特別な支援をする職員と相談すること；支援と目標のプランを企て、定期的に改訂すること；さまざまな学校職員から、子どもが抱えている問題および学校（学級内外）での彼の行動について説明を得ること；ケースに関係のあるプランのなかに校長を含め、彼が問題に対処するのを助ける方法を提示すること；子どもの統制を助け、適切なやり方で感情を表現させること；子どもが新たな心構えを身につけ、以前の態度を修正するのを助けること；子どもが自身の生活における重要な大人との関係を理解するのを助けること；親に対して子どもの問題の特質を明らかにすること；親が自身の子どもの成長にどのように貢献するのかを理解する（すなわち親としての特有の力を認識すること）のを助けること；親が子どもの問題にどのように貢献するのか（たとえば、自身の夫婦間の問題を通じて、貧困な家庭状況を通じて、ま

た自身の特有な育児法によって）を理解するのを助けること；親が、子どもの学業の可能性、成就、限界および今後を現実的に認識できるように助けること。

　②の内容　子ども、親または他の人々との事前予約を設定すること；職員のために、紹介、提案、好評のような正確に情報を流すこと；子どもの累積的な記録を再検討し、適切な情報を書き留めること；親に対して福祉機関や公衆衛生機関についての情報を提供すること；教師が、子どもの学業成就するための資源を発見するのを助けること；必要とされるソーシャルワークサービスの記録を維持し、現在までの活動計画表を保存し、サービスの報告を記載すること；子どもの情緒的または社会問題が子どもの学習活動に影響するかもしれないという見方を説明すること。

　③の内容　他の特別な支援をする職員のために、ソーシャルワーカーは、提供するサービスの範囲を記述すること；教師のために学校ソーシャルワークサービスの特質、目的および手順を記述すること；子どものためになぜ彼がソーシャルワークサービスに差し向けられてきたのかを説明すること；子どもの学校生活に対する親の興味と関心を強化するために家庭と学校の連携を維持する目的で、親の定期的な訪問を行うこと；すべての特別な支援の有効性を高めるために委員会に参加すること；紹介がどこか他のところから生じてきたとき、教師と校長に対して差し向けられてきたことを明らかにすること；子どもに、彼らがどのようにしてともに活動するのか（たとえば、約束の時間と場所、ワーカー・教師・親との関係）を説明すること。

　④の内容　情緒的な問題をもつ子どもの、自己洞察を助けること；子どもが人格的な目標や価値を発達させるのを助けること；子どもが生活状況において目にみえる行動が変革するのを助けること；ケースワーク関係において個々の子どもに働きかけること；グループワークを利用し子ども集団に対して働きかけること；子どもの家庭、学校問題に対する感覚と反応

を知るためにインタビューすること。

⑤の内容　親から家族機能についての情報を得ること；子どもと親自身が差し向けられてきた地域資源を最大限に用いるように働きかけ、それを彼らが利用するのをサポートし続けること；近隣の形態と他の文化的影響に関係のある子どもの状況を知ること；紹介にしたがい、サービスがはじまるということを保証するために家族と社会機関との連携役として活動すること；子どもまたは家族が利用してきた、他の機関からの情報を得ること；家庭医から子どもの医療上の問題についての情報を得ること；子どもと家族が地域の補足的で効果的なサービスを求め、適切に利用できるように働きかけること。

⑥の内容　子どもまたは家族に期待されうる改良を評価すること；支援対象となる問題かどうかを検討すること；親への処遇方針を提供すること；子どもの適応行動と問題行動とを区別すること；教師が子どもと自身の価値観の違いを可能な限り理解するのを助けること。

⑦の内容　子どものために、彼以上に学校権限の特質を理解すること；子どもに対する学校の社会上、学業上の期待および調整を明確にすること；事実に基づく情報を提供すること；子どもが自らの教育上の目標や評価を明らかにするのを助けること；子どもの行動の理由と他者との関係を理解すること；校則を無視する親のために学校の権限と期待の特質を理解すること；親に対して学校の社会的学業的期待を明らかにすること；親が自身の子どもに関与する教師と彼らが通う学校との関係をどのように改良できうるかについての提案を行うように働きかけること；長期化された、また説明されない欠席の場合に家庭訪問をすることで理由を調べること。

⑧の内容　教師または管理者の現職教育を手助けすること；調査計画に参加すること；学校状況におけるソーシャルワークサービスの新たな発見と展望を報告すること；ソーシャルワーク職員を採用するのを助けること；ソーシャルワーク職員の教育を助けること（たとえばソーシャルワークの

大学院生の現場実習）；教師および他の学校職員が多額の給料と改良された労働状況を獲得するために積極的に働きかけること；子どもの福祉に直に影響する運営方針の構成において学校管理者と相談すること；学校群における望ましくない兆候と問題を決定するために学校管理者と個人または集団に対して働きかけること；管理者が協力的な機関を発展させるように促すこと；他の個人および地域集団に対する働きかけを通して、新たな学校外プログラムをもたらすのを助けること；地域会議または他の計画的な、調整的な集団のなかでの責任を負うこと；専門的ソーシャルワークまたは教育的組織から外れて、社会活動集団の集会に出席し、そして貢献すること；他の地域機関とスピーチ、パネルディスカッションなどを通じて関心がもたれる集団のために学校ソーシャルワークサービスの質を説明すること；子どもの幸せを満たさなければならない学校運営方針を地域に説明するのを助けること；子どもの発達についての親としての役割等についての知識を増やすために親集団に対して教育上の集会を計画し、行うこと；学校群の問題についての憂慮を系統立てて、それに集中するために親集団に対して働きかけること；子どもがソーシャルワーカーに知られていないときでさえも、校舎において可能な限り多くの子どもについて精通していなければならないので職員に関与すること；教師、友人、親または子どもとの話し合いによって終了させられたケースを非公式で長期にわたって追跡調査すること[38]。

　この調査結果を検討してみると、個々の内面に焦点をあてて支援することが含められている。これは、後のアレン・ミヤーズが行った調査とは異なるものである。この当時はバイロンの事例にもあったように個の内面に焦点をあてたケースワークをしていたということができる。
　以上のことから、コスティンは1960年代における学校ソーシャルワークの支援目的を次のように定義している。

① 子どもが自身の理解力、これから勉強していこうという気持ち、変化への対応能力を獲得することができるようにすること。
② 子どもの変動的なニーズに応じるために適切な学校ソーシャルワーク計画を企てること[39]。

また、学校ソーシャルワークの支援技法を次のように定義している。

① 個々の子どもや親に対してケースワークを行う。
② 子ども集団、親集団、そして学校を支援する集団に対してグループワークを行う。
③ 代表的な指導組織に対してコミュニティワークを行う。
④ 社会調査を行う[40]。

この時期の学校ソーシャルワーカーは、個別面接・集団討議と活動を行うなかで教師、心理士およびガイダンスカウンセラー等の学校職員とともに子どもの問題について話し合い、在学生の家庭および生活環境の訪問を求められたことがわかる。ワーカーは問題状況を緩和するために、当時主流であった臨床的ケースワークに固執せずソーシャルワーク技法の範囲内で、新しいアプローチを発展させることに努め、子どもたちにかかわっていかなければならないということである。

また、1960年代においては、貧困問題をはじめとするさまざまな社会問題の露呈により、ケースワーク、グループワーク、コミュニティオーガニゼーション分野においての理論の細分化が図られた。

一般的なソーシャルワーク理論が発展していくこの時期において、学校ソーシャルワークの専門家は、学校におけるソーシャルワーク独自の技法を発展させている。

学校ソーシャルワークは臨床的ケースワークであると定義する考え方が、

1940年代以降において主流であった。しかし、この調査結果から、学校によっては子どもたちが抱える社会機能上の問題を予防、処遇、または統制するための新しい実践技法が必要と考えられるようになった。全米ソーシャルワーカー協会の学校におけるソーシャルワーク会議は、学校内で集団への働きかけをするために委員会を確立した。学校ソーシャルワーク分野は、以前よりも集団に対して用いるグループワークの技術を学校内で利用することを強く求めるようになった。これは、学校ソーシャルワークが学校ケースワークとすべきだという考え方では、支援の幅が限定されてしまうことを認識しはじめたからである。

子どもの問題はその個人の問題だけではなく、家族、環境、すなわち社会背景に起因するものもある。言い換えれば、環境を整えなければ子どもの問題は解決しないということである。彼らは、ソーシャルワークの技法を用いて子どもの教育受給権を保障する支援を強く求めたのである。実際にはケースワークの幅を越えた仕事が求められることが多いし、行うことが多いので、今後そのことが強調されることとなる。

学校ソーシャルワーカーは、子どもに直接的に働きかけるケースワークの場合、情報を提供するなどの具体的サービスを提供するとともに、心理面の支援を行う。学校ソーシャルワーカーは、ソーシャルワーク遂行のためにカウンセリングの技法を援用するのである。生活課題を抱える子どもにかかわる教師を支援するなかで、子どもたちの状況を改善するために、学級状況に関与し、必要に応じて教師集団とも話し合うことで子どもへの対応策を考える。子どもと彼らを取り巻く学級に働きかけるだけでなく、家庭および必要に応じて地域にも働きかけていく。ワーカーは、子どもと環境および環境同士を結び付ける連携役であり、仲介役となるのである。

学校ソーシャルワーカーは、基本的には臨床的ケースワークを重視するが、必要に応じてソーシャルワークに関連する技術のすべてを用いて支援を行うということである。彼らは、学校環境が子どもの不適応の要因であ

るとも考えている。かくして、アレン・ミヤーズらは、学校ソーシャルワーカーがしなければならないことを次のように示唆した。

① 学校ソーシャルワークを行う専門家が学校の状況に関与し、調整しなければならないということ（自らの取り組みを子どもとのかかわりだけに限定してはいけないということ）。
② 学校におけるソーシャルワーカーが戦略的な位置を占めなければならないということ。
③ 学校におけるソーシャルワーカーが、学校内で子どもの困難の原因を取り扱う一方、特定の個々人を支援する方法を見い出さなければならないということ[41]。

アレン・ミヤーズらは、学校ソーシャルワーカーが子ども個人と学校の調整だけでなく、集団にも目を向ける必要があると述べている。ここから、学校ソーシャルワーカーは、コミュニティオーガニゼーションにも目を向けるよう求められたことがわかる。これは、学校ソーシャルワーカーが学校職員たちに、地域状況を報告するだけでなく、地域の人々が質問を投げかけたり、問題を取り上げたり、子どものニーズを満たすことのできない地域の多様な要因を再構築したり、それぞれの学校において定められる計画に携わったりすることを可能にさせる支援技法である。かくして、学校ソーシャルワーカーは、ケースワーク、グループワーク、コミュニティオーガニゼーションを用いて、子どもの最善の利益を求めて彼らを支援することとなった。

小結

　学校ソーシャルワーカーは、臨床的ケースワークに重点をおいて支援することを求めたが、子どもの問題が複雑化・深刻化するなかで、このような個人の内面に焦点をあてていくだけでは限界があった。そのため、実際にはグループワーク、コミュニティワーク等をも行っていた。1950年代において、ソーシャルケースワーク分野は個人の内面に焦点をあてた援助をすることに、さらに関心がもたれるようになっていた。これらは、彼らがその専門性を高めるためになされたことである。

　子どもへの福祉や教育分野からの取り組みにより、子どもの就学が徹底したこともあり、就学奨励指導員も徐々に子どもの問題の原因を探るようになり、学校ソーシャルワーカーとよく似た仕事をするようになった。そうすることによって、同じような支援をする専門家が学校で2人も存在することになるという問題が生じる。就学奨励指導員はその役割を遂行するために、学校ソーシャルワークの技法を援用するのみであり、学校ソーシャルワーカーではない。これらは似通っているので、子どもや親に混乱をもたらすことになった。役割の混乱を避けるために、職務の基準、資格の統一を図る必要が出てきたのある。

　1960年代には、その独自性を見い出すために多くの学校ソーシャルワーカーの職務分析が行われた。なかでもアレン・ミヤーズらも文献のなかで取り上げているが、1969年にコスティンによって発表された報告が代表的なものである。この学校ソーシャルワーカーの独自性を見い出していくために、一般的なソーシャルワーク論の影響を受けて多様な実践モデルが学校ソーシャルワークに導入されるようになり、1970年代以降も調査がなされていく。これにより、学校ソーシャルワークはさらなる発展を遂げることになる。

注記

1) 一番ケ瀬康子『アメリカ社会福祉発達史』光生館　1989年　251頁。
2) 同上　253頁参照。
3) 久保田きぬ子「大衆民主政の進展　20」アメリカ学会編『原典　アメリカ史別巻』岩波書店　1958年　214－215頁。なおこの文献は、同上　261－262頁にも引用されている。
4) リード, K. E.／大利一雄訳『グループワークの歴史－人格形成から社会的処遇へ－』勁草書房　1999年　175－176頁。
5) 岡本民夫「ケースワークの歴史」武田　建・荒川義子編『臨床ケースワーク』川島書店　1991年　8頁。
6) 同上　8頁。
7) 和気純子「ソーシャルワークの史的展開と展望」植田　章・岡村正幸・結城俊哉編『社会福祉方法原論』法律文化社　1997年　261頁。
8) 松本真一「社会福祉援助技術の体系」岡本民夫・小田兼三編『社会福祉援助技術総論』ミネルヴァ書房　1993年　131頁。
9) 同上　131－132頁参照。
10) 平山　尚「最近のソーシャルワーク理論」大塚達雄・硯川眞旬・黒木保博編『グループワーク論』ミネルヴァ書房　1995年　165頁。
11) 北川清一「直接援助技術の内容」新版・社会福祉学習双書編集委員会編『社会福祉援助技術論8』全国社会福祉協議会　2001年　134頁。
12) 中村雅子「社会福祉援助技術の歴史」岡本民夫・成清美治・小山　隆編『社会福祉援助技術論』学文社　1999年　24頁。
13) 一般システム理論とは
　　一つの対象の存在が限定された要素との相互関係によって規定する（閉鎖システム）のではなく他のシステム要素との様々な相互関係（開放システム）によって成りたっていると考える立場である。（秋山薊二「実践モデル」太田義弘・佐藤豊道編『ソーシャルワーク・過程とその展開』海声社　1984年　84頁。）
14) 上掲　和気純子　267頁。
15) 上掲　秋山薊二　118－119頁。

16）小田兼三「社会福祉援助技術の構造」新版・社会福祉学習双書編集委員会編、上掲 55 頁参照。
17）全米ソーシャルワーカー協会／竹内一夫・清水隆則・小田兼三訳『ソーシャル・ケースワーク－ジェネリックとスペシフィック－』相川書房　1997 年　144－145 頁。
18）岩崎浩三「全米ソーシャルワーカー協会について」全米ソーシャルワーカー協会編／日本ソーシャルワーカー協会編訳『ソーシャルワーク実務基準及び業務指針』相川書房　1997 年　171 頁。
19）Johnson,A.(1965), "Schools(Social Work Practice in)", *Encyclopedia of Social Work*, 15, National Association of Social Workers, p.676.
20）Sikkema,M.(1954), "School Social Work", *Social Work Year Book*,12, American Association of Social Workers, p.441.
21）Poole,F.(1957), "School Social Work", *Social Work Year Book*,13, Russell Sage Foundation, p.511.
22）(3) の運営状況については Johnson,A.(1965), op.cit., p.673 に基づいて述べている。
23）Ibid., p.673.
24）Warner,O.R.(1968), *The Supervision and Administration of Pupil Personnel Services by State Department Education*, Unpublished Ph.D. dissertation, George Wshiongton University, cit., Ibid., p.1149.
25）Skidmore,R.A., Thackeray,M.G.(1964), "Social Work in the Schools", *Introduction to Social Work*, Appletpn-Century-Crofts, pp.97 － 100.
26）Boston,O.(1960), "School Social Work", *Social Work Year Book*,14, National Association of Social Workers, pp.521 － 523.
27）Costin,L.B.(1970), "School Social Work", *Encyclopedia of Social Work*,16, National Association of Social Workers, pp.1150 － 1152.
28）Allen-Meares,P., Washington,R.O. & Welsh,B.L.(1986), *Social Work Servicesin Schools*, Prentice Hall, Inc., pp.22 － 29.
29）Costin,L.B.(1970), op.cit., p.1151.
30）Nebo,J.C.(1955), "Interpretation of School Social Welfare Services to Educators and Other Professionals Who Serve the Schools", *Bulletin of the National Association of School Social Workers*,30, pp.1 － 55.,cit., Allen-Meares,P.,

Washington,R.O. & Welsh,B.L.(1986), op.cit., p.23.
31）Johnson,A.(1965), op.cit., p.674.
32）Ibid., pp.674 － 675.
33）Ibid., p.675 参照。
34）Hourihan,J.(1952), *The Duties and Responsibilities of the Visiting Teacher,doctoral dissertation*, Wayne State, University, Detroit, Michigan, cit., Allen-Meares,P., Washington,R.O. & Welsh,B.L.(1986), op.cit., p.21.
35）Rowen,R.(1965),"The Function of the Visiting Teacher in the School", *Journal of the International Association of Public Personnel Workers*,9, pp.3 － 9, cit., Ibid., p.24.
36）Costin,L.B.(1969),"An Analysis of the Tasks in School Social Work", *Social Services Review*,43, University of Chicago Press, p.275.
「専門的な学校ソーシャルワークの要旨及びその部分の相関的な重要性をどのように定義するだろうか。そのような定義は多様なレベルの教育と訓練を受けてきたソーシャルワーク職員に責任を割り当てる実験のために有望な基礎を供給するのであろうか」という目的をもってなされた職務分析である。
（Ibid., p.277 参照。）
37）Ibid., p.277.
38）Ibid., pp.283 － 285.
39）Costin,L.B.(1970), op.cit., p.1148.
40）Ibid., p.1148.
41）Allen-Meares,P., Washington,R.O. & Welsh,B.L.(1986), op.cit., pp.24 － 27.

第Ⅳ部

近年の学校ソーシャルワーク

（再編期）

　学校ソーシャルワーカーは、1970年代以降、個々の内面に焦点をあてた治療的要素をもつ支援から子どもの問題を生活面からとらえることを重視するようになった。
　第Ⅳ部では、1970年代から1990年代までの学校ソーシャルワーカーの役割が、以前とどのように変わったのかを検討する。

第8章
生態学的システム思考の視座の導入

　本章では、ソーシャルワーク論においてシステム理論や生態学が導入されるなかで、医学モデルよりも生活モデルが重視されるようになった。そのようななかで求められる学校ソーシャルワークの役割を検討する。

第1節　近年における社会状況

　1970年代において、社会に多大な影響を及ぼした出来事は、ベトナムからの撤退とOPEC（石油輸出国機構）による石油戦略であった。ベトナム戦争は、1973年1月にフランスのパリで休戦協定が締結された。これにより、ベトナムに派遣されていた兵隊が帰還してきたが、過去の戦争と同様に精神に障害をきたす者が多かった。また、同年のOPECの石油戦略の影響により、インフレーションと失業率が上昇するなどの問題が起こった。この問題は1970年代の間中ずっと続き、それを調整することがうまくできなかった。1960年代と同様に貧困に対する策が講じられたが、課題が山積みの状態であった。
　しかし、1980年代になるにつれて、経済は浮き沈みをみせながらも回復の兆しをみせていった。この状況は1986年まで続いた。
　このような時期に、教育分野では障害児教育に関する連邦法[1]が施行され、特別支援教育に多大な関心が寄せられるようになった。学校ソーシャルワーカーは、障害をもった子どもに関与するために、自らの役割を再検討することが求められるようになった。障害児教育法が学校ソーシャル

ワークの専門性を高めることとなったのである。このことは、特別支援教育を導入したわが国における学校現場で、学校ソーシャルワークの有用性を明らかにする手がかりをもたらす。

第2節　障害児教育法（P.L.94-142)の施行

　1967年において、カーナー（Kerner,O.）を委員長とする全米国内障害諮問委員会（National Advisory Commission on Civil Disorders）が組織され、そこでは生活環境を整えなければ子どもの教育の保障はあり得ないと主張された[2]。公立学校の環境を整えることが必要である。これにより、全米ソーシャルワーカー協会（NASW）の学校におけるソーシャルワーク部門は、子どもたちの教育受給権を保障するために学校ソーシャルワークの役割、その専門性を高めようと試みている。同部門は子どもおよびその家族と学校・地域の諸資源との調整という役割を拡大させるため、3年にわたる計画を企てた。全米精神衛生学会とNASWとで共催されたこの計画は、全米ワークショップと12地区の学会で推し進められた。そこでは次のような課題が提示された。

① 国民の学校における民族隔離を取り除くこと。
② 公立学校に子どもを通わせること。
③ 親が地域活動への参加の機会を拡張すること[3]。

　ここから、子どもたちは、彼らが人種差別を受けていたり、親が子どもの教育に無関心であったり、家庭が地域で孤立している状況にあるために満足のいく教育を受けていなかったことがわかる。この状況を改善に導くために、同部門は学校ソーシャルワーカーの役割を子どもおよびその家族と学校・地域の諸資源の調整とし、子どもの教育権保障を試みたのである。

第8章　生態学的システム思考の視座の導入

　教育の分野は、障害児教育法が施行されるに伴い、子どもが抱える生活関連問題に対して関与する専門家が子どもを支援することを期待するようになる。学校ソーシャルワーカーはその影響を受けて、自らの専門性をさらに高めることになる。この状況についてコスティンは次のように述べている。

　「教育の分野は、公立学校の風潮と実践において、説得力のある人本主義の概念とそれを教え込むことの重要性を強調し、そこでは懲戒（しばしば体罰と呼ばれる）、停学と除籍、カリキュラムの能力別編成、特別支援教育学級の設置と子どもの学級記録の入手というような事柄に関しての子どもの権利に関心を寄せた。学校から除外される危険のある子どもたち、すなわち、英語を十分に話せない子ども、または文化的、精神的、行動に何らかの異常がある子どもを見い出した。多数の地域で、親は、子どもの学校施策決定に参加することを要求してきた。1975年の障害児教育法（P. L. 94 − 142）は、法の細目において、ソーシャルワークサービスを規定していく公教育施策を著しく広げた[4]。」

　学校ソーシャルワークの役割拡大に基づき、1970年代には多くの役割モデルが理論的に定義づけられ、そのモデルのさらなる追求が行われるようになり、新たなモデルが考案された。これは1960年代における多様な教育問題の露呈にしたがい、教育分野が子ども支援に関する専門家の1人である学校ソーシャルワーカーを必要とするようになり、彼らの役割がかなり広がっていったということのあらわれといえる。
　学校は、子どもたちに学びの環境を提供する場所である。すべての子どもが現在および将来に直面する可能性がある生活上の課題に対して、自らで立ち向かって行くことができるような教育を受ける場所である。
　学校ソーシャルワーカーは、子どもが自己決定をする能力、問題を解決す

る能力、変化に対応する能力、そして自身のこれからの学習に対して責任をとる能力をもつことができるように支援をする専門家である。彼らは個々の子どものために、また似通った環境において類似した問題をもつ子ども集団のために、学習の障害となるものを見い出し、学習にとっての障害物を取り除いていこうと試みる。1975年の障害児教育法施行により、このような活動はさらに重視されるようになった。

1970年代から1980年代前半において学校ソーシャルワーク分野に大きな影響を与えたのは、1973年のリハビリテーション法の項目504（the Rehabilitation Act of 1973, Section 504）、1975年の公法94－142である障害児教育法（Public Law 94－142, the Education of All Handicapped Children Act of 1975）、1983年の公法98－199である障害児教育改正法（Public Law 98－199, the Education of All Handicapped Children Act of 1983）をはじめとする連邦法である[5]。1973年のリハビリテーション法は障害者に対する差別の予防がうたわれた。1975年の障害児教育法は、私立および公立の学校への障害児の受け入れを保障するものであった。

これらの連邦法のなかで、学校ソーシャルワークに最も大きな影響を与えたのは、1975年の障害児教育法であった。ここでは、公立学校が特別支援教育を必要とするすべての子どもにその教育を保障するように定められた。これにより、学校ソーシャルワーカーは、特別支援教育の遂行をめざして子どもに対する生活支援を行うことを求められ、実施しだした[6]。学校ソーシャルワーカーは、学際的なチームメンバーの一員となって子どもたちを支援することとなった。

よって、1970年代頃から学校ソーシャルワーカーは、特別支援教育の遂行を支えるための取り組みをすることが多くなり、その数も増えていった。彼らは、親の意見を代弁することを求められることも多くなった。その後、さまざまな法令が施行されることになった。学校教育に関連する主要な法令は表8－2－1の通りである。

第8章　生態学的システム思考の視座の導入

表8−2−1　学校における子どもと青少年に関連づけられる法令

障害をもつ子どもだけに適用されるもの

1973年のリハビリテーション法の504項（連邦法のもとでの障害児の権利）
1975年の障害児教育法（P.L. 94 − 142）
1983年の障害児教育法改正（P.L. 98 − 199）
1986年の障害児教育法改正（P.L. 99 − 457）（幼児と乳児への早期介入計画）
1990年のアメリカ障害者法（P.L. 101 − 336）
1990年の障害者教育法改正（P.L. 101 − 476）（障害をもつ個人の教育法）

すべての子どもに適用されるもの

1900年から1918年の間に可決された州義務教育法
1974年の家族教育法とプライバシー法（P.L. 93 − 385）
1987年のホームレス緊急救済支援法（P.L. 100 − 77）
1988年の学校改正法（P.L. 100 − 297）
　　　　　　（ホーキンス・スタフォードの小中学校教育法）
1974年の児童虐待防止法（P.L. 93 − 247）
1980年の児童福祉法
1983年の精神衛生法
1988年の家族支援法（P.L. 100 − 485）

資料　Freeman, E.M.(1995), "School Social Work Overview", *Encyclopedia of Social Work*, 19, National Association of Social Workers, p.2091.

　しかし、特別支援教育の対象となった子どもが予想外に多かったため、設備および専門の教員が不足した。そのために1983年に障害児教育法が改正されることになった。法では、次の①から⑦のことを強調している。

①　各州はその州に住む障害児が障害の程度に関係なく特別支援教育および関連サービスを受けることができるように認められ、提供され、効果測定されるように細部にわたって施策や手続きを整備すること……たとえば、子どもに必要な特別支援教育と関連サービスを容易

に受けられるように、実践的なシステムをつくりあげ、維持すること。毎年連邦政府から補助金を交付される各州教育委員会が、障害がありながら特別支援教育を受けていない子どもをその地域にとどめる努力をすること。子どもが適切な判定を受け、親や後見人が法律に基づいて通知を受け取るようにすること。学際的会議に親や後見人の出席を促し、彼らの同意があれば子どもを適当なプログラムに移すようにすること。判定を受けた子どもに、学際的会議の終わった時点で毎年定時に行われる検討の結果に基づいて、個別教育計画を作成することなど。

② 各州が財政支援を受けるために人種的、文化的偏見を含まずに障害児を選び、支援する目的をもって障害児を判定し、就学奨励のためのテストと評価する用具を備えていることを明確にすること……このような用具や手続きは、英語が理解できると実証されない限り、子どもの本来の言語やコミュニケーションの様式によって構成されていなければならない。このような判定を省略して特別支援教育プログラムへ子どもを差し向けてはならない。

③ 各州教育委員会が、毎年、あるいは学校や親の依頼があれば随時、障害児の個別教育計画を発展させ、再検討し、改訂するために会議を開き続けること……専門家は、会議に提出される報告の内容を説明するため、出席しなければならないし、議題にのぼっている子どもにとっていかなる選択が考えられるかを知っている人にも出席を要請しなければならない。

④ 各州教育委員会が特別支援教育と関連サービスに対する変化しつつあるニードにも応えるため、適切な措置を講ずる制度を制定すること。

⑤ 各州教育委員会は、各市町村の教育委員会により親または後見人会合を予告し、記録を検討し、親や後見人の参加の機会についてよく聴取し、望ましいものであれば、子どもにカウンセリングを通じて説明

し、支援の手続きを再検討するよう指導すること。
⑥　常に、子どもを最も制限の少ない環境におくこと‥‥‥これは、子どもができるだけ健常児とともに教育を受けることを含む。子どもが通常の環境から移される特別支援学級、特別支援学校、その他の学校は、本来の学級では子どもを支持できない場合の最終的な手段としなければならない。
⑦　各州は、市町村教育委員会が法的な手続き制度を確立するよう指導すること‥‥‥親と教育委員会は、まず事情聴取をはじめ、それが完了するまでは、子どもを現在の環境におかなければならないということである。親が希望するならば、独自の評価を受けることができるようにする必要がある[7]。

　このように、障害児教育法は、親が子どもの個別教育計画に関する会議に参加し、そこでの評価と施策策定計画に積極的に関与するようにさせるものであった。この法律が、特別支援教育関連サービスに学校ソーシャルワークを含めた。それによって、学校ソーシャルワーカーは、教育計画決定時の意見交換の仲介者、親に対する計画と支援についての情報提供者、そして学級における精神保健サービス推薦者となっていった[8]。特別支援教育に関する連邦法の可決は、公教育施策において、それほど画期的なものであったのである。学校ソーシャルワーカーはこの法を受け入れ、その下で行動することにより、学校で必要とされる専門家であることを明確にしようと努めた。
　一方で、州が「障害児教育サービスのために組み込んだ特別基金」から、特にソーシャルワーク分野に支払いをしたため、ある種の問題が生じてきた。この問題について、コスティンは次のように述べている。

「障害児教育法によって規定されたサービスに優先順位が与えられなけ

ればならない。そしてある地区に学校ソーシャルワーカーが少なすぎるというときがある。そのようなとき、学校ソーシャルワーカーのなかには、学習に悪い影響を与える重大な問題を抱えている支援しなければならない子どもに対するサービスを中断したり、遅らせたりせざるを得なくなる者もある。障害児教育法の効果を考えなかったとしても、学校ソーシャルワーカーの配置状況は州によってさまざまである。学校ソーシャルワーカーを雇っていない学校が多い[9]。」

 すなわち、学校ソーシャルワーカーはその数が少ないにもかかわらず特別支援教育に関連する問題をもつ子どもに密にかかわることに重点をおくようになったため、それ以外の学校不適応問題を抱える子どもたちにかかわることができないという事態が生まれた。州教育局は、各学校に学校ソーシャルワーカーを雇うように仕向け、その支援指針をあらわす必要が出てきていた。この時期の学校ソーシャルワークは、障害児教育法が施行されてその数を増やしたが、課題が山積みであった。

第3節 学校ソーシャルワーク論の動向

 近年のアメリカにおいてソーシャルワークは、医学モデルを重視した支援から生活モデルを重視するものへと変遷を遂げていった。1960年代においては、一般システム理論がソーシャルワーク論のなかに取り入れられ、ジェネリック・ソーシャルワークについての検討がなされた。その後、一般システム理論の抽象的思考の導入だけでは個人と社会が抱える問題を生活面からとらえて環境調整を図ることができないと考えられた。そこでエコロジカルな視点がソーシャルワーク分野に取り入れられるようになった。すなわち生態学的システム思考の視座に基づいたソーシャルワーク理論があらわれてくるようになったのである。学校ソーシャルワークは、これら

の影響を受けて、学校で自らが行う独自のモデルを定義しはじめた。

（1） 学校ソーシャルワークの役割モデル

学校ソーシャルワーカーは、活動するなかで多様で複雑な問題に直面したために、伝統的な臨床的ケースワークサービスでは限界があると感じるようになった。それにより、彼らは1970年代に自らの役割を再検討、修正していくようになった。このことによって、他の学問分野にもさらに認められるようになり拡大した。彼らは、ケースワーク分野で理論体系化されたアプローチに影響を受けて支援し、それに加えて、グループワーク、コミュニティワーク等を用いることを重視するようになった。このようななかで学校ソーシャルワーカーは、当時の社会状況における問題解決のもとになる方法論（一般システム理論、役割理論等）と「エコロジカルな展望」に関心をもつようになった。エコロジカルな展望については、ジャーメインが研究したものがある。

「ソーシャルワーク実践を生態学（エコロジカル）な視点からあらわすと、『人間』の『対処様式』を強化して発達の潜在的可能性を高めること、『人間』が接する『環境』の質を高めることという二重機能を有するといえる。……そもそも、生態学とは、『有機体』と『環境』の関係を論じた科学であり、そこでは、『人間』と『環境』は、一元的システムとして互いが継続して影響しあい、他方を形成する相互作用システムとしてとらえられる。この視点は、専門職の注意を全体的なものへと導くことになる。その結果、各人に対してその行為に介入する技術を磨くために、『人間』の複雑さに関心をもつ以上に『環境』にも関心をもつようになる。つまり、生態学的視点をソーシャルワークへ導入することは、『疾病指向（illness orientation）』から『健康指向（health orientation）』へと考え方を転換することになった。『人間』や『状況』が本来備えているものに改革的に働きかけたり、発達

と適応力にとって障害となる環境要因を除去することにも影響を与えることになった[10]。」

その他にも多くの研究者が社会問題を解決するもとになる方法論を定義づけるようになった。1960年代後半から、ソーシャルワーク分野のなかで、細分化が図られた技術の理論体系化がなされはじめた。代表的なものとしてケースワークでは9つ、グループワークでは3つ、コミュニティオーガニゼーションでは3つあげることができる。それに基づき、学校ソーシャルワークの細分化された技術の理論明示が図られた。

フリーマン（Freeman,E.M.）は、1970年代までに学校ソーシャルワークに取り入れられた主な理論は、システム理論、コミュニケーション理論、社会学習理論、行動変容理論、精神分析理論などであり、これらに基づいて、①伝統的臨床モデル（Traditional Clinical Model）、②学校変革モデル（School Change Model）③システムモデル（Systems Model）をあらわしている[11]。アレン・ミヤーズらが文献のなかで紹介しているオルダーソン（Alderson,J.J.）は①精神分析理論などに基づいた伝統的臨床モデル、②社会科学理論や組織理論などに基づいた学校変革モデル、③コミュニケーション理論などに基づいた地域学校モデル（Community School Model）、④システム理論、社会科学理論、コミュニケーション理論などに基づいた社会関係モデル（Social Interaction Model）を提示した[12]。コスティンは社会学習理論とシステム理論をもとにした学校・地域社会・児童生徒関係モデル（School-Community-Pupil Relation Model）を理論体系化し、1975年に発表した[13]。ここでは、アレン・ミヤーズらが引用するオルダーソンの4モデルとコスティンのモデルについて言及する。

（2） 各モデルの特徴

1）オルダーソンが提示する4モデル

　伝統的臨床モデルはフロイトの精神分析理論に基づいて構築が図られた診断主義学派のケースワークのことである。つまり、これは子どもたちが、学校において学業成就をなし得ない、そして適応を妨げる原因となる問題を情緒上のものと考え、彼ら一人ひとりに焦点をあてて支援を行うものである。このモデルに基づいて支援する問題は、主として子どもの精神的なものであるため、心理学や精神医学の理論がもとになっている。学校ソーシャルワーカーはカウンセリング的支援を行うのである。このモデルでは、子どもの情緒上の問題が社会的要因によるものではなく、子どもの内面によるものが多いという視点に基づいての支援がなされている。これに基づいて支援をしていくと、学校ソーシャルワーカーは子ども一人ひとりに対するケースワークやグループワーク、問題をもつ子どもについての教師や親との話し合いをして気持ちを聞く、という職務を主として担うことになる。ここでの学校ソーシャルワーカーは、子どもの内面的な問題を解決するために協力する専門家となる。本モデルは戦後において効果があったが、近年の子どもの問題は、情緒上の支援だけでは必ずしも解決に導かれるものではないことがわかり、多様な支援モデルの体系づけがなされるようになった。これによって次に示す3モデルが理論体系化されるようになった。子どもが教育受給権を行使することができないのは、環境に問題があるという視点からの支援モデルといえる。

　1つ目の教育機関変革モデル（学校変革モデル）は、学校や地区において子どもの適応行動に障害を引き起こすようなうまく機能しない学校環境をつくりかえることを目的とする。これは社会科学理論や組織理論がもとになっている。このモデルを用いて子どもを支援する学校ソーシャルワー

カーは、うまく機能しない学区環境を明らかにし、行政管理者と教師が学習と適応を疎外する学校状況を変革することを助け、そして子どもと家族にうまく機能しない役割を取り除くことを助けるためにグループワークサービスを提供する。このモデルにおける学校ソーシャルワーカーは、変革を斡旋する、集団内での活動を容易にする、そして権利を擁護する専門家となる。これは、子どもが抱える問題には学校にも責任があるという考え方である。確かに画期的なものではあるが、1人の学校ソーシャルワーカーが学校環境を変えることは至難の業である。

2つ目の地域学校モデルは、学校を誤解し、信用していない貧困で恵まれない地域社会に焦点をあてて支援し、地域の理解を得て、貧困の犠牲になる子どもを支援するための学校計画を発展させる。問題が生じる原因は、子どもの文化の違いと貧困の影響を十分に理解できない学校職員にあると考えるものである。学校ソーシャルワーカーは地域活動に参加したり、地域が問題提起をしたり、学校計画への地域参加の促進をしたりする。このモデルに基づくワーカーは仲介的、代弁的役割を担う。これは、学校職員と地域社会とを結び付けることの重要性を説いている。

3つ目の社会関係モデルは、子どもと学校間における相互作用の問題に焦点をあてて支援するものである。根本理論は、システム理論や社会科学理論などである。このモデルにおける目標は、相互作用の壁を取り除くことである。学校ソーシャルワーカーは、共通問題をはっきりさせて焦点をあて、共通目標を樹立し、意志疎通を深め、相互支援を確立し、個々人、集団、地域を支援する。モデルでは同ワーカーは集団の内部をよく理解している仲介者、浄化者、促進者となる。彼らは特定の目標や目的の定義づけをするために集団での互いの関係をあらわす。これは、人と環境を一体ととらえることを重視しているといえよう。

2）コスティンが発表した学校・地域社会・児童生徒関係モデル

　コスティンは社会学習理論とシステム理論に基づく学校・地域社会・児童生徒関係モデルの理論体系化を図っている。

　このモデルは、児童生徒に関連する問題を個人および家族の観点からだけでなく、学校および地域における状況とそこでの欠けているもの、学校と子ども集団にどのようにかかわるかという視点からも考えるものである。すなわち、子どもと社会資源を結び付けてその調整を図るということである。これは、学校ソーシャルワークが導入された当初、主として行われていた支援方法ということもできる。子どもを取り巻くすべての環境と関連づけて考えられていることから、生態学理論も含まれていることがわかる。これは公立学校教育の制度上の実践を修正するために考えられた枠組みをも提供する。

　コスティンの論考に基づく本モデルは、学力不振、ずる休み、長期欠席、除籍、また大多数の児童生徒の教育的ニーズを満たすことができないという問題をもっている学校を支援するために考案されたものである。学校ソーシャルワーカーは、子どもの問題と学校・地域問題の相互作用で、問題の複合体とその問題状況のネットワークを築くことを要求される。このモデルは、表8－3－1のようにまとめることができる。

　①によれば、このモデルは、学校ソーシャルワーカーが集団・地域にかかわることで個人の問題改善に目を向けて支援することに焦点をおいていることがわかる。これは他のどのモデルにもあてはまるものである。

　②によれば、このモデルは、個々の子どものストレスを減らすために、子どもと環境の調整を図ることを重視していることがわかる。これはコスティンが、子どもと資源の調整をもとにして、モデルを構築しているということがよくあらわれている。この連携調整は、学校ソーシャルワークが

表8-3-1 学校・地域社会・児童生徒関係モデル

①究極目標…子ども一人ひとりに目を向けて支援する。
②目標………子ども集団のストレスを軽減することと学校・地域・子どもを連携するシステムにおいて変革を引き起こすことによって、子どもが自らの最善の利益をもたらすことのできる学習の機会を得られるように支援する。
③焦点………状況。
④土台理論…システム理論、社会学習理論。
⑤アセスメント…子どもの特質が学校・地域の状況とどのように影響しあうのか、そしてそれらは子どものための教育を受ける機会にどのように影響するのかという点を研究し評価する。
⑥サービスの計画…管理者、教師および他の学校職員との継続的な相談の間で、ソーシャルワーカーの計画成功に不可欠な参加と支援をする管理者等にその計画を発展させ、記述し、提供することが求められる。必要な調整が計画に基づいてなされたのちに、サービス契約を学校ソーシャルワーカーが責任をもつ人々とともに同意のもとで行う。計画は、焦点となる集団の教育的ニーズおよび学校の目的に関連づける。介入にとって最も実行可能な視点を全体的に評価する。
⑦職員の活動…このモデルにおいて支援を行う学校ソーシャルワーカーは、学校と地域において特定サービス計画の目的を促進させることのできる、または教育上の機会を向上させることを助けることのできる人々の能力を発展させようと試みる。
⑧効果的利用をするには…公立学校を社会システムだと理解する。公教育とソーシャルワークの両方に関心をもつ、つまり「教育上の方針をかたちづくるなかでの学校・地域関係の方針、多様な形態の学校・地域体制のなかの結果、学校財政における問題と方針上の問題、学校の下位文化のマイナス様相、教育を改正してきた企画、さまざまな子ども関係の専門家が担う伝統的役割のなかから生まれてくる問題、学校委員会の権限の特質と限界、教育の機会均等に影響を及ぼす社会法制上の問題」のようなことを知り得ておく。学校システムを変革するための介入方法を知る。

資料 Costin,L.B.(1975), "Social Work Practice: A New Model", *Social Work*,20, National Association of Social Workers, pp.135-139をもとに作成。

導入された当初において強調されていたものでもある。

　③によれば、このモデルでは学校と地域において何が欠けているのか、

および子どもが生活をしていくなかでストレスを感じるとき、いかなる関係に問題があるのかということについて関心をもつことが重視されている。これは、生活環境のあらゆる面に焦点をあてて支援するというシステム論の定義にあてはめて考えられていることがよくわかる。

①、②、③に基づいてこのモデルを検討すると、1940年代から1960年代くらいまでずっと強調されてきた臨床的ケースワークとは異なり、資源の調整を重視していることが特徴となっていることがわかる。それは、学校ソーシャルワークが導入された当初の役割が見直され、編成されたものということができる。

④によれば、本モデルは社会学習理論やシステム理論がもとになっているということである。

社会学習理論は、家庭・学校・地域における子どもの幼児期から思春期までの学習経験が、後の生活に影響を及ぼすという考え方に基づくものである。幼児期から成人期に至るまで学習を続けることが必要であることを強調する。すなわち生涯学習が必要であることを強調するモデルである。このモデルに基づく支援の方法は、子どもの社会行動の発展を社会刺激（彼らの行動の発展と修正のために用いられる訓練）と関係づけようと試みることである。これは、学校・地域・児童生徒関係に焦点をあてるコスティンのモデルの根本理論となっている。

次にシステム理論について検討する。システムとは秩序と組織そのものであり、それは継続的な変革のなかで維持される。もしそれが首尾一貫して機能しているとしたら、そのどの部分も影響を受ければ必ず全体に影響を与えることになるというとらえ方をするモデルである。システム理論は、生活環境のあらゆる面に焦点をあてて支援するものである。この考え方は、生態学理論と密接に関係している。学校というのは、全体として機能するシステムである。すなわち、児童生徒、教師、管理者、他の学校職員、校

内委員会のメンバー、親および地域の代表者をはじめとする学校で出会うすべての人々は結び付けられており、それぞれの人はなくてはならない要素ということである。公立学校システムは、学校の適切な機能と組織構造についての地域基準、地域資源の量と種類、社会階層・年齢・人種と民族の構成を基準にした地域の人口、そして地域の権力構造というような環境の影響を受けている。社会環境は、学校目的に、そしてそれによる教育過程の結果に影響を及ぼす。このモデルは、生活関連課題の早期発見と介入のためにある。これは、学校ソーシャルワーカーがさまざまなシステム、コミュニケーション、社会学習、団体に関する理論に頼り、彼らをさまざまな変革斡旋人、仲介者、相談者、評価者、教育者、学際チームの一員といったような役割にする[14]。

⑤、⑥、⑦までについては、このモデルの遂行方法について述べられている。

⑤によれば、このモデルのアセスメントの段階では、子どもと環境との関係を理解しなければならないということがよくあらわされている。この段階における学校ソーシャルワーカーの役割は次の通りである。

1　学校を取り巻く環境を知ること。
2　ニーズ調査のため、他の学校職員が子どもおよび親の集団と相談計画を企てていくのを助けること。
3　学校が親に期待することを理解し、カリキュラムの能力別編成、多様な問題行動に対する懲戒、子どもを課外活動に参加させること、出席の義務制、食堂の規制、どんな場合に停学除籍するのか、補習教育を授与する手続きのような問題を取り扱うため、公式・非公式の両方の学校方針を知り、また子ども関係サービスを評価すること。
4　ニーズを評価するために、焦点となる問題状況を確認すること・子どものライフサイクルのなかでストレスとなる問題状況を映し出すため、

いかなる学校でも、学校記録、口頭報告、相談そして専門家の観察から得られたデータを研究すること。
5 そして適切な評価をするために、複雑な問題状況をそれらの相互作用を得るために研究し、評価すること[15]。

この段階では、学校ソーシャルワーカーは、問題をもつ子どもの生活環境を知るために情報を得るということである。つまり、子どもを取り巻く環境を知ることではじめて子どもの課題解決に見合う計画を企てることができるのである。
⑥において、すなわちサービス計画を企てる段階で、学校ソーシャルワーカーがすべきことは次の通りである。

1 仕事量の統制を行うための第一義的な、日常的な責任をもつ人々とともにサービス計画を企てること。
2 影響を受ける人々が総合的な活動計画を遂行できるような、またそれが成功するのに利害関係があるため、最大限の柔軟性をもって解釈することができるような目標を立てること。
3 仕事および職務が状況に合うように、または進歩の評価によって示唆されるずれを補うために編成しなおすこと[16]。

ここでは、サービス計画を企てる際には、子どもを取り巻く人々とも協力をしなければならないこと、柔軟に対応しなければならないことが述べられている。
⑦によれば、学際的なチームのなかでは次のようなことが求められる。

1 役割および職務における個々の専門職が確認・発達を促すために最大限度の柔軟性を維持すること。

2 技術の細分化を発展させるために、この枠組みのなかで、問題解決とチームの権限のために統合されたアプローチを維持すること（通常は学校ソーシャルワーカーであるが、若干の学校において他の専門原理に基づくかもしれないこの専門家は、目的の達成を通じて望ましい判断の境界線との調和や、仕事の専門的、倫理的基準の維持を通じてチームメンバーを指示、統合、指導する）。
3 チームのなかの解放された意志疎通、報告の継続そして目的と戦略のなかで通常の再評価をすること。
4 チーム全体がソーシャルワークのすべての技法に適応するように仕向けること。
5 効果的な相談と子どもの権利擁護における技術の発展強化を促すこと[17]。

子どもの問題にかかわる際に、ワーカーは孤立してはいけないということが述べられている。

また⑧では、学校ソーシャルワーカーがこのモデルを利用するにあたり、理解すべき点について述べられている。

以上、コスティンの「学校・地域社会・児童生徒関係モデル」についてまとめたが、これは今までのモデルとは異なり、生活というものを視点に入れて考案されたものである。この時期の学校ソーシャルワーク分野において画期的なモデルであったということができる。このことからも、臨床的ケースワークに重点をおいた支援から、再び子どもおよびその家族と学校・地域の諸資源との調整、学校と地域の諸資源との連携という環境に重点がおかれるようになったことがわかる。本モデルは、1960年代から1970年代にかけての学校ソーシャルワークの目標・方法変換期において考案されたものであるから、まさに過渡期のものであるといえる。

しかし、このモデルに対する批判もあることを忘れてはならない。石田

はこのことを次のように述べている。

「コスチンのモデルは、ケースワークといった臨床的アプローチの価値と潜在的可能性を認めようとせず、『伝統的な実践の臨床モデルに執拗に固執している』ソーシャルワーカーを批判している。しかし、個々の生徒の心身の健全な発達に取り組んできているソーシャルワーカーには、社会的背景から児童の問題を把握し解決を図るというやり方は受け入れ難い。本モデルに基づけば、クライエントは学校と地域であり、変革を及ぼす目標が学校とされる。しかし学校には教育長、校長、教頭ら管理者がいて、彼らは彼らなりの関心をもって運営にあたっている。こういったことを考えれば、学校管理システムのなかでは、ソーシャルワーカーは、むしろ臨床的な仕事をしている方が専門職業としての貢献が可能である[18]。」

つまり、画期的なモデルであったが、学校方針にしたがうことが望ましいと考え、これを受け入れることのできない学校ソーシャルワーカーも存在していたということである。まさに、個々の子どもの内面に焦点をあてて支援を行うか、子どもたちと環境を一体ととらえて支援を行うかを模索されている時期に考案されたモデルということができる。

その他にも、中退率を減少させるためのモデルや麻薬の問題を解決するモデル、コミュニケーションの技術を身につけるためのモデルを用いての支援がなされはじめだした。これらは、子どもたちの学業が成就するための状況を整えるために用いられた。学校ソーシャルワーカーが、これらのモデルを用いて子どもを支援することにより、中退者のうち過半数以上が、復学したり、高等学校の卒業証書を得たりするなどした。子どもの自尊心を引き出すことで不安を減少させるという結果を導いた。子どもの鬱病状態や自殺を減少させることにもなった。1992年にハイリスクの青少年に対するサービスの調査で、認知－行動予防モデルが心理的予防接種戦略

（抵抗力を増やすために問題行動を少量接種すること）、プレッシャーに抵抗する訓練（仲間およびマスコミのプレッシャーを扱う方法）、そして介入させること（より多くの技術を教えること）にかかわるときに効果があるということが明らかにされた[19]。ここから、子どもたちの教育を受ける権利を保障するためには、彼らの生活面に視点をあてて働きかけていくことが有用であることがわかる。モデルは、子どものみに焦点をあてたケースワークに関するものが主であるが、予防・早期解決という観点を含めるのであれば、コスティンモデルのように、地域・学校にも焦点をあてたモデルとの併用または応用が必要であろう。

このように1970年代以降の学校ソーシャルワークは、ソーシャルワーク分野においてあらわされたさまざまなモデルを応用し、彼らのための役割モデルを模索したのである。自らの存在を確たるものにしていったといえよう。

第4節　学校ソーシャルワーカーの役割

この当時の学校ソーシャルワーク分野における研究者は、前節にもあるように同分野に関連するモデルの提示を試みたが、これ以外にも、学校ソーシャルワーカーが実際に行っていた仕事はいかなるものかを理解するために、頻繁に調査を行っている。

1970年代は、1973年のオルダーソン、クリシェフ（Krishef,C.）による「コスティンの研究を部分的に反復した研究[20]」をはじめとして、このコスティンの1969年に発表された研究をもとにした多くの研究がなされた。

アレン・ミヤーズは、学校ソーシャルワークに関連する新しい役割と実践モデルの構築を求められだしたことに刺激を受け、1977年に、コスティンの1969年における学校ソーシャルワーク職務分析の再調査を行った。アレン・ミヤーズの要因分析では、7つの主要な因子が明らかにされた。彼

女らは重要なものから次のように並べている。

①　他者と協力して子どもが抱える問題を明らかにする。
②　ソーシャルワークサービス供給に先立って仕事をする。
③　子どもが抱える問題を評価する。
④　学校・地域・子ども関係を調整する。
⑤　親子に対して教育カウンセリングを行う。
⑥　地域社会にある施設や人材を利用するよう働きかける。
⑦　指導力／施策立案を作成する[21]。

アレン・ミヤーズは、この結果と「コスティンの研究[22]」を比較検討し、次のような点を指摘している。

「①から⑤までの要因は、学校ソーシャルワーク実践が、ケースワークから家庭・学校・地域社会の連携と親に対する教育カウンセリングへの変遷期にあるという結論を導いた。コスティンの研究において見い出された優れた臨床ケースワークアプローチとはかけ離れていた。しかし指導力／施策立案は、いまだに重要とされていなかった。このような結果は、ケースワークアプローチとシステム変革モデル、またはこれらを含む学校・地域社会関係のなかから得られたものである。彼らは、対象となる子ども集団に焦点をあててかかわったり、学校・地域の状況に逆らって変革したり、学校における危機に反応することを強調しなかった[23]。」

また、石田も伝統的ケースワークから学校・家庭・地域の連携と親子への教育カウンセリングへ移行していること、依然として学校環境を改善するための働きかけに積極的でないことを指摘している[24]。

調査を検討すると、両者とも指摘するように、コスティンの研究で重要

視されていた「情緒上の問題をもつ子どもを処遇すること（臨床的ケースワーク）」が、アレン・ミヤーズの研究においては含まれていないことがわかる。この結果は、環境に焦点をあてて子どもとかかわるのでなければ、子どもの問題が解決しないということをあらわしている。これは、子どもの問題が単なる兆候にすぎないと考えることを再び重視されるようになったことを意味する。人と環境を一体としてとらえる生態学的システム理論に目が向けられるようになったことのあらわれといえる。これは、コスティンの1975年のモデルにおいても重視されていることである。

しかし、依然として指導と施策策定への関与はあまり重要視されていないという結果であった。1960年代と同様に1970年代に入っても、学校改革を求めることを重視する学校ソーシャルワーカーがほとんどいなかったということである。1975年にコスティンが発表したモデルが有効に用いられていないと言わざるを得ない。コスティンとアレン・ミヤーズの両者の調査から、学校ソーシャルワーカーの関心は依然として個人にあることがわかる。これも、1975年モデルの視点と異なるものである。1人の支援者が学校というシステムを変革するために働きかけることは困難であるということであろう。

その後、1978年にNASWが、学校ソーシャルワーカーが行うサービスの基準を明言した。現在に至るまで地区によってばらつきがある。他の専門職との違いも、人によって認識があいまいである。州によって、学校ソーシャルワーカーの雇用数もかなりの差がある。このような専門職を雇っていないところもある。

1980年代に入ってからも学校ソーシャルワーカーの職務に関する研究が続けられた。1982年には、学校ソーシャルワーカーは、障害児教育法施行により、子どもに特別支援教育を受けるように導くための相談、短期カウンセリング等を行うことが多くなった。これは1975年の障害児教育法が、学校ソーシャルワークの分野に多大な影響を及ぼしているということ

のあらわれである。大不況が起こった1987年に教育改革に関する研究が行われた。そこでは、学校ソーシャルワーカーの職務は、家族への働きかけ、相談、地域機関との協力及び学際的なチームワークと評価であるとの結果が出された[25]。

　この時期の学校ソーシャルワーカーは、自らの存在理由を模索した。ワーカーは多様なモデルを用いての支援を試みることによって、子どもたちが社会性を身につけるために手助けをした。学校ソーシャルワーカーは、学校側が子どものニーズに応えることができるように仕向けていくことも重視するようになった。まさに、学校ソーシャルワーカーは、学校と子どもの相互作用の間にあるということができよう。これは、家族サービス機関のソーシャルワーカーや児童福祉ワーカーにはできない仕事である。学校という場に身をおいて子どもの問題に取り組むという活動は、学校ソーシャルワーカーならではの仕事である。1980年代に、ジャーメイン（Germain,C.B.）は生態学的視点に基づく学校ソーシャルワーカーの役割を次のように定義している。

　「実際にスクールソーシャルワーカーは『子ども』と『学校』の間のみならず『学校』と『家族』、『地域』と『学校』の中間面にも立つのである。したがって、子ども、両親、地域が社会的力量を高めるための援助をする位置に立つのであり、同時に三者のニーズや願望に対する学校の『応答性』を高める援助も行う[26]。」

　このことを検討すると、この時期の学校ソーシャルワーカーは、1970年代と同様に、臨床的ケースワークよりも子どもおよびその家族と学校・地域の諸資源との調整、学校と地域の諸資源との連携を重視していることがわかる。すなわち、生態学的視点を取り入れているということである。ジャーメインは、子どもの生態学的展望に基づく学校ソーシャルワーカー

の支援は予防という点で重要であると述べている。情緒問題への予防接種的なものが、子どもたち、家族や地域の問題を深刻になる前に食い止めることができるということである。生態学的な視点に基づく学校ソーシャルワーカーは、子どもたちが不適応状況を起こすことのないように環境を変化させることをめざし、また子どもの側も環境が求めているものに沿うために、生物学的・心理学的手段を用いて変化を促すのである[27]。ワーカーは常に変化している子どものニーズや目標、環境が調和するように、子どもおよび彼らを取り巻く環境に働きかけることが求められよう。

　このように、学校ソーシャルワーカーが再びその調整役、連携役となることを重視した1970年代は、役割変換期と位置づけることができる。それは、コスティンの調査では臨床的ケースワークが重要視されたが、1970年代における調査では見受けられなかったことからもよくわかる。学校ソーシャルワーカーがソーシャルワーク論の動向である生態学的システム思考の視座を取り入れたということ、特別支援教育に関する仕事を重点的に行っていくようになったことにもよるだろう。このような役割変換を契機に学校ソーシャルワーク分野は、さらなる発展を遂げることになる。

小結

　この時期の学校ソーシャルワーカーは、学校における子どもの問題が多様化してきたことにより、仕事の範囲がさらに増えていくことになった。1970年代における学校ソーシャルワークは、ソーシャルワーク論の影響を受けて発展していった。すなわち、生態学的システム理論を取り入れたアプローチを行うようになったのである。学校ソーシャルワーカーは、子どもの問題が複雑化・深刻化したこと、また障害児教育法が施行されたことをはじめとした諸理由により、重点をおく仕事を変えていくことになったことを明らかにした。特に障害をもった子どもにかかわることが多くなり、彼らの存在意義はより高まったといえる。

　学校ソーシャルワーカーの役割は、1940年代以降に強調されだした臨床的ケースワーク偏重の支援では限界があると考えるようになり、ソーシャルワークに関連するさまざまなモデルを取り入れるようになった。エコロジカルな展望、システム理論を取り入れた新たなソーシャルワークの技術を用いて支援することにより、子どもが抱える生活関連問題の解決を図っていった。なかでも、コスティンが理論体系化した学校・地域社会・児童生徒関係モデルは子どもを集団としてとらえ、焦点を状況に定め、学校改革をめざしていたため、画期的なものである。彼らはこのように多様なモデルを考案することで、自らの役割を高めようと努めたのである。

注記

1) 「障害児教育に関する連邦法」の詳しい内容については、Ginsburg,E.H.(1989), *School Social Work*, Chares Thomas を参照されたい。
2) キャッシュモア，E. 編/今野敏彦監訳『世界の民族・人種関係事典』明石書店　2003 年　234 頁参照。
3) Allen-Meares,P., Washington,R.O. & Welsh,B.L.(1986), *Social Work Services in Schools*, Prentice Hall, Inc., p.26.
4) Costin,L.B.(1987), "School Social Work", *Encyclopedia of Social Work*,18, National Association of Social Workers, p.541.
5) Ginsburg,E.H.(1989), op.cit., p.52 参照。
6) Ibid., pp.46 - 47 参照。
7) Ginsburg,E.H.(1989), op.cit., pp.62 - 63.
8) Freeman,E.M.(1995), "School Social Work Overview", *Encyclopedia of Social Work,* 19, National Association of Social Workers, p.2088 参照。
9) Costin,L.B.(1987), op.cit., p.544.
10) ジャーメイン，C. ／小島蓉子訳『エコロジカルソーシャルワーク　カレル ジャーメイン名論文集』学苑社　1992 年　133 - 140 頁参照。
11) Freeman,E.M.(1995), op.cit., p.2089.
12) Alderson,J.J., "Models of School Social Work Practice", in Sarri and Maple, *The School in the Community,* pp.57 - 74(reprinted with Permission), Washington D. C. : NASW cit., Allen-Meares,P., Washington,R.O. & Welsh,B.L.(1986), pp.27 - 29. なおオルダーソンの 4 モデルについては、アレン・ミヤーズらの文献に基づいて述べている。
13) Costin,L.B.(1975), "Social Work Practice: A New Model", *Social Work*,20, National Association of Social Workers, p.136.
14) Ibid., pp.136 - 137 参照。
15) Ibid., pp.137 - 138.
16) Ibid., p.138.
17) Ibid., pp.138 - 139.
18) 石田敦「アメリカにおけるスクールソーシャルワーク論の動向－ケース

ワーク対システム変革をめぐって-」ソーシャルワーク研究所編・発行『ソーシャルワーク研究』1986年　12号　115頁。
19）Freeman,E.M.(1995), op.cit., p.2095 参照。
20）Alderson,J., Krishef,C.(1973), "Another Perspective on Tasks in School Social Work", *Social Casework*,54, Family Service Association of America, pp.591 – 600, cit., Freeman,E.M.(1995), op.cit., p.2094.
21）Allen-Meares,P., Washington,R.O. & Welsh,B.L.(1986), op.cit., p.30.
22）Costin,L.B.(1969), "An Analysis of the Tasks in School Social Work", *Social Service Review*,43, University of Cicago Press.
23）Allen-Meares,P., Washington,R.O. & Welsh,B.L.(1986), op.cit., p.30.
24）石田　敦　上掲　112頁参照。
25）Freeman,E.M.(1995), op.cit., p.2094 参照。
26）ジャーメイン，C．／小島蓉子訳　上掲　135頁。
27）同上　133 – 140頁参照。

第9章
教育予算の削減

　本章では、1987年の不況が学校ソーシャルワークにどのような影響を及ぼしたか、また学校ソーシャルワークに関連する専門家が行った調査をもとにその役割がいかなるものであったかを検討している。

第1節　1987年の大恐慌の影響

　1980年代前半の経済状況は比較的安定していたが、1986年にその状況は一変した。今までのアメリカは世界最大の債権国であったが、同年に世界最大の債務国になってしまった。
　その後、1987年の10月19日にニューヨークの株価が記録的な大暴落を起こした。これは1929年10月24日の「暗黒の木曜日」を上回るものであり、後に「ブラック・マンデー（暗黒の月曜日）」と呼ばれた。このブラック・マンデーは、新川が述べるように財政赤字および貿易赤字という双子の赤字がより拡大していったこと、ドル安の傾向があるなかでアメリカに対する投資が増大したことなどが主な原因となって起こったのである[1]。
　この不況により、多くの学区は予算の切り詰めを余儀なくされた。これにより、学校ソーシャルワーク分野も多大な影響を受けることとなる。
　この時期は、金融の自由化が速いスピードで進んだ。中小の金融機関は危険が伴うが高い収益の得られる不動産投資に走った。そのために銀行は不良債権を抱えて倒産していった。このような金融機関の破綻により、金

融不安が高まった。貯蓄貸付組合が破綻して預金保険も危機的状況に陥れられた。政府はこのような状況を憂慮し、1989年に入ってから公的資金投入のために金融機関再建執行法（預金者保護のために整理信託公社を新設し、金融機関の不良債権を処理するための法律）を制定した。

しかし、税金を使って金融機関を救済することに反対する国民が多かった。政府はこの法律を議会に承認してもらうため、預金者保護以外の公的資金不使用、資金使途の明確化、経営者責任の徹底追求などの厳しい条件をつけ加えた。この整理信託公社は、破産管財人となって負債や資産を受け継ぎ、資産を売却したり、他の金融機関に譲渡したりして清算を進めていった。この取り組みは、1991年半ばには効果が出はじめた。

この不況の影響により、子どもたちの家庭生活も崩壊していく一途をたどった。1987年は離婚率と失業率が増大した。フリーマンは、この時期の家庭状況について次のように述べている。

「1991年において、アメリカの6,600万世帯のうち290万世帯が父親単身家庭、1,120万世帯が母親単身家庭であった。そして残りの5,190万世帯は父母のいる家庭であった。1970年から1988年の間において、離婚の割合は1,000組につき3.5組から1,000組につき4.7組にまで上昇した。1987年の不況により失業率は高くなり、1991年の間には、さらに1か月平均で6.6％に上昇した。子どもの増加および社会状況の悪化は、ますます多くの子どもたちと家族が学校ソーシャルワークサービスを必要とするだろうということを考えさせる[2]。」

このような不況により、子どもたちは、多様な問題行動を起こすようになり、またその数も増加するようになった。学校ソーシャルワーカーは、子どもの問題を予防し、深刻化しないようにするために、子どもたちにかかわることが求められるようになった。

第2節　不況後の雇用状況

　学校ソーシャルワーカーの数は、1970年代においては増加傾向にあった。
しかし、1980年代の不景気とそれに付随する学区の予算切り詰めによって、減少させられる傾向にあった。そのようななかで障害児教育法は、学校ソーシャルワークサービスの供給を学区に義務づけており、多くの学区に学校ソーシャルワーカーを雇うように導いていた。この時期は不況が生じたが、特別支援教育に対する学校ソーシャルワークサービスがうまく確立している地区では、その勤め口の多くが安定し、その数を増やしていくという傾向があった。1987年において不況があったが、学校ソーシャルワーク分野への影響は、地区によってさまざまであった。学校ソーシャルワーカーは、障害児教育法の施行により学校という現場で確たる市民権を得た専門職として活動することができたのである。

　元来、学校ソーシャルワークサービスは、連邦政府、州政府、地方自治体、民間基金等からによる資金で賄われていた。学区は平均出席日数をもとにして、子ども一人ひとりの教育財源を供給した。そのため、学区のなかには学校ソーシャルワーカーが子どもの出席率改善に焦点をあてて仕事をすることを期待するところもいまだにあった。

　しかし、障害児教育法の施行により、特別支援教育に対する財源から学校ソーシャルワーカーの給料が支払われるようになった。学校ソーシャルワーカーは特別支援教育を受ける必要がある子どもを評価し、子どもおよび家族へのカウンセリングと子どもの学習成就のために教師と相談することが多くなった。

　学校ソーシャルワークサービスのために供給される資金のなかには、民間基金や特別補助金などがあった。これらの補助資金は不適応問題を起こす子ども、そして恵まれない子どもたちに対する支援を支えるものであっ

た。これらの計画のもとで子どもたちに予防的サービスを提供している学校ソーシャルワーカーもまた、地区への学校ソーシャルワークサービスの導入と拡張を可能にした。よって問題を抱える子どもに対するサービスは、自由に使える財源によって賄われていたため、学校にとってあまり重要なものではないとみなされることが多かった。そのような行政の考え方により、学校ソーシャルワーカーがかかわる必要のある子どもに関与する機会を減少させるところもあった。学校ソーシャルワーカーは、学校にとって中心的である施策策定委員会にかかわることがないかぎり、特別支援教育に関する支援に限定されることとなってしまった。

フリーマンは、1987年における大不況以後の学校ソーシャルワーカーの雇用状況について次のように述べている。

「1988から1989年において、アメリカの11,000人から14,000人の学校ソーシャルワーカーのうち8,000人から9,000人は、特別支援教育を受ける子どもだけにサービスを供給していると見積もられていた。1988から1989年に、障害をもつ子どもにかかわるソーシャルワーカーの多くは、都市の地域に、そしてイリノイ州（1,588人）、ニュージャージー州（1,187人）、ミシガン州（893人）、バージニア州（366人）、マサチューセッツ州（356人）、コネチカット州（304人）、コロラド州（295人）のような州に集まる傾向があった。これらの州は長年の間、学校ソーシャルワークサービスをすることを委任されたり確立されたりしてきたため、学校ソーシャルワーカーが集まった。これに比べると、ネブラスカ州、ネバダ州、オハイオ州のような州は、1988から1989年に障害をもつ子どもにかかわるための学校ソーシャルワーカーを1人も雇わなかった[3]。」

不況時、学校ソーシャルワーカーを積極的に取り入れている場所は、引き続き発達したが、それ以外では減少傾向にあったということである。こ

のことから、学校ソーシャルワーカーの雇用数が、地域によりかなり格差があるということがわかる。アメリカに学校ソーシャルワークが導入されて約100年が経過しているが、今もなおすべての地区において十分に普及しているわけではないといえる。

第3節　学校ソーシャルワーカーの役割

（1）新米学校ソーシャルワーカーの職務分析の調査

　大恐慌が起こった後の1989年から1990年にかけて、1977年にアレン・ミヤーズが行った調査研究と同様の研究がなされた。この反復研究は、アメリカソーシャルワーカー協会と教育調査サービスが協力してスポンサーを努めることでなされた。この調査研究では、新米の学校ソーシャルワーカーにとって必要な知識分野・技術・職能と仕事範囲（職務）が明らかにされた。

　アレン・ミヤーズの研究の反復研究に基づく調査結果は、表9－3－1の通りである。

　ネルソン（Nelson,C.）は、この結果から次のような点を指摘している。

「学校ソーシャルワーカーによって求められる知識のほとんどが、法律・規則・手順の事実に基づく、具体的な知識をこえたものであるということを強く示唆する。知識分野の多くは、意志疎通、資料およびプロセスをどのように分析するのかをはっきりと理解し、考えとプロセスを表現し、明らかにする能力を要求する[4]。」

　ネルソンは、学校ソーシャルワーカーが子どもとかかわるために、子どもへの接し方、支援計画の立て方、ソーシャルワーク論、心理学、支援方

表9－3－1　学校ソーシャルワーカーに必要な知識と職務

8つの知識分野 　ソーシャルワークの倫理、プログラムの発展と運営管理技術、ソーシャルワークの形態と手順、人間の行動と発達の理論、ソーシャルワークの実践モデル、学際的な行動、子ども集団の特質、公教育法・判例法・正当な法の手続き、 　（重要なものから列挙した） 5つの仕事の範囲 　子どもと家族との関係と彼らへのサービス、教師と学校職員との関係と彼らへのサービス、他の学校職員へのサービス、運営管理と専門職務、諸機関の間での協力・予防・代弁、（重要性、頻度数および職務の地位の順に記した）

資料　Nelson,C.(1990), *A Top Analysis of School Social Workers, Prenceton*, NJ.: Education Testing Service., cit., Freeman,E.M.(1995), "School Social Work Overview", *Encyclopedia of Social Work*,19, National Association of Social Workers, p.2095.

法、他専門職の仕事、子ども集団の問題状況、法律などを知り得ておくことが必要である述べている。学校ソーシャルワーカーは、具体的な支援方法を知るのでなければ、子どもに対して効果的な役割を担うことはできないということである。5つの仕事範囲を検討してみると、子どもおよびその家族と学校・地域の調整、それら社会資源の連携が重視されていることがわかる。そうするために、彼らに個別にかかわることが必要である。

（2）シュタウトの調査

　シュタウトは（Staudt,M.）1991年にアイオワ州で、「問題があれば介入して解決を図る教育機関、すなわち仲介的な教育機関」に出入りしている私立および公立学校で働く校長と特別支援教育担当教師、機関の学校ソーシャルワーカーに対してそれぞれが学校ソーシャルワーカーの役割をどのように考えているのかを明確にするための調査を行った。この結果をまとめると次のようになる。

① 学校ソーシャルワーカーが実際に行っている職務
　1　主に行っているもの
　　いかなる子どもを特別支援教育（Special Education）の対象にするのかを評価するとともにそれに関連する職員が参加するように働きかけること。問題があれば連絡すること。個々の子どもの相談にのること。
　2　比較的しばしば行っているもの
　　子どもを紹介すること。子どもの教育プログラムとニーズについての、彼らおよびその親に対するカウンセリング。危機介入。
　3　まれにしか行っていないもの
　　学校と地域の計画立案。調査活動。全クラスの子どもに対する働きかけ。教師の現職教育と親集団への働きかけ。IEP 立案に積極的に参加すること。
② 校長と特別支援教育をする教師が求める学校ソーシャルワーカーの職務
　　子どもに対するグループワーク。家族および親に対するカウンセリング（学校ソーシャルワーカーは、これらの仕事を数多く行っていると考えているが、校長と特別支援教育をする教師は、自身の学校の観点から考えているためこのような結果が出た）。
③ 学校ソーシャルワークサービスのなかで重要なもの
　　個別カウンセリング。連絡活動。子どものことについて教師の相談にのること（三者はグループワークを求めたが、実際には個々に焦点をあてることが多かった）。
④ 特別支援教育の対象となるかどうかを決めるための評価プロセスにおける学校ソーシャルワーカーの役割。
　　校長および特別支援教育をする教師のなかには、特別支援教育に入級する可能性があるために紹介される子どもすべてに関して完全な社

会調査をすることを望む者もある。学校ソーシャルワーカーは行動、社会、情緒への心配がなかったとしたら完全な評価を望まない[5]。

①の結果から、同州では学校ソーシャルワーカーが主に行っている仕事は、子どもが特別支援教育の対象となるか否かの決定に関与することであるとわかる。比較的しばしば行っている仕事は子どもと学校との調整、資源の連携、カウンセリング、場合によっては危機介入である。ここから、学校ソーシャルワーカーは、特別支援教育対策に関与するために、その対象となる子どもの生活関連問題に焦点をあててかかわりながら活動しているといえる。子どもが特別支援教育を受ける必要があるか否かという場合にもそれを行うことを重視している。この州における学校ソーシャルワーカーは、自らの役割を十分に発揮していたということができるかどうか疑問が残る。

また、学校ソーシャルワーカーが実際に行っている職務と他専門職が学校ソーシャルワーカーに求める仕事が一致していない。これは、他専門職が学校ソーシャルワーカーの仕事を理解しきれていないことのあらわれといえる。他の学校関連職員が、学校ソーシャルワーカーの役割を十分に認識しているといえばそうではないのである。

②の調査結果についてシュタウトは次のように述べている。

「応答者のうち、45％の校長、70％の特別支援教育担当の教師は、学校ソーシャルワーカーがケースに費やす時間の量に対して不満をもっている。学校におけるソーシャルワーカーは、親と接触をする唯一の専門家であるが、親集団と親へのカウンセリングはサービスとは考えられなかったし、親へのグループワークは高く評価されなかった。特別支援教育に子どもを振り分けること、家庭との連絡をとることというような職務は、親への働きかけに含められることが多い。この教育機関における仲介的な学校ソー

シャルワークサービスは、個々の子どもに焦点をあてて行うので非常に伝統的なものであった。彼らは、特別支援教育を受ける子どもであると決めること、そしてその子どもたちのために特別支援教育担当の教師を配置することに多くの時間を費やした[6]。」

　ここから、学校教職員は、学校ソーシャルワーカーを特別支援教育コーディネーターとみなしていることがわかる。
　③について検討すると、人と環境を一体ととらえる生態学的システム理論に基づく支援ではなく、個々に焦点をあてて支援を行うことが主流であることがわかる。
　④について検討すると、学校ソーシャルワーカーは子どもが特別支援教育を受ける必要があるか否かを決めるために社会調査が求められるが、実際にはそうすることを望んでいないことがわかる。
　これは、1つの州における調査であるため、すべての州にあてはめて考えることは不可能であるが、ここから、学校ソーシャルワーカーが「子どもが特別支援教育を受けるか否か」に関する仕事にかかわることが多いとわかる。これは、障害児教育法の影響によるものといえる。学校ソーシャルワーカーと他の専門職による学校ソーシャルワーカーの役割の認識が異なっている。1つの州においても、そのように認識の違いが生じているということは、アメリカ全州においてその役割認識にかなりの違いが生じているといえよう。

（3）　役割定義

　前述にあったように学校ソーシャルワーカーの仕事は、1つの州内でも、実際のものと望んでいるものとの違い、他の専門職との認識の違いがある。1975年における障害児教育法の施行による特別支援教育に関連する仕事をすることが多い。

コスティンは、学校ソーシャルワーカーの役割と支援方法について、1987年に次のように定義している。

① 困っている子どもであると認識すること。
② 子どもへのサービスを広げること。
③ 学校職員に対して働きかけること。
④ 親に対して働きかけること。
⑤ 地域資源を子どもの家族が利用することを助けること。
⑥ 障害をもつ子どもに対する教育計画を立てること[7]。

コスティンは、1970年代に定義した5つの役割の他に、新たに⑥を加えている。障害児教育法の施行により、学校ソーシャルワーカーの役割がさらに広まったのである。このことからも、当時の学校ソーシャルワーカーが、いかに障害児教育に関連するサービスの多くを処遇していたかがわかる。⑥の内容は次の通りである。

「障害児教育法の実施は、ソーシャルワーカーが障害児のために個別教育計画を発展させて、個人が、より積極的に参加することを推し進めてきた。ソーシャルワーカーはそのような計画において、しばしばケースマネージャーと称される。その役割において、彼らは他の学校職員（校長、教師、特別支援職員）の取り組みと親たちの努力を調整する責任がある。学校ソーシャルワーカーは、ケースマネージャーとしてすべての重要な情報がケース関係者の間で（最も適切で、ほとんど制限されない個別教育計画を正式に満たすための状況の間で）熟考されるということを確かめる必要がある。ケースマネージャーの役目をするのであろうとなかろうと学校ソーシャルワーカーは社会発達の研究（そしてときどき学校以外のどんな環境においても子どもの適応行動を評価すること）を立案する。学校ソー

シャルワーカーはまた、教育計画活動において子どもの親が対等な相手として述べられ、認められることができるように特別な注意を払う[8]。」

つまり、学校ソーシャルワーカーの役割は、資源を結び付けること、家族と学校との調整をすること、ケースをマネージメントすること、親への働きかけをすることであることがわかる。これは、障害をもった子どもを守るノーマライゼーションの思想に基づくものであり、その子どもの生活を全体としてとらえて働きかけていくことであるということができる。

ギンスバーグ（Ginsburg,B.H）は1989年に、学校ソーシャルワーカーの障害をもつ子どもへの取り組み方は、「すべての教師と協力して、子どもに対してその能力を最大限に引き出すようにすることである」と述べている[9]。つまり、学際的なチームをつくって働きかける必要があるということである。

また、ギンスバーグは、学校で働くソーシャルワーカーが他の機関のソーシャルワーカーが子ども支援するよりも優れている点について次のように述べている。

① 危機に陥り、介入を要する子どもに対して直ちにアクセスできること。
② 子どもの援助のために学校のプログラムや設備を利用できること。
③ 法廷や州福祉局と接触する際、学校の代表となるがそれによって学校ソーシャルワーカーの意見に重みが加わること。
④ 相談できる専門職とのつながりがあること。
⑤ 子どもの生活に深い影響を与える特別支援教育における方針決定に参加すること[10]。

このことを検討すると、学校ソーシャルワーカーは、学校に常駐するこ

とで学校の状況を知ることができる、言い換えれば、生活関連問題をもつ子どもを見い出したとき、すぐに関与することができるということがわかる。学校のことをよく知っているので、学校の代表として公の場に出ることが多く、その地位が向上するということがわかる。上述より、他の資源を紹介できる、障害児教育に関与することができるなどのことがわかる。これらが、他機関におけるソーシャルワーカーと比較して優れている点である。

多くの専門職が、人々に対しこのような学校ソーシャルワークの利点を理解できるように促したため、この専門職は現在に至るまで根づいてきている。

小結

　1929年に起こった世界大恐慌よりもはるかに上回った1987年の大不況以降から1990年代初期にかけて、アメリカの家庭生活は崩壊の一途をたどった。このようななかで、学校ソーシャルワーカーは、その地位を認められ、それらを積極的に取り入れる州では増加傾向にあったが、それ以外の州では減少傾向にあった。これにより、雇用数に地域格差があるという問題が生じてきた。学校ソーシャルワークは、すべての地区において受け入れられているというわけではないということである。

　障害児教育に関連する法律が1970年代以降から施行されたことにより、学校ソーシャルワーカーは障害をもった子どもに関与することが多くなった。これは、特別支援教育分野において、学校ソーシャルワーカーの取り組みの効果があったと認識されたからである。しかし、これにより、学校において不適応状態に陥っている子どもに関与することが少なくなってしまったのではないかとの懸念がある。

　また、学校ソーシャルワーカーが実際に行う仕事と他の学校職員がやってほしいと考えている仕事にずれが生じていることもわかった。これは1987年の不況後も続く。このようななかで、学校ソーシャルワーカーは、自らの役割をどのように位置づけていくかを検討し、模索し、そして明確にしようとしたのである。

　この他にも、ギンスバーグの見解に基づいて学校ソーシャルワーカーが子どもを支援するなどのソーシャルワーカーよりも優れている点についての考察を試みた。ここから、学校ソーシャルワーカーにしかできないことを次のようにまとめることができる。

① 　学校ソーシャルワーカーは学校という場面での子どもの生活状況に

ついて知ることができる立場にあるので、何らかの問題の予兆をいち早く察知し、関与することができるということ（児童虐待問題を例にあげるとその前兆をいち早く察知することができる立場にあり、他の児童関連機関に知らせ、連携をとることができるということ）。

② 学校の内情および生活関連問題を抱える子どもの家庭状況をよく知り得る立場にあるので、家庭に学校のことを伝え、学校に家庭のことを伝えるという仲介役の立場で関与することができるということ（学校と家庭の中間面に位置することができるということ）。

ここから、学校ソーシャルワーカーが他の児童関連のソーシャルワーカーと最も異なる点、すなわち優れている点は、学校という場で子どもの生活関連問題に目を向ける福祉の専門職として活動をするため、仮に彼らにそのような問題が生じた場合、いち早くそのことに気づくことができ、何らかの策を講じることができるということである。彼らは、特別支援教育の対象となる子どもとかかわるなかで、学校側からその役割を認識され、知名度を上げたといえる。これは、日本における特別支援教育に対する学校ソーシャルワークの有用性を示す手がかりとなるであろう。

注記

1) 新川健三郎「現代のアメリカ」有賀 貞他編『世界歴史体系 アメリカ史 Ⅱ』山川出版社 2000 年 457 頁参照。
2) Freeman,E.M.(1995), "School Social Work Overview", *Encyclopedia of Social Work*,19, National Association of Social Workers, p.2093.
3) Ibid., pp.2090 − 2091.
4) Nelson,C.(1990), *A Job Analysis of School Social Workers*, Prenceton. NJ: Education Testing Service, pp.2094 − 2095.
5) Staudt,M.(1991), "A Role Perception Study of School Social Work Practice", *Social Work*,36, National Association of Social Workers, pp.496 − 497.
6) Ibid., p.497.
7) Costin,L.B.(1987), "School Social Work", *Encyclopedia of Social Work*,18, National Association of Social Workers, p.543.
8) Ibid., p.543.
9) Ginsburg,B.H.(1989), *School Social Work*, Charles Thomas, p.83.
10) Ibid., pp.54 − 55.

第10章
1990年代における特質

　本章ではクリントン政権時における学校ソーシャルワーカーの雇用状況、同ワーカーの呼称、そして職務などについて検討し、それぞれに地域差があることを明らかにしている。

第1節　1990年代の社会状況

　レーガン政権時に生じた大恐慌は、ブッシュ政権になっても改善の兆しが見受けられなかった。1992年に大統領となったビル・クリントンは、このような経済を回復させるために、軍事費をはじめとする政府支出の削減を提案し、その実施に努めた。それと同時に国民の職場の確保、経済成長および国際競争力の強化を図ることに努めた。これにより、クリントン政権下において経済の状況は著しく回復していった。1992年にはじまった景気回復は、1993年と1994年に急激に早まった。インフレもかなり収まった。1991年には、1か月平均で6.6％であった失業率は、1994年末には5.4％にまで下がった。生産性の向上により、輸出も伸びた。しかし、貧富の差は著しいままであり、労働者の平均実質賃金は低下したままであった。クリントンは景気回復策を講じたが、人々が雇用不安を抱える状況は十分に改善されていないという問題が残った。これにより、子どもたちが苦しい家庭生活を強いられたことは想像に難くない。現代社会における複雑な家族関係から生じてくる児童虐待などの問題によっても、子どもたちは多大な悪影響を受けたであろう。

このような状況のなかでクリントン大統領は、1997年の10月に保育に関するホワイトハウス会議を開催し、苦しい生活をすることを強いられた子どもたちに、支援の手を差し伸べようとした。これは、子どもの最善の利益をもたらすために開催された会議である。同年に障害児教育法（the Individual with Disabilities Education Act）が改正された。学校ソーシャルワーカーは、障害をもつ子どもが自らの教育受給権を遂行することができるようにするために生活支援をすることを今まで以上に行うようになる。かくして彼らの役割はさらに広がり、深まっていったのである。

第2節　雇用状況

　トーレス Jr.（Tores,S. Jr.）は、1996年において、1990年2月から開始した雇用されている学校ソーシャルワーカーの数、仕事上の肩書と活動領域、学歴と研修の基準、資格要件と他地区との資格の相互認定、加盟組織および給与データなどの調査結果を発表している[1]。

　トーレス Jr. が行った調査のなかの各州における学校ソーシャルワーカー雇用数の結果を表10－2－1のように並べていくと、地域格差のあることがわかる。一方、回答した42州のうち25州が、学校に常駐するソーシャルワーカーのことを学校（スクール）ソーシャルワーカーと呼んでいるが、それ以外の州は別の名前で呼んでいたという結果をもたらした。詳細は表10－2－2の通りである。

　この調査からフロリダ州、ジョージア州およびバージニア州では、導入当初から引き続いて訪問教師という名称が用いられていることが明らかにされた[2]。このように州によって雇用数にばらつきがあり、また名称も州によって違うということは当然としてその役割も州によって異なることの証明となる。

　しかし、NASW への加入者数は初期のころと比べるとかなり増加して

いる。その数は1988年には2,918人、1991年には4,083人であった[3]。その認識度には地域格差があるが、このように増加していることを検討すると、学校ソーシャルワーク分野は初期のころと比べてかなりアメリカ社会で浸透していることがわかる。わが国においても学校ソーシャルワークが市民権を確たるものとするよう、活動の積み重ねをさらに行うことが必要といえる。

1990年代の学校ソーシャルワーカーは、ジベルマンが述べるように教育

表10－2－1　学校ソーシャルワーカー雇用数

	地　区　名	雇　用　数
1	ニューヨーク州	1,513人
2	イリノイ州	1,349人
3	プエルトリコ	956人
4	フロリダ州	539人
5	マサチューセッツ州	482人
6	コネチカット州	450人
7	バージニア州	449人
8	ミネソタ州	395人
9	ウィスコンシン州	365人
10	バーモント州	350人
11	ノースカロライナ州	345人
12	コロラド州	321人
13	ネバダ州	275人
14	メリーランド州	243人
15	ルイジアナ州	210人

資料　サントス・トーレス/山下英三郎編訳「アメリカにおけるスクールソーシャルワーカーの現状」
　　　全米ソーシャルワーカー協会編『スクールソーシャルワークとは何か－その理論と実践－』
　　　現代書館　1998年　163頁をもとに作成。

表10-2-2 各州で用いられている名称

スクールソーシャルワーカーという名称を用いている州   アラスカ州、コロラド州、コネチカット州、ワシントンD.C.、アイダホ州、イリノイ州、インディアナ州、カンザス州、ケンタッキー州、ミシガン州、ミネソタ州、モンタナ州、ニュージャージー州、ニューメキシコ州、ニューヨーク州、ノースカロライナ州、プエルトリコ、ロードアイランド州、サウスカロライナ州、サウスダコタ州、ユタ州、ワシントン州、ウエストバージニア州、ウィスコンシン州、ワイオミング州
他の名称と併用してスクールソーシャルワーカーという名称を用いている州   フロリダ州、ジョージア州、ルイジアナ州、メリーランド州、ニューハンプシャー州、ペンシルバニア州、バージニア州
他の名称と併用してソーシャルワーカーという名称を用いている州   アラバマ州、アーカンソー州、軍関係の学校、グアム、ハワイ州、ミシシッピー州、ネブラスカ州
学校適応カウンセラーという名称を用いている州   ネバダ州
スクールカウンセラーという名称を用いている州   マサチューセッツ州
指導サービスという名称を用いている州   バーモント州
訪問教師という名称を用いている州   フロリダ州、ジョージア州、バージニア州

資料　同上　169頁をもとに作成。

上のニーズおよび学業達成を妨げる恐れのある他の問題などを扱うサービスを重要視する傾向がある[4]。州の財源等を理由に学校ソーシャルワーカーが減らされるということもある。州の財源が減らされたことにより、スクールカウンセラーや学校心理士、学校ソーシャルワーカーのうち2専門職が減らされることとなり、専門職同士で存続をかけて争うことも多い。3者に共通することは、精神衛生の影響を受けた専門職であるということである。「学校心理士」の役割は、子どもに対して知能テストをすることで

あり、その結果に基づいて、子どもの教育プログラムを修正するために教師と相談することである。「スクールカウンセラー」の役割は、子どもに対して学校教育が提供するもの、中等教育を終えてからの教育の可能性、今後の就職について最も望ましいと考える教育についての情報とガイダンスを提供することである。「学校ソーシャルワーカー」の役割は、地域の価値観、特性、資力、社会・心理的問題を含めて、子どもの家庭状況に精通した上で、子どもの最善の利益を求めて、学校・家庭・地域の連携・調整を図ることである[5]。今後とも学校ソーシャルワーカーが扱う問題、そのときの役割を明確にし、多様な子どもの問題に対応していく必要がある。

第3節　学校ソーシャルワーカーの役割

ここでは、学校ソーシャルワーカーの役割をより明確にするために実際に行われた調査をもとにその活動内容について検討する。

（1）アレン・ミヤーズの1994年の調査

アレン・ミヤーズは、コスティンの調査研究をもとにして、たびたび学校ソーシャルワーカーの職務に関する調査を行ってきている。1994年においては、1974年の職務調査において利用されたものを修正して、新米学校ソーシャルワーカーの職務に関して全国的な調査を行い、その結果から理想と現実の違いを明らかにしている。詳細は表10－3－1の通りである。

この調査結果を検討してみると、学校ソーシャルワーカーが実際に行う取り組みは、家庭訪問、子どもと家族および資源の調整、子ども一人ひとりの内面への働きかけであることがわかる。1970年半ば以降学校ソーシャルワークは、再び子どもおよびその家族と学校・地域の諸資源との調整役、学校と地域の諸資源との連携役となることが重要と考えられてきたが、仕事をはじめたばかりの学校ソーシャルワーカーは、伝統的な臨床

表10-3-1　全米学校ソーシャルワーカーの実職務と希望職務

> ① 実際に行っている職務
>
> 　家庭を訪問すること、地域組織へ子どもと家族を紹介すること、個々の子どもに対して働きかけること（学校ソーシャルワーカーは、実際には伝統的になされてきたこと、および法によって求められたきたことを中心に仕事を行っているのである）。
>
> ② 学校ソーシャルワーカーが行うことを望んでいる職務
>
> 　地域組織に対する権利の擁護者として行動すること、対象となる子ども集団を調査すること、学校－地域－児童生徒関係を変革するのを助けること、集団を形成した親たちと会合すること、学級活動を行うこと、教師が価値観の違いを認識するのを助けること、級友関係の利用を提案すること、教師が子どもの能力を知るのを助けること、新米の職員が多様性を理解するのを助けること、教師の現職教育において支えとなること、学校当局へ近所についての情報を提供すること、行政に地域組織との関係を発展させる知識を提供すること、予防プログラムが発展するのを助けること、学校外での新しいプログラム発展のための一助となること、職務発展に貢献すること、生涯学習に参加すること。

資料　Allen-Meares,P.(1994),"Social Work Services in Schools: A National Study of Entry-level Tasks", *Social Work*,39, National Association of Social Workers, p. 564.

ケースワークを主として行っており、しかも学校に関連する法律にしたがっているという結果を出している。子どもを取り巻く環境の調整は図られていない。環境調整を重視するコスティンの学校・地域社会・児童生徒関係モデルは応用されていない状況にあるといえよう。

　学校ソーシャルワーク理論において、生態学的システム理論が取り入れられるようになり、環境の変革、環境への服従のどちらかの検討というように環境を重視することが求められるようになったが、実際には個々の内面に焦点をあてた精神分析理論に基づく伝統的なケースワークを用いての援助が根強く残っているということである。理論上の主張と実際の活動との間にずれが生じている。

このことから、新米学校ソーシャルワーカーは、子ども一人ひとりの内面に目を向けて臨床的ケースワークサービスを行い困っている子どもを支援するなかで、生活関連問題を抱える子どもを集団的にとらえるなど、学校へ子どもを服従させようとしていることがわかる。これは、1975年にコスティンが発表した状況、すなわち学校において欠けているものや学校と子ども関係の改善に焦点をあてた学校・地域社会・児童生徒関係モデルとは大きな違いである。これらの結果は、学校ソーシャルワーカーが1人の力で、ましてや新米の学校ソーシャルワーカーであった場合に学校環境を変えることが非常に難しいということを明らかにするものである。アレン・ミヤーズは、新米学校ソーシャルワーカーが次のような取り組みを実施することを求めていると指摘している。

① 基本的な運営管理と専門的な職務を知ること。
② 家庭と学校の連絡係としてかかわること。
③ 子どもに対して教育カウンセリングを与えること。
④ 実践に欠かせない分野として地域にある人材や設備などを家族が利用するのを勧め、容易にすること[6]。

　ここから、新米の学校ソーシャルワーカーは、実際には個々の内面に焦点をあてたケースワークを行うがそれだけでは満足のいく支援を行うことができないと考えていることがわかる。彼らは、問題をもつ子どもおよびその家族と学校・地域の諸資源を調整すること、学校と地域の諸資源を連携することをも重視している。

（2） プライオンらの調査

　1975年に障害児教育法が施行されて以来、学校ソーシャルワーカーは、障害をもつ子どもに対する特別支援教育の遂行をもたらすために生活支援

を行うことを求められだした。ミシガン州の学校ソーシャルワーカーは、情緒不安定であったり、自閉的傾向があったりする子どもたちのために、彼らを判定する集団の一員となるように規定されていた。すなわち、学校ソーシャルワーカーの役割は、特別支援教育に関連する仕事をすることであると考えられた。この州の学校ソーシャルワーカーの職務内容には幅がある。ある学校ソーシャルワーカーは、数千人にもおよぶ子どもたちのために、特別支援教育を受ける必要があるか否かを判定していたし、また、情緒が不安定状態にある子ども、小学校の通所プログラムの対象となるような少数の子どもを対象にする施設で働く者もあった。

　プライオン（Pryon,C.B.）らは、1996年にこのような現状があるミシガン州の58地域の教育サービス機関で働く学校ソーシャルワーカーと20の特別支援教育計画を実施する現場の教師および模範的な実践で知られている南東部ミシガン州の学校ソーシャルワーカーに対してインタビューを行った。彼らが行った質問の通りである。

① 特別支援教育下で重要と考えられる役割はどのようなものか。
② 特別支援教育を促進するにはどうすればよいか。
③ 特別支援教育下で自らの役割を高めるにはどうすればよいか[7]。

彼らは、この調査に基づいて次のような結果を出した。

① <u>特別支援教育下で重要と考えられる学校ソーシャルワーカーの役割</u>
　（重要なものから順に並べていく）
　1　子どもの権利を擁護すること。
　2　教師の相談にのること。
　3　親に連絡すること。
　4　計画プロセスを促進すること。

5 仲間関係を築くことができるようにすること。
6 職員に働きかけること。
7 同僚支援集団に働きかけること。
8 社会技術を身につけるように導くこと。

② 特別支援教育を促進するために学校ソーシャルワーカーが行うこと

1 子どもが、人間の個性を尊重するように教育すること…子どもが、個性を受け入れるのを助けることによって、学校に対しその個性を受容から賞賛にまで動かすように働きかけること。
2 新たに含められる子どもにとっての過渡期のプロセスを促進すること…子どもを集会の中心施設に連れてきて家族と仲間の希望、および子どもにとっての夢を調査する個別教育計画委員会（the Individual educational planning committee）を手助けすること。
3 家族に対して働きかけること…子どもたちのために望ましい決定をすることにおいて、他の学校職員との有効な相互作用を確立し親を手助けすること。
4 教師に対して協力的に相談にのること…事前委託の介入計画を通して、障害をもつ子どもに関与する普通教育教師のために協力的な相談を提供し、危機に瀕している子どもを助けること。
5 社会および情緒的ニーズを取り扱うために学校カリキュラムを改訂すること…社会的および情緒的に障害をもつ子どもたちに直接的サービスを供給するように仕向けること。
6 普通教育を受けている子どもにサービスを提供すること…すべての子どもにサービスをもたらすこと。
7 学校を通じて特別支援教育の概念を拡張すること…伝統的な役割を差し控えて教育の主流に自らのサービスを統合しようと試みること。

③ 特別支援教育における学校ソーシャルワーカーの役割を高めるには

障害をもつ子どもの教育をするために自分自身の考え方を吟味しながら、新しい考え方を取り入れる特別支援教育をするための法律と規約において提案される改正に精通するようになる。技術と戦略を発展させるために新しい知識と訓練を探し求める。関係のある知識と技術を共有する。独自の技術と能力が特別支援教育の結果にどう貢献できるのかを定める[8]。

この調査は、シュタウトの調査と同様、ある1つの地区、すなわちミシガン州内における地区の調査であるため、すべての州にあてはめて考えることは難しいが、①より学校ソーシャルワーカーは、子どもの不適応の原因が学校にある場合はその変革を求めることが重要と考えていることがわかる。まさに、コスティンが述べるモデルのように学校ソーシャルワーカーは状況に焦点をあてることを重視しているのである。②より健常な子ども、障害をもっている子ども、どちらも同じ人間であることを子どもたちに伝えること、子どもがいかなる教育を受けることが望ましいか考えること、子どもおよびその家族と学校の中間面に立つこと、教師に働きかけること、健常な子どもにも目を向けること、学校カリキュラムの変革を働きかけること、人と環境を一体ととらえていることがわかる。ここから、学校ソーシャルワーカーは、子どもおよびその家族と学校・地域の諸資源との調整、資源の連携を重視しているといえる。

また、本調査は、特別支援教育を進めるために、学校ソーシャルワーカーの一般的な役割があらわされているため、今後の学校ソーシャルワーク発展の一助となるだろう。

調査結果より、この州における多くの学校ソーシャルワーカーは、システム（教師、子ども、家族、学校、州教育協会と専門組織）の変革に焦点をあてた戦略を通じて、特別支援教育を行うことができるように仕向けている。これは、1975年の「状況に焦点をあてたコスティンのモデル」と重

なる点であり、同モデルの重要性を示唆するものである。

（3） トーレスJr.の調査

　また、同年にトーレスJr.は、学校ソーシャルワーカーの職務内容に関する調査を行っている。ここでは、学校ソーシャルワーカーの雇用数の一番多いニューヨーク州では、学校ソーシャルワーカーが、ケースワーク、学校・家庭・地域の連携、コンサルテーション、プログラムの開発・実行・評価をすることが主な職務であった[9]。ここから人と環境を一体ととらえる生態学的システム理論に基づくソーシャルワークをより一層求められるようになったが、人と環境の調整を図るために伝統的なケースワークを重視していることがわかる。彼らは個人の状況を理解しようとしているのである。つまり、子ども一人ひとりのために集団、地域に働きかけ、関係調整を図っているといえる。

（4） 役割定義

　NASWは、1978年に学校ソーシャルワークサービスの基準を設けた。これらは、学校ソーシャルワークを発展させるために現在に至るまで修正が行われてきた。1992年に出版された『NASW Standard for School Social Work 1992』のなかで学校におけるソーシャルワークサービスの基準は、次のようなことが定義されている。

（適性および専門的実践基準）
　基準1　ソーシャルワーク職の価値と倫理に関する公約を証明し、NASWの専門的基準および倫理綱領を倫理的意志決定の指針として用いなければならない。
　基準2　各種分野チームのリーダーの一員として、児童や家族のニーズを満たすために地方教育局とコミュニティの社会資源を有効活

用するために協力的に働かなければならない。

（略）

基準9　システムを変える行為者として地方教育局およびコミュニティによって提示されていないニーズの領域を確認し、また、それらのサービスを査定しなければならない。

基準10　ソーシャルワークサービスの理解と効果的利用を促進するために、地方教育局職員、学校評議員、コミュニティ代表者などに対する相談を行わなければならない。

基準11　児童および彼らの家族が児童の学習経験に関して多民族文化的理解と感受性を配慮した家族の支持を増進するようにサービスの提供が受けられることを保証しなければならない。

基準12　児童の個別の能力に基づいた方法、そして、彼ら自身の学習経験の計画および方向性のなかで、参加するための最大限の機会を彼らに与える方法で提供されなければならない。

基準13　児童および家族に正規または非公式なコミュニティ資源を利用できる能力をつけさせなければならない。

基準14　プライバシーおよび情報の秘密保持のための保護手段を保持しなければならない。

基準15　児童の教育問題の解決のために調停および対立解決策の訓練を受け活用しなければならない。

基準16　多種多様な状況にある児童および家族を擁護しなければならない[10]。

「適性および専門的実践の基準」では、学校ソーシャルワーカーの子どもへのかかわり方や順守しなければならないことについて述べられている。

これらは、今までに何度もいわれてきたことばかりであるが、このように基準が設けられることによって、さらなる学校ソーシャルワークの発展

がめざされていることがわかる。

(専門職準備および開発基準)
基準17　ソーシャルワーク職の基本である知識および理解を有し、地方教育局に関する専門的知識、教育のプロセスおよび関連法規、正当な手続きなどに関する理解を得ていなければならない。
基準18　児童、家族、地方教育局およびコミュニティ職員への効果的なサービスのための技術を開発しなければならない。
基準19　NASWによって設立された基準を満たすと同時に、国によって設立された基準をも満たさなければならない。
基準20　彼ら独自の継続的・専門的開発のための責任をもたなければならない。
基準21　ソーシャルワーク実習生を教育し、スーパーバイズすることにより、職業の開発に貢献しなければならない[11]。

「専門的準備および開発基準」では、学校ソーシャルワーカーが受ける専門的教育や日々の努力の程度について述べられている。
　これらは戦後において特に強調された基準である。

(管理組織および支援基準)
基準22　学校ソーシャルワークサービスは、児童の総合サービスの一部として地方教育局の従業員である有資格の学校ソーシャルワーカーによって提供されなければならない。
基準23　学校内におけるソーシャルワーカーが、"学校ソーシャルワーカー"として任命されなければならない。
基準24　地方教育局の管理機構は、学校ソーシャルワークプログラムのために支援および責任の明確な方針を示さなければならない。

<u>基準25</u> 地方教育局によって設立された管理機構は適切な学校ソーシャルワーク・スーパーヴィジョンを行わなければならない。

<u>基準26</u> 地方教育局は、初採用レベルの従事者のために、最高レベルの資格のある学校ソーシャルワーカーを雇用しなければならない。

（略）

<u>基準33</u> 地方教育局は、合理的な労働負担量を保証するために学校ソーシャルワーカーと学生数の比較を設定、実行しなければならない[12]。

「管理組織および支援基準」では、学校ソーシャルワーカーが地方教育局に所属する必要があることや、子どもが適切な教育を受けることができるように働きかけることについて述べられている。これは、学校ソーシャルワークの仕事を統一のとれたものにするために不可欠である。

このなかで基準23は注目すべきものである。以前において学校ソーシャルワーカーという名称を利用しなければならないという規定はなかったが、ここで名称の統一が叫ばれた。近年においても学校ソーシャルワーカーの役割・名称は州ごとに、またその州内の地区ごとにばらつきがあるので、これは画期的な基準ということができる。

ここから、学校ソーシャルワーカーは、上述の基準にしたがって業務を遂行していくことが望ましいことがわかる。このように、学校ソーシャルワーカーの一般的な業務基準は、その役割に統一が図られるためにもたらされているということができ、今後のさらなる発展の一助となる。

また、1997年における障害児教育法の改正により、学校ソーシャルワーカーの役割はさらに発展していった。ペイドゥ（Pado,C.）は、法の改正により、学校ソーシャルワーカーが学校や家庭と密にかかわることができるようになり、子どもの人権を尊重するよりも弁護者的存在となったと述べている[13]。すなわち、学校ソーシャルワーカーは学校と家庭における中間、

学校と地域における中間、家庭と地域における中間に存在し、代弁者となることにより、子どもは環境に適応できるようになるということである。ここから、現在における学校ソーシャルワーカーの役割は、子どもおよびその家族と学校・地域における諸資源の調整、学校と地域における諸資源の連携であることがわかる。

小結

　本章ではアレン・ミヤーズをはじめとする多様な研究者が行った調査に基づいて学校ソーシャルワーカーの役割を検討した。ここから、この時期の学校ソーシャルワーカーは、主として子どもおよびその家族と学校・地域の諸資源との調整、それを行うために個々の内面に焦点をあてた処遇を行っていることがわかる。彼らは、臨床的ケースワークを依然として用いて支援をしているのである。特別支援教育を行うなかでの学校ソーシャルワーカーの主な役割は、すべての子どもが人間として尊重されるように仕向けること、つまり、子どもの学習権を保障することであった。
　1978年に設けられた学校ソーシャルワークサービスの基準は改訂され、1992年において新たに公布されることとなった。このことは、学校ソーシャルワーク分野のさらなる発展をめざすものであるが、実際には、地域によって人数・質の上でかなりの格差があるという現状がある。
　人口の比率によって異なる可能性もあるが、ニューヨーク州のように1,513人の学校ソーシャルワーカーを雇っている州とルイジアナ州のように210人の学校ソーシャルワーカーしか雇っていない州がある。また地域によって呼び方が異なる。このことは、学校ソーシャルワーカーの役割に格差があることをうかがわせる。学校ソーシャルワーカーの雇用数が少ない州、雇っていない州の状況を把握した上で、学校ソーシャルワーカーの導入を呼びかけ、その役割の重要性を述べていく必要がある。そのことは、わが国における学校ソーシャルワークの可能性をもたらすためにも必要であろう。

注記

1) トーレス, S. Jr. ／山下英三郎編訳「アメリカにおけるスクールソーシャルワーカーの現状」全米ソーシャルワーカー協会編『スクールソーシャルワークとは何か－その理論と実践－』現代書館　1998年　159頁。
2) 同上　169頁参照。
3) ジベルマン, M. ／日本ソーシャルワーカー協会編訳『ソーシャルワーカーの役割と機能－アメリカのソーシャルワーカーの現状－』相川書房　1999年　9頁。
4) 同上　142頁。
5) Radin,N., Welsh,B.L.(1984), "Social Work, Psychology, and Counseling in the Schools", *Social Work*,29, National Association of Social Workers, p.30 参照。
6) Allen-Meares,P.(1994), "Social Work Services in Schools: A National Study of Entry-level Tasks", *Social Work*,39, National Association of Social Workers, pp.564－565.
7) Pryon,C.B., Kent,C. eds.(1996), "Redesigning Social Work in Inclusive Schools", *Social Work*,41, National Association of Social Workers, pp.669－673.
8) pp.668－676 参照。
9) 上掲　全米ソーシャルワーカー協会編　170頁参照。
10) 全米ソーシャルワーカー協会編／日本ソーシャルワーカー協会編訳『ソーシャルワーク実務基準および業務指針』相川書房　1997年　71－74頁。
11) 同上　74－75頁。
12) 同上　77－79頁。
13) ペイドゥ, C. ／高橋　正訳「教育政策は学校におけるソーシャルワークサービスの発展にどのように影響を与えたきたのか」第1回スクールソーシャルワーク国際大会発表論文集『子どもたちを支える　21世紀の家庭・学校・地域のあり方－教育と福祉の垣根を越えて－』2000年　21－25頁参照。

結　論

　本書においては、20世紀のアメリカにおける学校ソーシャルワークの歴史を検討してきた。この学校ソーシャルワークの歴史をたどるということは、福祉分野と教育分野が結び付く歴史をたどることになる。このことは、本書の各部における各章で述べてきた。それによって明らかにしたことは次の通りである。

第1節　アメリカにおいて学校ソーシャルワークが導入された理由

　児童労働に対する法律は、19世紀半ばごろからコネチカット州、マサチューセッツ州をはじめとする各州において制定されてきた。これらの州の法律は、違反時に対する厳しい罰則を設けていなかったり、例外規定を設けるなどの策が講じられていた。そこで生活している人々は法律の抜け道を見い出した。違反を発見するために、工場調査官が任命された都市もあるが、その数が非常に少なかったため、その法の効力はないに等しかった。当時の法律は、子どもの教育受給権を保障するには不十分であったといえる。

　また、児童労働に対する規制は、各州において独自的なものであった。このことは、児童労働をなくすことができない一因となってしまった。各州の児童労働規制の内容は、それぞれの産業の利害関係が密接に関連した。すなわち、雇用主は規制が厳しくなれば、規制があまりない他州に工場を

移転させたのである。このことから、州当局は厳しい規制を設けることができなかった。児童労働に対して連邦規制が必要であるとずっと考えられてきたが、これらは州の警察権能に属すると考えられていた。それにより、連邦政府は児童労働法の制定に対して介入することを強く反対した。

1852年のマサチューセッツ州において、はじめて州義務教育法が制定された。その義務教育法制定の影響を受け、他州もその法律を制定した。

しかし、マサチューセッツ州では就学義務が立法化されても、公立学校へ行く子どもの数はほとんど増えなかった。これは、児童労働法と同様に例外規定が存在したからである。義務教育法は、子どもの就学を督促していたが、就学しなかった場合に、罰則規定を設けていなかったので、州は、逮捕などを実施することがほとんどなかった。学校という場所は、最初は授業のみに焦点をあてて子どもにかかわっていくものと考えられていた。

しかし、生活環境を整えるのでなければ子どもが授業を受けることはできない。子どもの就学問題をはじめとする多様な問題が存在するなかで、授業だけではなく子どもの人格の成長を促すことも重要であると考えられるようになり、すべての子どもが学校へ行くべきであると考えられるようになる。教育と福祉のはざまに取り残された子どもたちに支援が必要であるということである。

このようなすべての子どもに教育を受けさせるべきであるという理念に基づき、各州に義務教育法が制定されだしたが、労働詐取される子どもが後を絶たなかった。就学奨励指導員が、そうした子どもたちを見い出して登校させても、すぐに登校しなくなってしまうため、生活環境を整える必要性がうたわれだしてきた。そのようななかで、学校ソーシャルワークサービスがはじまったのである。まさに、教育と福祉という点が線となった瞬間である。

よって、学校ソーシャルワークがアメリカで導入された主な理由をまとめると次のようになる。

① 義務教育法と児童労働法が、子どもたちの生活環境改善のためになかなか効力を発揮しなかったこと。
② 教育委員会が就学奨励指導員を任命することを義務づけられたがこれらの職員では対応しきれなかったこと。

このように、当時の不十分な対策に取り組んでいくために、セツルメントによって学校ソーシャルワークがはじめられることになった。民間団体の取り組みなくして学校ソーシャルワークの発達はあり得ないということである。

第2節　学校ソーシャルワーカーの活動内容

ニューヨーク市ではじめられた学校ソーシャルワークは、セツルメントハウスにやってくる子どもの学校状況を知るために、学級担任に子どもの生活状況を伝えるという取り組み、すなわち学校と子どもおよびその家族を結び付けて子ども一人ひとりの登校を促すものであった。その後、いくらかの都市でこの取り組みが導入されたが、1913年にニューヨーク州のロチェスターで教育委員会がはじめて財政的裏づけをした。1919年に、子どもの問題に関心をもつ専門家たちを束ねるためにNASWの学校ソーシャルワーク部門の前身である全米訪問教師協会が設立された。この時期における学校ソーシャルワーカーの仕事は、子どもの義務教育が普及したこともあり、就学問題以外の問題をもつ子どもを処遇することにも目が向けられるようになった。このように、学校ソーシャルワーカーは、多様な問題の原因を見い出すために子どもの生活環境を調査し、子どもおよびその家族と学校・地域の諸資源とを調整していくようになった。すなわち、人とその環境との関係に重点をおいたケースワークを行っていたのである。

1920年代には、第1次世界大戦後ということもあり精神衛生活動が盛ん

になり、ケースワーク分野も個人と環境の調整から個人の内面に焦点をあてたものへと変わっていくようになった。学校ソーシャルワーク分野もその影響を受け、個人の内面に焦点をあてたケースワークを主として行うようになった。精神衛生運動に関心をもったコモンウェルス基金主催でおこなわれたデモンストレーションの間、学校ソーシャルワーカーは、個人の内面に焦点をあてたケースワークに重点をおいて支援を行うように仕向けられた。それが終了した後は、一般的には子どもおよびその家族と学校・地域の諸資源との調整を行っていた。1923年にはじまったミルフォード会議が1929年になるまでジェネリック・ソーシャルケースワークの検討をしていたが、1925年のオッペンハイマーの調査では、訪問教師が主として子どもと家族および学校・地域の調整を行うという結果が出されていた。1929年の恐慌より、学校ソーシャルワーカーは衣食住の供給が主な仕事となった。ニューディール政策の影響により、個々人の内面に焦点をあてた取り組み、すなわち臨床的ケースワークが強調されるようになった。

そして1930年代になると、学校ソーシャルワーカーは、就学問題だけでなく、子どもが抱えるあらゆる問題にも目を向けるようになった。この時期はフロイトの精神分析理論の影響を受けた診断主義ケースワークの他にランクの意志心理学の影響を受けた機能主義ケースワークが考案されだした。学校ソーシャルワーカーは、子ども個人およびその家族と環境とを調整することから子どもの心理面に焦点をあててかかわっていくことを望んでいくようになったのである。

また、教育分野では、子どもは人とのかかわりあいのなかで生活し、そのなかで成長すると考えられるようになった。同分野は、子どもが成長発達するためには、学業だけではなく生活面をも理解してかかわらなければならないと考えるようになった。それゆえに、ケースワークに重点をおく支援がますます学校に取り入れられるようになった。

そして、1942年に学校ソーシャルワークにとって画期的な出来事が生じ

る。それまでは全米訪問教師協会と称されていた協会名が、自らの専門性を高めるためにアメリカ学校ソーシャルワーカー協会へと名称変更されたのである。さらに、1945年には法人組織化されることになった。これにより、学校ソーシャルワーク分野は、更なる発展を遂げることになった。第2次世界大戦後は、ソーシャルワークの専門分野を統合させる動きがあり、学校ソーシャルワーク分野もその波にのることになる。1930年代から1950年代には、学校ソーシャルワーカーは、自らの役割を明確にするため、一般的には個々の内面に焦点をあてた臨床的ケースワークを主として行うように主張されていた。

　1960年代にはコスティンが学校ソーシャルワークの職務分析を行った。そのなかに、情緒上の問題をもつ子どもに臨床的処遇をすること（臨床的ケースワーク）がそのなかに含められていた。

　しかし、1970年代のアレン・ミヤーズによる調査ではその処遇が含められていなかった。このことから、1970年代は学校ソーシャルワークの役割変換期であるということができる。1975年に、障害児教育法が可決されたことにより、学校ソーシャルワーカーがますます重視されるようになったことも影響している。

　1960年代以降から、ケースワーク分野において、それまでの伝統的な理論だけでは限界があるとの声が高まり、1969年における会議に基づいて9つのケースワークアプローチが体系化された。学校ソーシャルワーク分野もその波にのり、1970年以降には多様な役割モデルがあらわされるようになった。そのなかでも1975年にコスティンが述べた学校・地域社会・児童生徒関係モデルは画期的なものである。

　このモデルは、子どもを取り巻く生活環境に焦点をあてていた。これは、コスティン自身は示していないが、生態学的理論を取り入れたモデルといえる。子ども個人だけでなく状況改善をもたらすために用いられる画期的なものである。学校ソーシャルワークにおいて重要なことは、学校・家庭・

地域の連携である。本モデルは、まさにそれらに重点をおくものであり、チームアプローチを重視することから、日本においても応用することの可能な現代的モデルである。

1980年代以降の学校ソーシャルワークの役割機能については、学校ソーシャルワーカーが実際に行っている職務、望んでいる職務など詳細な研究がなされている。こうした研究は、学校ソーシャルワーカーと他の学校専門職との間の「学校ソーシャルワークという職務の認識度」が、かなり離れていることを明示している。

第3節　学校ソーシャルワークの特色

アメリカにおける学校ソーシャルワークの歴史を検討することにより、次に述べる8つの事柄を明らかにすることができた。

第1にアメリカでは早くから児童労働と子どもの未就学について憂慮されてきたが、児童労働が収まりをみせなかったし、また義務教育法が不十分なものであったため、ニューヨーク市のセツルメントハウスではじめて学校ソーシャルワークが生成されたことである。生活支援対策の不十分さ、義務教育対策の不十分さを改善するために学校ソーシャルワークが生まれてきたのである。各州が義務教育法の改正を重ねても、雇用主や親はその抜け道を見い出してしまう。それにより、当時の貧困階層の子どもは、労働による苦痛を強いられていた。このような状況を打開するために学校ソーシャルワークが導入されるようになった。

第2に、学校ソーシャルワークは、一般的な社会情勢の影響を多大に受けて発展したということである。20世紀に入ってから、世界情勢は多大な変化を遂げてきた。アメリカも例外ではない。具体的には、1906年に学校ソーシャルワークが生成された時期から近年に至るまでの、学校ソーシャルワーク発展に影響を及ぼした主体的な出来事を次のようにあげることが

できる。

① 移民人口が爆発的に増加したこと。
② 第1次世界大戦が勃発したこと。
③ 世界大恐慌（1929年）が生じたこと。
④ ニューディール政策が打ち出されたこと。
⑤ 第2次世界大戦が勃発したこと。
⑥ 公民権運動が増加したこと。
⑦ 障害児教育法が施行されたこと。
⑧ 世界大恐慌（1987年）が生じたこと。

　第3にソーシャルケースワーク論の歴史的変遷と重なり合うことである。つまり、ソーシャルケースワークは、リッチモンドの1922年における環境決定論的な考え方にはじまり、精神医学や心理学の影響を受けて発展していく。これらの理論は、リッチモンドが述べる人と環境の調整が軽視されていると批判されるようになる。社会問題が深刻化したこともあり、今までのケースワーク論では限界があると考えられるようになり、人間科学の発展を基盤とするケースワークが構築されはじめ現在に至る。現在においてはケースワークという言葉を使うよりも、個人と環境を調整するソーシャルワークととらえられるようになってきている。学校ソーシャルワークの歴史をたどっていくと、主としてこの理論に沿って発展していくことがわかる。これは、アレン・ミヤーズやコスティンの歴史研究から筆者が出した仮説的歴史区分と重なる。よって、仮説に基づく歴史区分が適切といえる。
　第4に、セツルメントをはじめとする民間団体の取り組みなくして学校ソーシャルワークの発展はあり得ないということである。
　第5に、コモンウェルス基金による全国的規模の学校ソーシャルワーク

実践の実験的な導入により学校ソーシャルワークが世間に幅広く知られるようになったことである。

第6に、1919年に全米訪問教師協会が設立されたのちに、学校ソーシャルワークの地位について検討されるようになったということである。具体的には以下の通りである。

① 給料面
学校ソーシャルワーカーは、高等学校教諭が得る給料と同程度のものをもらうことが望ましいと考えられてきた。これは現在に至るまで変わっていない。
② 他専門職との関係
心理士や職業カウンセラー等と同等の地位にあると考えられた。
③ 学歴面
学校ソーシャルワーカーの学歴については、初期のころは、ソーシャルワークに関する教育を受ける他、1年間の教員経験が必要であると考えられていた。これでは、学校ソーシャルワークの優れた専門職を得ることができないため、ソーシャルワーク教育を専門的に受けた者が望まれるようになった。

第7に、学校ソーシャルワーカーが他のソーシャルワーカーよりも子どもの問題にかかわる上で役に立つのは、学校において毎日彼らと接することにより、問題を早期に発見して関与することができる。

第8に、学校ソーシャルワーカーの役割変遷について、社会背景、教育問題、ソーシャルワーク理論の動向の3方面から検討すると表結－3－1のようにあらわすことができる。

前述のようなことから、現況における学校ソーシャルワークについて検討すると、「学校ソーシャルワークとは、教育受給権を侵害されている子ど

表結－3－1　学校ソーシャルワークの機能の変遷

```
┌─────────┐
│ 生 成 期 │
└─────────┘
┌─────────┐
│ 発 展 期 │
└─────────┘
```
　　　子どもおよび家庭と学校・地域の諸資源との調整というリッチモンドの
　　　理論に基づく環境決定論的なケースワーク、学校・地域の諸資源との連
　　　携を主として行っていた。

```
┌─────────┐
│ 模 索 期 │
└─────────┘
```
　　　子どもの内面に焦点をあてた臨床的ケースワークを主として行うことを
　　　望んでいた。

```
┌─────────┐
│ 再 編 期 │
└─────────┘
```
　　　子どもおよびその家族と学校・地域の諸資源との調整、学校・地域の諸
　　　資源との連携に重点をおいて援助するようになった。またソーシャル
　　　ワークへのシステム理論や生態学的な思考導入の動向に影響を受け、学
　　　校ソーシャルワークに関連するモデルが考案されだした。そしてそれを
　　　用いて支援することが求められるようになった。

```
┌─────────┐
│ 現 　 代 │
└─────────┘
```

著者作成

もおよびその家族と学校をはじめとする社会環境との調整を行い、そして学校および地域の社会資源を結び付けて学校側が子どもの生活環境を知るのを助け、その子どもが学校内外において安定した生活ができるようにし、彼らの学習権を保障する支援技術である」といえよう。すなわち、学校ソーシャルワーカーは、学校・家庭・地域の連携役・調整役でなければならないということである。

第4節　これからの学校ソーシャルワークの課題

　このようにアメリカ学校ソーシャルワークの歴史を一般的な社会背景、

結論

教育状況、ソーシャルワーク論の状況から検討していくと、アメリカにおける学校ソーシャルワークの特色を次のように述べることができる。

① 福祉分野と教育分野が密なることが重要と認識されていること。
② 学校ソーシャルワーカーの地位を確立するために人材を育成する機関が数多く存在すること。
③ 子どもの不適応問題に対する対応の積み重ねがあるため、学校や社会においてその必要性が認識されていること。

この3点が、アメリカにおける学校ソーシャルワーク発展の一助となったということができる。

この学校ソーシャルワークは、アメリカにおいて生成発展してきたものであるが、この取り組みはアメリカのみの特殊なものではなく、わが国においても一部の地域で導入されてきた。その取り組みは、一部の地区にかぎっての導入であり全国的規模に発展していかなかった。すなわち、この分野にはずっと関心がもたれてきたが普及していかなかったということができる。近年においてそれが顕著にあらわれてきている。このように、わが国での教育分野への福祉的な視点からのアプローチが実際になされている都市は少ない。それゆえに、本書では、アメリカにおける学校ソーシャルワーク論の動向を研究することとした。

しかし、アメリカの文化とわが国の文化は異なる。よってアメリカにおける学校ソーシャルワークをそのまま模倣すればよいというわけではない。アメリカでは、学校ソーシャルワーカーが、カウンセリング技法を取り入れて学校において生活関連課題を抱える子どもにかかわっている。彼らは、まさに、社会福祉士であり臨床心理士なのである。

わが国ではスクールカウンセラーがすでに学校に導入されており、学校ソーシャルワーカーはアメリカの取り組みとは異なる役割を求める必要が

ある。わが国の状況に沿う学校ソーシャルワークを発展させていかなければならない。

　わが国では、昭和24年頃から長期欠席児童生徒にかかわるための訪問教師制度が一部の都市で導入されたが各都市の独自的な取り組みにより、一貫した理論の体系化がなされておらず全国的に広がることはなかった。また、あいりん地区における取り組みもある。ここでは1961年8月の釜ヶ崎暴動を契機に萩之茶屋小学校分校・今宮中学校分校としてあいりん小・中学校（後に新今宮小・中学校に改称）が設立されることになった。この学校に「特殊教育に関する事務を委嘱する」との名目で、教育委員会の嘱託として安藤主雄が初代学校ケースワーカーとして任命された。以後、この取り組みは、多くの人々に引き継がれ、同学校が廃校になっても、今宮中学校に引き継がれ、現在に至るまで続いている。この取り組みは、アメリカのものを参照したわけではなく、この地区がある都市の教育委員会が釜ヶ崎暴動を機に子どもの不就学と長期欠席に憂慮したために、独自に福祉と教育を結び付けた。この市における学校ケースワーカーの導入動機は、アメリカのものと同じである。

　また、所沢市において、山下英三郎が1986年から1998年の間、教育委員会の嘱託として活動をしていた。彼は、アメリカで学校ソーシャルワークを学び、その技法を取り入れて支援を行い、学校ソーシャルワークをわが国に普及させるために奮闘した。近年において、同様な関心をもつ人々を束ねるために協会を設立した。

　それから、大阪においても学校ソーシャルワーカーが導入されており、その取り組みが徐々に広まっている。

　このような、わが国における実践状況が示したが、今後、それをどのように各都市に導入していくかが課題となる。特別支援教育対策の充実が図られているいま、学校ソーシャルワーカーに何ができるのかを考え、学校という場で、子どもおよびその環境の間にかかわっていく必要がある。

結　論

　最近のわが国において、ソーシャルワーク関連の専門家のなかでは学校ソーシャルワークの必要性が認められるようになってきたが、教育関係者にはいまだに理解を得難いという状況がある。学校ソーシャルワークをわが国に導入する上で障害となる問題は、次のようにまとめることができる。

① 　文部科学省管轄の学校教育施策と厚生労働省管轄の社会福祉施策との関係が極めて縦割り的であり、現代の子どもをめぐる生活状況をトータルにとらえる施策立案ができていないということである。それは、学校における問題は学校関係者で解決しようと努める傾向が強いということを意味する。教育と福祉は分離して別のものと考えられがちである。
② 　学校ソーシャルワーカーを育成する機関がほとんどないということである。それは、学校ソーシャルワーク専門職が育っていかないことを意味する。
③ 　学校および社会において、学校ソーシャルワークとはいかなるものかということがあまり知られていないということである。それは、わが国において、学校ソーシャルワークに関連する広報活動が不十分であることを意味する。

　以上のようなことを解決しなければ、わが国において学校ソーシャルワークを導入することは困難であるだろう。
　教育分野におけるソーシャルワークというのは、元来、医療分野、精神医学分野、司法分野におけるソーシャルワーク等と同様にソーシャルワークの技法を用いてクライエントを支援することが第一義的な目的ではない。たとえば、医療分野における本来の目的は医療行為であり、それと同様に教育分野における本来の目的は、子どもへの教育である。このような分野におけるソーシャルワークは、各分野における本来の目的を達成するため

に導入された第二義的なものである。それゆえ、仮にわが国の学校にソーシャルワークを導入した場合、教育の遂行を図るために働きかけることが求められる。これらのことを検討すると次のようにまとめることができる。

① 学校ソーシャルワーカーの役割

わが国における学校では、不登校児童生徒の増加、いじめなどの問題が深刻化している。それらに対する対策はいまだ十分なものとはいえない。これらの子どもに対応するためにスクールカウンセラーが学校に導入されはじめた。彼らは主として子どもの内面に焦点をあてて人格の変容を図ることを目的として支援をするが、子どもたちの問題は、家庭をはじめとした環境の影響によるものが多いため、それだけでは限界がある。そのために、生活面にも目を向けるソーシャルワークの専門家が導入される必要がある。

学校ソーシャルワーカーは、不適応児童生徒に関与するなかでその家庭にも働きかけ、彼らが学校に適応するように支援すること、そして子どもが生活する環境を知り、それを学校に伝えることが主な仕事である。アメリカでは、一時、学校ソーシャルワーカーが学校の方針にしたがって支援をしていくことが望ましいと考えられたこともあるが、初期の取り組みから現在に至るまでのものを検討していくと、子どもの権利を擁護する傾向が強い。わが国に学校ソーシャルワーカーを導入し、ワーカーが実際に学校で活動する場合、アメリカの取り組みと同様、学校方針に問題があると気づいたら変革していくように働きかけて、改善を求めることが望ましい。すなわち、わが国で導入された場合の学校ソーシャルワーカーは、アメリカの学校ソーシャルワーカーと同様、子どもたちの権利の擁護者であることが望ましいということである。

② 学校ソーシャルワーカーの地位

　アメリカにおいては、学校ソーシャルワーカーが校長や教師をはじめとする学校職員と同等の立場に立つために、各都市の教育委員会が学校ソーシャルワーカーを雇うが、わが国においても同ワーカーが導入された場合、教育委員会の委託を受けて各学校に常駐することが望ましい。他の学校職員と同等な地位に位置づけられることにより、発言権をもつことができるようにする必要があるということである。彼らは、子どもの生活面に焦点をあててかかわることを主な役割とするので社会福祉に関する研究をしてきた者であることが望ましい。さらにいうなれば、現在のわが国において導入されている「社会福祉士」のような資格制度を導入し、学校ソーシャルワーク分野の地位を確立していくことも必要である。

③ 学校ソーシャルワーカーの資質

　アメリカにおいて、学校ソーシャルワーカーというのは最初、ソーシャルワークに関する知識の他、教育に関する知識を得ることを求められていた。後にソーシャルワークに関する実践を専門的に勉強するのでなければ優れた学校ソーシャルワーカーを得ることができないとの声があがり、ソーシャルワークを専門に勉強した人材が望まれるようになった。

　しかし、学校ソーシャルワーカーとは、教育関係の機関、すなわち学校において働く専門家であるため、多少なりとも教育に関する知識をもっておくことが必要である。今後、わが国における学校でソーシャルワーカーが働く場合、ソーシャルワークに関する知識はもちろんのこと、教育分野に関する知識を得ておくことも望ましい。そうすることで、子どもが直面する学校生活関連問題の解決を促しやすくすることができる。

　学校ソーシャルワーカーは、子どもの気持ちを支え、自己解決を促し、彼と社会資源とを結び付け、彼の権利を擁護し、また彼に情報を提供する

ための能力を身につける他に、教育分野についての知識を得ておく必要があるだろう。
　ここでは、アメリカにおける学校ソーシャルワーク論の動向について述べたが、教育の遂行には福祉関連の支援が不可欠であることを明らかにした。子どもの問題が多様化する現在、上述のように位置づけることで、わが国における学校ソーシャルワークの可能性を模索し、学校制度のなかにソーシャルワークを導入することが必要である。そのために、学校ソーシャルワーク実践事例を積みあげていきたい。

参考文献および雑誌

学校ソーシャルワークに関するもの

〈日本語の文献〉

1) 石田　敦「アメリカにおけるスクールソーシャルワーク論の動向－ケースワーク対システム変革をめぐって－」ソーシャルワーク研究所編・発行『ソーシャルワーク研究』1986年　12号。
2) 石田　敦「アメリカにおけるスクールソーシャルワーク論の動向（その2）－その独自の機能をめぐって－」ソーシャルワーク研究所編・発行『ソーシャルワーク研究』1987年　13号。
3) 岩崎久志『教育臨床への学校ソーシャルワーク導入に関する研究』風間書房　2001年。
4) 小川利夫・高橋正教編『教育福祉論入門』光生館　2003年。
5) 門田光司『学校ソーシャルワーク入門』中央法規　2002年。
6) 社会福祉法人京都国際社会福祉協会編・発行『国際社会福祉情報』22号　1998年。
7) 全米ソーシャルワーカー協会編／山下英三郎編訳『スクールソーシャルワークとは何か－その理論と実践－』現代書館　1998年。
8) 高野　綾「スクールソーシャルワークとは－アメリカにおけるスクールソーシャルワーク理論の分析より－」明治学院大学大学院編・発行『社会福祉学』19号　1995年。
9) 西尾祐吾「学校不適応児への援助－スクールソーシャルワークを中心に－」武庫川女子大学学生相談センター編・発行『学生相談センター紀要』3号　1994年。
10) ペイドゥ, C. ／高野　正訳「教育政策は学校におけるソーシャルワークの発展にどのように影響を与えてきたのか」第1回スクールソーシャルワーク国際大会発表論文集『子どもたちを支える21世紀の家庭・学校・地域のあり方－教育と福祉の垣根を越えて－』2000年。
11) 拙書「学校ソーシャルワークの誕生とセツルメントの貢献－ニューヨークにおける取り組みを中心に－」宇部フロンティア大学短期大学部編・発行『人

間生活科学研究』第40巻第1号　2004年　59－63頁。

12) 拙書「アメリカにおけるスクールソーシャルワークについて－1900年代から1930年代までの動向を探る」『佛教大学大学院紀要』26号　1998年。

13) 拙書「アメリカにおけるスクールソーシャルワークについて(その2)－1940年代から1960年代までの動向を探る」『佛教大学大学院紀要』27号　1999年。

14) 拙書「アメリカにおけるスクールソーシャルワークについて(その3)－1970年代から近年までの動向を探る」『佛教大学大学院紀要』28号　2000年。

15) 拙書「スクールソーシャルワーク発展の経緯－子どもの労働と教育をめぐって－」『佛教大学大学院紀要』29号　2001年。

16) 日本スクールソーシャルワーク協会編／山下英三郎監『スクールソーシャルワークの展開　20人の活動報告』学苑社　2005年。

17) 山下英三郎著／日本スクールソーシャルワーク協会編『スクールソーシャルワーク－学校における新たな子ども支援システム－』学苑社　2003年。

18) 山野則子・峯本耕治編『スクールソーシャルワークの可能性　学校と福祉の協働・大阪からの発信』ミネルヴァ書房　2007年。

〈英語の文献〉

1) Abbott,E. and Breckinridge,S.P.(1917), *Truancy and Non-Attendance in the Chicago Schools: A Study of the Social Aspects of the Compulsory Education and Child Labor Legislation of Illinois*, Chicago University of Chicago Press.

2) Allen-Meares,P., Washington,R.O. & Welsh,B.L.(1986), *Social Work Services in Schools*, Prentice-Hall, Inc. （アレン－ミアーズ，P.　ワシントン，R. O. ウェルシュ，B. L. ／日本スクールソーシャルワーク協会編『学校におけるソーシャルワークサービス』学苑社、2001年。）

3) Allen-Meares,P.(1994), "Social Work Services in Schools: A National Study of Entry-level Tasks", *Social Work*,39, National Association of Social Workers.

4) Boston,O.(1960), "School Social Work", *Social Work Year Book*,14, National Association of Social Workers.

5) Browning,G.(1949), "Discussion of Articles on School Social Work by Mildred Sikkema and Florence Poole", *Social Services Review*,23, Universityof Chicago.

6) Costin,L.B. (1969), "A Historical Review of School Social Work", *Social Case Work*,50, Family Service Association of America.

7) Costin,L.B.(1969), "An Analysis of the Tasks in School Social Work", *Social Services Review,*43, University of Chicago Press.
8) Costin,L.B.(1970), "School Social Work", *Encyclopedia of Social Work*,16, National Association of Social Workers.
9) Costin,L.B.(1975), "Social Work Practice: A New Model", *Social Work*,20, National Association of Social Workers.
10) Costin,L.B.(1987), "School Social Work", *Encyclopedia of Social Work*,18, National Association of Social Workers.
11) Culbert,J.F.(1930), "Visiting Teachers", *Social Work Year Book*,1, Russell Sage Foundation.
12) Culbert,J.F.(1933), "Visiting Teachers", *Social Work Year Book*,2, Russell Sage Foundation.
13) Denison,E.(1912), *Helping School Children*, Harper & Brothers Publishers.
14) Everet,E.M.(1938), "The Importance of Social Work in a School Program" ,*The Family,*19, Family Welfare Association of America.
15) Freeman,E.M.(1995), "School Social Work Overview", *Encyclopedia of Social Work,*19, National Association of Social Workers.
16) Ginsburg,E.H.(1989), *School Social Work*, Charles Thomas.
17) Janiver,C.(1937), "Visiting Teachers", *Social Work Year Book,*4, Russell Sage Foundation.
18) Johnson,A.(1965), "Schools(Social Work Practice in)", *Encyclopedia of Social Work*,15, National Association of Social Workers.
19) Leonard,S.(1935), "Visiting Teachers", *Social Work Year Book*,3, Ressell Sage Foundation .
20) Leonard,S.(1945), "School Social Work", *Social Work Year Book*,8, Russell Sage Foundation.
21) Oppenheimer,J.(1925), *Visiting Teacher Movement, with Special Reference to Administrative Relationships* 2ded., Joint Committee in Methods of Preventing Delinquency.
22) Poole,F., Wilson,C.C.(1947), "School Social Work", *Social Work Year Book*,9, Russell Sage Foundation.
23) Poole,F.(1949),"An Analysis of the Characteristics of School Social Work",*Social*

Services Review,23, University of Chicago Press.
24) Poole,F.(1957),"School Social Work", *Social Work Year Book*,13, Russell Sage Foundation.
25) Pratt,G.K.(1929-1930), "Mental Hygiene", *Social Work Year Book*,1, Russell Sage Foundation.
26) Pryon,C.B., Kent,C. eds.(1996),"Redesigning Social Work in Inclusive Schools", *Social Work*,41, National Association of Social Workers.
27) Radin,N., Welsh,B.L.(1984), "Social Work, Psychology, and Counseling in the Schools", *Social Work*,29, National Association of Social Workers.
28) Sikkema,M.(1949), "School Social Work", *Social Work Year Book*,10, Russell Sage Foundation.
29) Sikkema,M.(1949), "An Analysis of the Structure and Practice of School Social Work Today", *Social Service Review*,23, University of Chicago Press.
30) Sikkema,M.(1951), "School Social Work", *Social Work Year Book*,11, American Association of Social Workers.
31) Sikkema,M.(1954), "School Social Work", *Social Work Year Book*,12, American Association of Social Workers.
32) Skidmore,R.A., Thackeray,M.G.(1964), *Introduction to Social Work*, Appleton-Century-Crofts.
33) Skidmore,R.A., Thackeray,M.G., William,0.(1991), *Introduction to Social Work*, Prentice-Hall.
34) Staudt,M.(1991),"A Role Perception Study of School Social Work Practice",*Social Work*,36, National Association of Social Workers.
35) Walker,W.(1941), "Visiting Teachers", *Social Work Year Book*,6, Russell Sage Foundation.
36) Walker,W.(1943), "Visiting Teachers", *Social Work Year Book*,7, Russell Sage Foundation.

アメリカ社会福祉史に関するもの

1) 一番ケ瀬康子『アメリカ社会福祉発達史』光生館　1989年。
2) 右田紀久恵・高澤武司・古川孝順編『社会福祉の歴史　政策と運動の展開』

有斐閣選書　1990 年。
3) 　太田義弘　佐藤豊道編『ソーシャルワーク／過程とその展開』海声社　1984 年。
4) 　小松源助『ソーシャルワーク理論の歴史と展開』川島書店　2000 年。
5) 　ジャンソン，B. S. ／島崎義孝訳『アメリカ社会福祉政策史』相川書房　1997 年。
6) 　高田真治『アメリカ社会福祉論』海鳴社　1986 年。
7) 　トラットナー，W. L. ／古川孝順訳『アメリカ社会福祉の歴史－救貧法から福祉国家へ－』川島書店　1979 年。
8) 　リード，K. E. ／大利一雄訳『グループワークの歴史－人格形成から社会的処遇へ－』勁草書房　1999 年。

児童福祉に関するもの

1) 　上田千秋『現代児童福祉論』ミネルヴァ書房　1967 年。
2) 　小川利夫・高橋正教『教育福祉論入門』光生館　2003 年。
3) 　桜井茂男・桜井登世子・松尾直博『子どもの福祉－発達・臨床心理学の視点から』福村出版　1999 年。
4) 　新・社会福祉学習双書編集委員会編『児童福祉論 9』全国社会福祉協議会　2000 年。
5) 　高橋重宏・江幡玲子編『児童福祉を考える』川島書店　1989 年。
6) 　福祉士養成講座編集委員会編『児童福祉論 4』中央法規　2001 年。
7) 　古川孝順・浜野一郎・松矢勝宏編『児童福祉の成立と展開－その特質と戦後日本の児童問題』川島書店　1975 年。
8) 　水田和江・井村圭壮編『児童福祉を学ぶ』学文社　2000 年。
9) 　山内　茂・山崎道子・小田兼三編『児童福祉概論』誠信書房　1991 年。

社会福祉に関するもの

1) 　植田　章・岡村正幸・結城俊哉編『社会福祉方法原論』法律文化社　1997 年。
2) 　大塚達雄・硯川眞旬・黒木保博編『グループワーク論』ミネルヴァ書房　1995 年。
3) 　岡村重夫『社会福祉学（各論）』柴田書店　1970 年。

4) 岡本民夫『ケースワーク研究』ミネルヴァ書房　1985年。
5) 岡本民夫・小田兼三編『社会福祉援助技術総論』ミネルヴァ書房　1993年。
6) 岡本民夫・成清美治・小山　隆編『社会福祉援助技術論』学文社　1999年。
7) 窪田暁子・古川孝順・岡本民夫編『世界の社会福祉　⑨』旬報社　2000年。
8) 大塚達雄他編『ソーシャルケースワーク論』ミネルヴァ書房　1994年。
9) ジベルマン, M. ／日本ソーシャルワーカー協会編訳『ソーシャルワーカーの役割と機能－アメリカのソーシャルワーカーの現状－』相川書房　1999年。
10) ジャーメイン, C. ／小島蓉子訳『エコロジカルソーシャルワーク－カレル ジャーメイン名論文集』学苑社　1992年。
11) 新版・社会福祉学習双書編集委員会編『社会福祉援助技術論8』全国社会福祉協議会　2001年。
12) 新・社会福祉学習双書編集委員会編『社会福祉援助技術総論11』全国社会福祉協議会　中央福祉学院　2000年。
13) 硯川眞旬『社会福祉方法体系論研究－社会福祉方法原論序説』八千代出版　1980年。
14) 全米ソーシャルワーカー協会／竹内一夫・清水隆則・小田兼三訳『ソーシャル・ケースワーク－ジェネリックとスペシフィック－』相川書房　1997年。
15) 全米ソーシャルワーカー協会編／日本ソーシャルワーカー協会編訳『ソーシャルワーク実務基準および業務指針』相川書房　1997年。
16) 武井麻子・春美靜治・深澤里子編『ケースワーク・グループワーク』光生館　1994年。
17) 竹内愛二『科学的社会事業入門』黎明書房　1955年。
18) 武田　健・荒川義子編『臨床ケースワーク』川島書店　1991年。
19) 丹野真紀子『ケースワークと介護』一橋出版　1998年。
20) 友久久雄『学校カウンセリング入門』ミネルヴァ書房　2000年。
21) 仲村優一編『世界の社会福祉7　日本』旬報社　2000年。
22) 西尾祐吾・橘高通泰・熊谷忠和編『ソーシャルワークの固有性を問う－その日本的展開を目指して－』晃洋書房　2005年。
23) 畑下博世「ソーシャルワークに於けるジェネラリストアプローチの今日的意義とその有効性の検討－Pincus & Minahan モデルに依拠して」佛教大学大学院社会学研究科博士論文　1997年。
24) バートレット, H. M. ／小松源助訳『社会福祉実践の共通基盤』ミネルヴァ

書房　1989年。
25) 福祉士養成講座編集委員会編『社会福祉原論1』中央法規　2001年。
26) 福祉士養成講座編集委員会編『社会福祉援助技術論Ⅰ　8』中央法規　2001年。
27) 福祉士養成講座編集委員会編『社会福祉援助技術論Ⅱ　9』中央法規　2001年。
28) 佛教大学通信教育部編『二十一世紀の社会福祉をめざして－新しいパラダイムの構築－』ミネルヴァ書房　2001年。
29) リッチモンド，M.　E.／小松源助訳『ソーシャルケースワークとは何か』中央法規　1991年。

アメリカ教育史に関するもの

1) 池端次郎『西洋教育史』福村出版　1994年。
2) 石附　実『比較・国際教育学』東信社　1996年。
3) 江藤恭二・篠田　弘・鈴木正幸編『子どもの教育の歴史』名古屋大学出版会　1992年。
4) デューイ，J.／宮原誠一訳『学校と社会』岩波書店　1994年。
5) 世界教育史研究会編『世界教育史体系17　アメリカ教育史Ⅰ』講談社　1975年。
6) 世界教育史研究会編『世界教育史体系18　アメリカ教育史Ⅱ』講談社　1976年。
7) 荘司雅子編『現代西洋教育史』亜紀書房　1971年。
8) 高木英明編『新版　比較教育行政試論』行路社　1993年。
9) 横尾壮英編『西洋教育史』福村出版　1978年。
10) Ensign,F.C.(1921), *Compulsory School and Child Labor*, the Ather Press.

アメリカ史に関するもの

1) 有賀　貞他編『世界歴史体系　アメリカ史2』山川出版社　2000年。
2) アメリカ学会編『原典　アメリカ史　別巻』岩波書店　1958年。
3) キャッシュモア，E. 編／今野敏彦監訳『世界の民族・人種関係事典』明石書店　2003年。

4) 斎藤　真『アメリカ現代史』山川出版社　1996年。
5) 清水知久『近代のアメリカ大陸』講談社　1997年。
6) ドレーク, R. B.・清水忠重『アメリカ合衆国小史』柳原書店　1995年。
7) 中島文雄編『英米制度・習慣事典』秀文インターナショナル　1979年。
8) 中屋健一『アメリカ史研究入門』東京創元社　1968年。
9) 野村達朗編『アメリカ合衆国の歴史』ミネルヴァ書房　1998年。
10) ビーアド, C. A.・ビーアド, M. R.／岸村金次郎・松本重治訳『アメリカ合衆国歴史』岩波書店　1956年。
11) ボイヤー, R. O.・モレー, H. M.／雪山慶正訳『アメリカ労働運動の歴史Ⅱ』岩波書店　1959年。
12) 安武秀岳『総合研究アメリカ　人口と人種』研究社　1976年。

その他

1) 京極高宣監『第2版　現代福祉学レキシコン』雄山閣出版　1998年。
2) 小柳伸顕『教育以前－あいりん小中物語』田畑書店　1978年。
3) 島田照三・森田啓吾・横山桂子編『児童精神保健』ミネルヴァ書房　1991年。
4) 精神保健福祉士養成セミナー編『精神保健学』へるす出版　2000年。
5) 高旗正人『パーソンズの教育規範』アカデミア出版会　1996年。
6) 中野善達・藤田和弘・田島　裕編『障害をもつアメリカ人に関する法律－翻訳・原文・資料－』湘南出版社　1991年。
7) Alt,H.(1945),"Juvenile Behavior Problems", *Social Work Year Book*,8, Russell Sage Foundation。

巻末資料

アメリカ学校ソーシャルワーク関連年表

	社会・教育・ソーシャルワークの動向	学校ソーシャルワークの動向
第1章	デューイ，J. の進歩主義教育の影響。 生　成　期 1852年：マサチューセッツ州に義務教育法が制定される。 1853年：ブレイス，C. L. がニューヨーク児童援護協会を設立する（里親運動）。 1872年：コネチカット州に義務教育法が制定される。 1874年：ニューヨーク州に義務教育法が制定される。 　　　：ニューヨーク児童虐待防止協会が設立される。 1877年：ニューヨーク州バッファロー市で慈善組織協会が設立される。 1886年：ネイバーフッド・ギルドがニューヨーク市で設立される（アメリカで最初）。	
第2章	1901～1910年：アメリカへの移民人口が爆発的に増加する。 1909年：第1回ホワイトハウス会議（要保護児童の保護に関する会議）が招集される。	1906年秋：ニューヨーク市において学校ソーシャルワークの前身である訪問教師が導入される。

331

	社会・教育・ソーシャルワークの動向	学校ソーシャルワークの動向
	発 展 期	
第2章	1912年：連邦児童局が設置される。 1914～1918年：第1次世界大戦（その後戦後恐慌生じる）。 1915年：リッチモンド，M.が、ケースワークをソーシャルワークの一部として定義する。 1917年：リッチモンド，M.『社会診断』出版。	1913年：ニューヨーク州ロチェスターにおいて、学校ソーシャルワークに対する財政支援が行われる。 1919年：全米訪問教師協会設立。
第3章	1920年代：「少年補導」および「精神衛生運動」が広がる。 1922年：リッチモンド，M.『ソーシャルケースワークとは何か』出版（ケースワークの理論体系化がなされる）。 1924年：国際連盟において児童の権利に関連するジュネーブ宣言が採択される。 1929年：ミルフォード会議での内容が発表される（訪問教師の資質についても述べられる）。 世界大恐慌。	1921年11月9日：コモンウェルス基金主催の下で3か年にわたる学校ソーシャルワークの試験的な実施が行われる（30の地区における30人の学校ソーシャルワーカーを支援した）。

	社会・教育・ソーシャルワークの動向	学校ソーシャルワークの動向
第4章	1930年代：診断主義ケースワークおよび機能主義のケースワークが発達し、それについての議論がなされる。 1930年：第3回ホワイトハウス会議が開催され、そこでアメリカ児童憲章が採択される。 1932年：ニューディール政策（連邦経済統制）。 1935年：社会保障法の成立。 ：全米ソーシャルワーク会議でグループワークがソーシャルワークに含められる。 1939年：コミュニティオーガニゼーションがソーシャルワークの一部門として位置づけられる（レイン報告）。	1930年：訪問教師サービスに対する支援が取り下げられる。
第5章	1939～1945年：第2次世界大戦（第1次世界大戦後と同様な現象が生じる）。	1942年：全米訪問教師協会からアメリカ学校ソーシャルワーカー協会へ。 1945年：アメリカ学校ソーシャルワーカー協会から全米学校ソーシャルワーカー協会へ（法人組織化される）。
第6章	模　索　期	
	1950年代：小学校カウンセラーの地位を確立するための法の可決、公立学校における黒人の子どもに対する差別撤廃に関する判決等が出される。	

	社会・教育・ソーシャルワークの動向	学校ソーシャルワークの動向
第6章	1950年代：マイルズ，A.『アメリカ社会事業理論』出版（リッチモンドに帰れと主張する）。 機能主義と診断主義のケースワークの折衷が試みられる。 1950～1953年：朝鮮戦争勃発（これによりアメリカ経済は繁栄する）。 1955年：全米ソーシャルワーカー協会設立。 1959年：国際連合第14回総会で児童権利宣言が採択される。	1955年：ソーシャルワーク関連の協会とともに全米ソーシャルワーカー協会を結成しその一部門となる。
第7章	1960年代：多様な学問分野からの影響により、ケースワークが細分化される。ジェネリックソーシャルワークの発達。 1964年：公民権法。 1965年：初等中等学校教育法。	1960年代：学校関係職員が、学校ソーシャルワーカーの職務に関して認識不十分であることが明らかになる。
第8章	再　編　期	
	1970年：バートレット，H.M.『ソーシャルワーク実践の共通基盤』出版（ソーシャルワークの本質について述べている）。 1973年：ベトナム戦争休戦。 リハビリテーション法の項目504。	1970年代：多様な役割モデルの理論化がなされはじめる。

	社会・教育・ソーシャルワークの動向	学校ソーシャルワークの動向
第8章	1975年：障害児教育法（P.L. 94-142）成立。 1979年：連邦政府に「教育省」が設置される。	1975年：コスティン,L.B.が、学校・地域社会・児童生徒関係モデルを発表する（システムモデルと社会学習モデルをもとにして考案した）。 1978年：NASWが、学校ソーシャルワークサービスの基準を出す。
第9章	1987年：1929年を上回る大不況が生じる。 1989年：国際連合で児童の権利に関する条約が採択される。	
第10章	1992年：景気回復。 1997年：障害児教育法改正。	1992年：学校ソーシャルワークの改訂されたサービスの基準が出される。

【参考文献】
高木英明編『比較教育行政試論』行路社　1993年。
Allen-Meares,P., Washington,R.O.&Welsh,B.H.(1996), *Social Work Services in Schools*, Allyn and Bacon.
一番ケ瀬康子『アメリカ社会福祉発達史』光生館　1989年。
大塚達雄編『ソーシャル・ケースワーク論』ミネルヴァ書房　1994年。
太田義弘　佐藤豊道編『ソーシャルワーク／過程とその展開』海声社　1984年。

【索　引】

あ行

秋山薊二　218
アプテッカー（Aptekar,H.）　214
アプローチモデル　215
アボット　146
アメリカ学校ソーシャルワーカー協会　73、181
アメリカ児童憲章　156
アメリカ訪問教師協会　73
　　―会員資格　175
アルト（Alt,H.）　190、191
アレン・ミヤーズ（Allen-Meares,P.）　17、18、19、46、74、119、131、173、242、268、295
暗黒の木曜日　155
医学モデル　194、214
石田敦　267、269
一番ケ瀬康子　66、94
一般システム理論　217、244
移民の出身国　65
ウィルソン（Wilson,C.C.）　200
ヴィンター（Vinter,R.）　216
ヴェツォルト　51
ウォルカー（Walker,W.）　177
エヴァレット（Everett,E.M.）　170、174、180
エコシステムアプローチ　219
エンサイン（Ensign,F.C.）　37、45、48
大嶋恭二　31
岡本民夫　132、194、212
オッペンハイマー（Oppenheimer,J.）　81、83、99、102、122、124、128、131、142
オルダーソン（Alderson,J.J.）　258、268

か行

会員資格　220
カウンセリング　15、118、146、148
家族中心アプローチ　215
課題中心アプローチ　215
学級担任　109
学校・地域社会・児童生徒関係モデル　261、312
学校カウンセリング　153
学校教育証明書　40
学校ソーシャルワーカー　16、72、110、148、157、241、252、279
　　―の活動内容　310
　　―の業務　130
　　―の雇用状況　199
　　―の支援方法　285
　　―の仕事の範囲　281
　　―の資質　321
　　―の職務　235
　　―の地位　201、223、321
　　―の知識分野　281
　　―の役割　202、226、235、264、285、286、320
学校ソーシャルワーク　16、54、58、99、181、309
　　―の課題　316
　　―の支援技法　240
　　―の支援目的　239
　　―の特色　313
　　―発展に影響を及ぼした出来事　313
カルバート（Culbert,J.F.）　96、110、127、128、135、137
管理組織および支援基準　303
危機介入アプローチ　215
北川清一　217
ギデオン（Gideon,H.J.）　144
機能主義ケースワーク　162
機能的アプローチ　215
義務教育法　30、46、70、84、309
旧移民　64
教育委員会（the Board of Education）　75

索 引

教育機関変革モデル（学校変革モデル） 259
教育受給権 29、52、80、122、241、315
協会の運営状況 198
協会の会員資格 196
協会の目的 195、197
協会への加入状況 196
矯正モデル 216
ギンスバーグ（Ginsburg,B.H） 286
クリシェフ（Krishef,C.） 268
グリニッジハウス（Greenwich house） 74
グループワーク 136
ケースワーク 99、146
ケースワークサービス 203
ケースワーク論 86
行為制限の崩壊 190
公教育協会（the Public Education Association）
　75、101、106、121
公共事業計画 159
公共保障制度 159
工場調査官 70
公正労働基準法（Fair Labor Standerd Act） 159
公的サービス 184
高等学校カウンセラー 101
行動変容アプローチ 215
行動見極めの理解 233
公民権法 212
黒人差別撤廃に関する判決 210
国民住宅法（National Housing Act） 159
コスティン（Costin,L.B.） 17、19、23、52、118、
　131、172、228、235、239、251、255、258、261、
　285
子どもの最善の利益 242、292
子どもの精神保健 117
子どもの問題 179、241、259
コミュニティーオーガニゼーション 182、217
コミュニティワーク 148
コモンウェルス基金（Commonwealth Fund）
　102、112、118、121、151、164
雇用状況 279
コロニー 68

コンビネーション方式（combination approach）
　218

さ行

サッカレー（Thackeray,M.T.） 156
シェッツ（Schetz,F.） 213
ジェネリック・ソーシャルケースワーク 105
ジェネリック・ソーシャルワーク 217
システム理論 263
慈善組織協会（COS） 53
下村哲夫 34
シッキーマ（Sikkema,M.） 197、201、203
実存主義アプローチ 215
児童労働法 30、44、70、309
ジベルマン（Gibelman,M.） 16、293
ジャーメイン（Germain,C.B.） 257、271
社会学習理論 263
社会活動法（ソーシャル・アクション） 217
社会関係モデル 260
社会計画モデル 217
社会的目標モデル 216
社会保障法（Social Security Act） 80、159、161
ジャニヴァー（Janiver,C.） 168
ジャンソン 163
就学奨励関連事業 142
就学奨励指導員（attendance officer） 18、30、
　43、60、70、137、138、142、148
シュタウト（Staudt,M.） 281
シュワルツ（Schwartz,W.） 216
障害児教育法 250
荘司雅子 69、71
初期のニューディール政策 158、167
女性教育協会（Women's Education Associations）
　77
ジョンソン（Johnson,A.） 224、232
新移民 30、64、71
診断主義ケースワーク 194
診断主義的ケースワーク 174
心理社会的アプローチ 215

337

スーパーバイザー　177
スキドモア（Skidmore,R.A.）　156、227
スクールカウンセラー　72、144、148、317
スクールカウンセリング　15、99
スクールソーシャルワーク　138、182
鈴木清稔　30、46
スワン（Swan,N.H.）　75
生活モデル　215
精神衛生運動　115、120
精神衛生相談所　119
成人社会化アプローチ　215
生態学（エコロジカル）　257
生態学的システム思考　256、270、296
世界大恐慌　154
セツラー　53、63、72
セツルメントハウス　53、74、75
戦後恐慌　93
全米学校ソーシャルワーカー協会（The National Association of School Social Workers）　103、195
全米家庭学校訪問者　101
全米ソーシャルワーカー協会（The National Association of Social Workers）　102、220
全米訪問教師協会　102
専門職準備および開発基準　303
相互交流モデル　216
ソーシャルケースワーク　125、126、131、132、178、203、213、314
ソーシャルワーカー　119、141
ソーシャルワーク　118、182
　――サービスの基準　301
　――の技法　109

た行

第1回ホワイトハウス会議　79
第1次世界大戦　91、116
大学セツルメント（College Settlement）　75
第3回ホワイトハウス会議　156
第2次ニューディール政策　159
竹市良成　30、46

竹内愛二　76、138、182
多元的方式（multimethod approach）　219
タフト（Taft,J.）　119
地域開発モデル　217
地域学校モデル　260
デイ（Day,J.）　75
デヴィットソン　51
適正および専門的実践基準　301
デニソン（Denison,E.）　55
デモンストレーション　121、132、150、166
デューイ　15
伝統的臨床モデル　259
統一的方式（generic approach, integrated approach, unitary approach）　219
トール（Towle,C.）　173、174
トーレス Jr.（Tores,S. Jr.）　292、301
特別支援教育　255、298
　――コーディネーター　284
ドレーク・清水　192

な行

内面に焦点をあてたケースワーク　169
中村雅子　217
ニューディール政策　163、189
ニューヨーク児童援護協会（New York Children's Aid Sosiety）　32
ネーボ（Nebo,J.）　230
ネルソン（Nelson,C.）　280

は行

パーソナリティの発達　132
ハートレーハウス（Hartley House）　74
バートレット（Bartlett, H. M.）　218
パーペル（Papell,C.）　216
パールマン（Perlman,H.）　214
ビアーズ（Beers,C.W.）　115
ビアド夫妻（Beard,C.A.&Beard,M.R.）　191

非行問題　171、189
平山尚　216
貧困戦争　212
フーヴァー大統領　156
フェアディール（Fair Deal）政策　160
ブライオン（Pryon,C.B.）　298
ブラック・マンデー　276
プラット（Pratt,G.K.）　117
フランクリン・D・ルーズベルト　158
フリーマン（Freeman,E.M.）　258、277、279
古川孝順　160
ブレイス（Brace,C.L.）　32、60
ブレッキンリッジ　146
フロイト（Freud,S.）　120、194
フローレンス・ケリー　62
ペイドゥ（Pado,C.）　304
保育に関するホワイトハウス会議　292
訪問看護師協会（The Visiting Nurses Association）　108
訪問教師（Visiting teacher）　17、18、43、63、72、79、83、109、119、135、138、148、153、157
　―活動（Visiting teacher work）　18、47、54、59、72、80、141、
　―活動の独自性　137
　―活動のはじまりの特徴　82
　―協会（A National of Home and School Visitors and Visiting Teachers）　101
　―サービスの機能　128
　―制度　318
　―の資格　104
　―の資質　126
　―の担当ケース　133
　―の地位　135
　―の役割　82、106、128、177、178、193
ホーリハン（Hourihan,J.）　234
ホール（Hall,G.E.）　169
ポール（Poole,F.）　199、200、204
ホワイト―ウイリアムズ財団　113、166
ポンプの呼び水政策　160

ま行

マイルズ（Miles,A.）　213
マロット（marot,M.）　75
宮沢康人　70
ミルフォード会議　120、126
民間慈善事業団体　31
民主主義の兵器庫　192
問題解決アプローチ　215
問題児矯正学校（the Parental School）　146

や行・ら行・わ行

柳久雄　94、164、167
山下英三郎　318
要救護児童および放置児童の保護における現下の緊急事態に関する会議（Conference on Present Emergencies in the Care of Dependent and Neglected Children）　165
養護教諭　153
ラインハルト（Reinhardt,P.W.）　41
ランク（Rank,O.）　194
リッチモンド　86、131、141、142、213、314
リッチモンドヒルハウス（Richmond Hill House）　75
臨床的ケースワーク　118、174、257、270
ルウズベルト　161
レイノルズ（Reynols,B.C.）　172、174
レオナルド（Leonard,S.）　178
ローエン（Rowen,R.）　234
ロスマン（Rothman,B.）　216
和気純子　214
ワスプ（White Anglo-Saxon Protestant）　70
ワルド（Wald,L.D.）　54、61

【著者略歴】

武庫川女子大学文学部教育学科卒業、佛教大学大学院社会学研究科博士課程修了　博士（社会学・佛教大学）
佛教大学社会学部社会福祉学科（通信教育部）卒業
現在は、中国学園大学子ども学部子ども学科講師

著　書　『児童福祉論』（共著）　晃洋書房
　　　　『ソーシャルワークの固有性を問う－その日本的展開をめざして』
　　　　（共著）　晃洋書房

アメリカにおける学校ソーシャルワークの成立過程
2007年10月31日　初版発行

著　者　中　典子
発行者　酒向　省志
発行所　（株）みらい
　　　　〒500-8137　岐阜市東興町40番地　第5澤田ビル
　　　　TEL 058-247-1227　　FAX 058-247-1218
印刷・製本　サンメッセ株式会社

ISBN 978-4-86015-125-6　C3036